映画になった戦慄の実話

総集編

全100タイトルの知られざる元ネタ

女

アイ　　ウォーノスの半生を描く「モンスター」

身の毛もよだつオーストラリア実娘監禁事件を題材とした「ルーム」

埼玉愛犬家連続殺人事件がモチーフの傑作スリラー「冷たい熱帯魚」

本書はこうした実話ベースの映画の元になった

数々の事件、史実の顛末をたどった1冊である。

映画と現実はどこが違うのか。

劇中では描かれなかった本当の動機、犯行の詳細。

事件関係者の信じられないような生い立ちと、

その後の生き様、死に様。事件が映画に、

映画が事件に及ぼした予期せぬ影響。

事実を知って思い知るがいい。

真相はそうだったのか！

鉄人ノンフィクション編集部

映画「モンスター」より　

総集編 映画になった戦慄の実話 目次

第1章 血も涙もない

第2章 悪夢

第3章　悲劇

第4章
闇

第5章 アンビリバボー

第6章　戦争という名の地獄

Column この映画が殺人を引き起こした

▶本書は弊社刊「映画になった戦慄の実話100」(2017年2月発売)と「映画になった衝撃の実話」(2018年5月発売)の記事を再編集し、文庫化したものです。
▶本書掲載の情報は2022年12月時点のものです。
▶作品解説に記された西暦は初公開年。国名は製作国を表しています。
▶本書掲載記事の大半が結末に触れています。悪しからずご了承ください。

第1章 血も涙もない

映画「チェイサー」より

冷たい熱帯魚

傑作サスペンスの
傑モチーフに

映画「冷たい熱帯魚」より

埼玉愛犬家
連続殺人事件

映画監督、園子温の名を一躍世に轟かせた「冷たい熱帯魚」は、１９９３年から１９９４年に埼玉県熊谷市周辺で起きた「埼玉愛犬家連続殺人事件」をモチーフとしている。犬が熱帯魚に代わってはいるが、詐欺的な商売で稼いでいたペットショップの経営者夫婦が4人を殺害し、死体さえなければ事件にならないと、骨を灰になるまで焼いて山林に撒き、肉を切り刻んで川に遺棄する様は、まさに本事件そのものだ。

映画は、園監督ならではの世界観で驚愕の結末を迎えるが、現実の犯人夫婦は共に死刑が確定。共犯者に仕立てられたショップの役員（映画で吹越満が演じた役のモデル）は3年間の服役の後、事件を克明に描いた手記『共犯』を発表している。

「どうすりゃ金が手に入るか。結論は一つしかない。持ってるヤツから巻き上げて、そいつを消す。ボディを透明にするんだ。死体がなけりゃ、ただの行方不明だからな」

映画の中で、でんでん演じる熱帯魚ショップのオーナー村田が口にするセリフは、そのまま事件の首謀者、関根元（逮捕時53歳）の人生哲学だ。

若い頃からペットショップを開業。売った犬を盗んで別の客に売りつけるなど

冷たい熱帯魚

2010／日本／監督：園子温
1993年に発覚した埼玉愛犬家連続殺人事件にインスパイアされた狂気のサスペンス劇。人の好さそうな風貌で気にくわない相手を次々消していくショップのオーナー役でんでんの怪演が高く評価された。DVD販売元：ハピネット

悪徳商売を繰り返していた関根が、熊谷市で「アフリカケンネル」を開くのは1982年のこと。左手の小指がないうえ、強面の顔。まるでヤクザまがいの風体だったが、一度、口を開けば独特のユーモアと話術で人を引きつけてしまう関根には、根っからの詐欺師の天分が備わっていた。

共犯者の妻・風間博子（同38歳）は、元は犬好きのお嬢様だったが、店に出入りするうち関根と関係を持ち夫婦となった。刺青を彫っていた関根の先妻に対抗して自分も背中に龍の刺青を入れるなど、完全に関根に取り込まれていた。

関根には十分な商才もあった。シベリアン・ハスキーを日本に最初に輸入し、ペット雑誌に自分の顔写真入り広告を打ち大勢の客を呼び寄せた。普通に商売しても稼げたであろう。だが、関根は自分が有名ブリーダーであることを利用し、子犬が生まれたら高値で引き取ると謳って犬のつがいを法外な値段で売り付け、いざ子犬が持ち込まれると難癖を付けて値切るなど、実にあくどい商売を続ける。挙げ句、騙されたと文句を言ってくる客はことごとく消し去った。手口は、知り合いの獣医から譲り受けた犬の殺処分用硝酸ストリキニーネを栄養剤に混ぜて飲ませるというもの。死体は前述した手口で跡形もなく処分した。

「最初は怖くて膝ががくがくしたが、要は慣れ。何でも大切なのは経験を積むことだ」

これは、関根が死体処理中に共犯の元役員に語った言葉である。肉は焼くと臭いがキツイから死体の肉と骨を分離しようと思いつくなど、過去に死体を焼いた経験がなければできないことだろう。

１９９４年１月、大阪で男女５人を殺した自称「犬の訓練士」が逮捕されたことから、埼玉でも愛犬家が何人も行方不明になっていることが発覚する。マスコミが逮捕前から連日、関根と風間の元に押し寄せ、ワイドショーの格好のネタとなった。警察が動き出したところで、関根に脅され死体処理を手伝わされていた店の役員が自首。犯行を全て自供したことで関根と風間の悪魔のような所業が明るみになったのである。

裁判で２人は互いに主犯は自分ではないと罪をなすりつけあいながら、最高裁まで争ったが、２００９年６月、共に死刑が確定した。

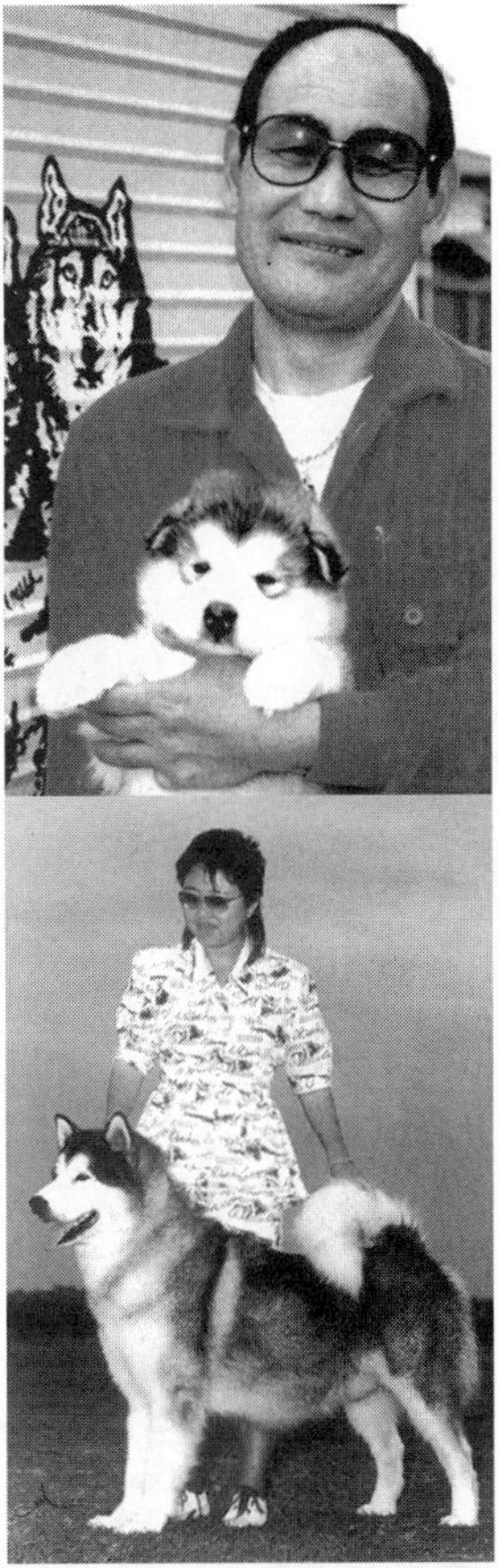

映画のモチーフになった埼玉愛犬家連続殺人事件の主犯、関根元（上）と風間博子死刑囚。関根は2017年3月27日、収監先の東京拘置所で病死。享年75

冷酷無比な殺人犯を演じたピエール瀧(左)とリリー・フランキー。映画「凶悪」より
©2013「凶悪」製作委員会

凶悪

死刑囚の告発で発覚!

FILMS

上申書殺人事件驚きの顛末

リリー・フランキーとピエール瀧の怪演が話題を呼んだ映画「凶悪」は、死刑判決を受けた男が、表沙汰になっていない3件の殺害事件を告発した、いわゆる「上申書殺人事件」がベースになっている。死刑囚から事の詳細を記した手紙を受け取った雑誌「新潮45」の記者が半年間にわたり取材を続け、２００５年に誌上で発表。警察の捜査で事件の黒幕だった〝先生〟と呼ばれる不動産ブローカーが逮捕された。

元暴力団組長の後藤良次（１９５８年生）が〝先生〟こと三上静男（１９５０年生）に出会ったのは１９９２年のこと。面倒見が良い三上のもと、後藤はカタギになるべく不動産ビジネスを手伝う。が、体面や不義理を第一に考えるヤクザの思考回路は変わらず、２０００年、小さなトラブルが原因で2人を殺害、さらに3人を監禁・暴行したうえ灯油をまいて放火し、重軽傷を負わせた罪で死刑判決を受ける。

しかし、後藤にはどうしても許せないことがあった。自分が死刑判決を受けた事件とは別に〝先生〟三上が首謀した複数の殺人事件があり、これを明らかにせずには死にきれなかった。犯行を手伝った報酬を受け取る約束を反故《ほご》にし、のう

凶悪

2013／日本／監督：白石和彌
獄中の死刑囚が告発した上申書殺人事件の真相を『新潮45』編集部が暴き、首謀者逮捕に至るまでを描いたノンフィクション『凶悪 –ある死刑囚の告発–』の映画化。事件を追う記者を山田孝之が演じている。DVD販売元：ハピネット

のうと生き続ける三上に後藤は強い恨みを持ち、告発を決意したのだ。

　後藤が、拘置所の同房者を取材していた『新潮45』の記者に宛てた手紙には、3つの事件の詳細が記されていた。
①石岡市焼却事件／1999年11月中旬頃、三上が金銭トラブルを巡って男性を絞殺。後藤と一緒に茨城県石岡市のある会社まで運び、敷地内の焼却場で廃材と一緒に焼いた。この事件で三上は億単位の金を入手している。
②北茨城市生き埋め事件／1999年11月下旬、三上が埼玉県大宮市（現さいたま市）の資産家男性を水戸市の駐車場で拉致し、自分の所有地まで運んで穴を掘り、生き埋めにして殺害。三上は男性が所有していた土地を転売し、約7千万を入手。
③日立市保険金殺人／2000年7月中旬、多額の借金があった茨城県阿見町のカーテン店（映画では電気屋）経営者を三上と後藤らが軟禁。糖尿病と肝硬変を患っていた被害者に1ヶ月の間に大量のウオッカを飲ませ殺害、事故死に見せかけるため山中に遺棄した。実はこの事件、もともとは保険金が目的で男性の家族が依頼したものだった。実際、家族に生保会社2社から約1億円の保険金が支払われたが、大半は三上の手に。
　当初、手紙をもらった記者は内容が本当なのか半信半疑だった。そこで本人に面会して直接話を聞くとともに、自ら裏取り取材を進める。

　結果、①の事件については調べようもなかったが、②の事件については登記簿を発見。

後藤が地図から生き埋め現場の場所も思い出したものの、記者が現地に着いたときには三上が遺体を掘り出し、移し替えた後だった。

③の事件で殺害を依頼した家族は、自宅を借金のカタに取られていたものの、その家に住み続け、警察から事情を聞かれた際も、店主は自殺したと主張、遺体を急いで火葬していた。しかし、記者は後藤が③の事件で正確な保険金額を知っていたことを〝秘密の暴露〟に該当するものと判断。2005年10月、『新潮45』に取材結果を掲載するとともに、後藤の担当弁護士が茨城県警に詳細を記した「上申書」を提出する。

すぐさま警察が捜査を始めると、経営者の遺体を捨てるため茨城県の山中に向かう三上と後藤の車をNシステムが捉えていることが判明。同年11月に③の事件の親族ら5人と実行犯の後藤ら3人を、そして12月には遂に三上を逮捕に持ち込んだのである。

結局、後藤が告発していた3つの殺人事件の内、日立市の事件のみが保険金殺人として裁判に。判決では、首謀者である三上に無期懲役、後藤には懲役20年（別事件で死刑確定）、保険金殺人の依頼をした死亡者家族3人に懲役13〜15年が言い渡された。

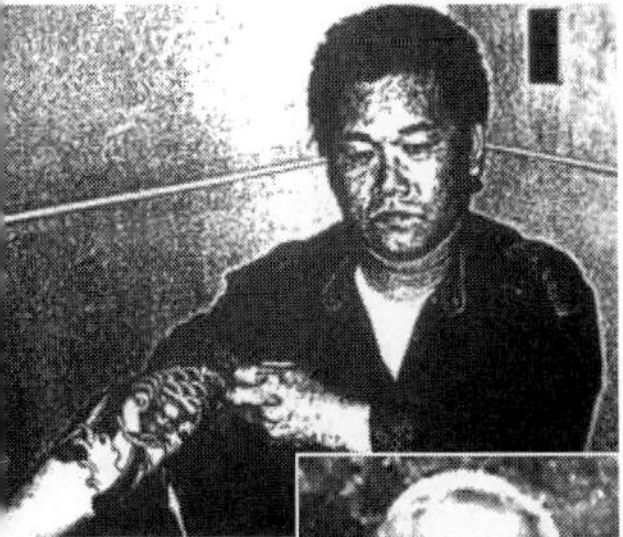

主犯の〝先生〟こと三上静男(右)と、獄中から事件を告発した元暴力団組長で死刑囚の後藤良次

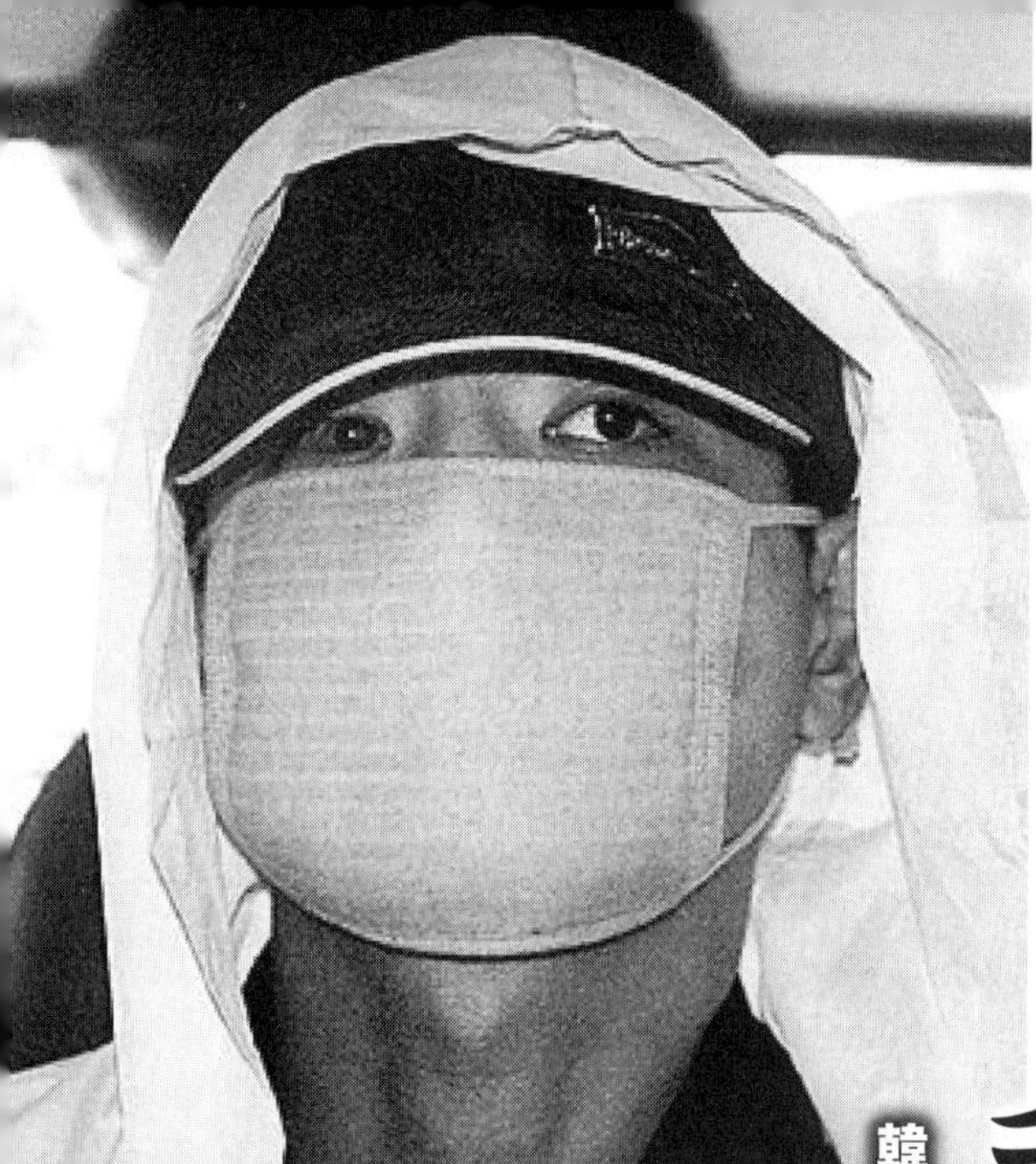

2004年、逮捕時のユ・ヨンチョル(当時34歳)。2006年に死刑判決が下ったが、韓国では1997年以降死刑が執行されておらず、ヨンチョルは現在も監獄に収容されている

チェイサー

韓国のシリアルキラー、ユ・ヨンチョル

ソウル20人連続殺人事件

FILMS

2004年7月18日、韓国史上最悪の殺人鬼が逮捕された。ユ・ヨンチョル（1970年生）。10ヶ月の間に老人や風俗嬢をふくむ20人を手にかけ、マスコミから「殺人機械」と呼ばれたシリアルキラーだ。取り調べに対しヨンチョルは「100人は殺す予定だった。捕まるのが早すぎた」などとうそぶき、遺体の一部を食べていたことまで告白。2008年には事件（通称、ソウル20人連続殺人事件）を題材にした映画「チェイサー」が公開された。

韓国全土を震撼させた猟奇殺人鬼とは、いかなる男だったのか。

劇中では一切描かれないが、ヨンチョルの生い立ちは悲惨そのものだ。ソウルから車で4時間の貧しい田舎町に生まれた彼は、幼児期に母に見捨てられ、粗暴な気質だった父から殴る蹴るの暴行を受けて育った。内気な性格から友人もできず、暴力におびえながら暮らす日々。孤独感にさいなまれたヨンチョルは、10代後半から盗みや詐欺に手を染め、以後、刑務所への出入りを繰り返した。

1991年、そんなヨンチョルにも

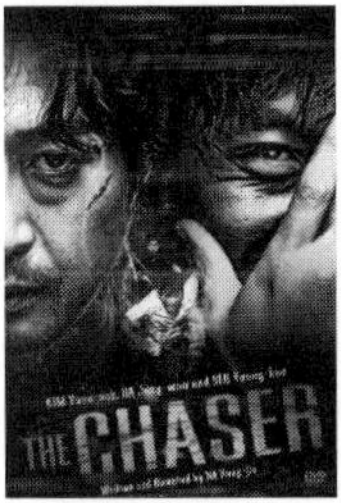

チェイサー

2008／韓国／監督：ナ・ホンジン
風俗嬢などを狙う連続殺人鬼と、その正体を追うデリヘル業者の追跡劇を描いたクライムサスペンス。犯罪の猟奇性や警察のずさんな捜査など「ソウル20人連続殺人事件」のエピソードを巧みに取り入れ、韓国で観客動員数500万人を超えるヒット作に。犯人役ハ・ジョンウの演技が高く評価された。

結婚当初のヨンチョル

幸せな時期が訪れる。飲食店で知り合った女性と恋仲になり、ほどなく一子を授かった。当時の近隣住民によれば、この時期の彼はヒマさえあれば子供と遊ぶ良き父親だったそうだ。

平穏な生活は9年で終わる。2000年夏、通りすがりの風俗嬢から、なぜか自分の容姿をバカにされたと誤解したヨンチョルは、反射的にその女性の顔面が変形するまで殴り倒し、ソウル刑務所へ送られる。夫の意外な気性におびえた妻が、子供を連れてどこかへ逃げ去ったのは、その直後のことだ。

3年後、刑期を終えたヨンチョルは、出所から2週間で最初の殺人を犯す。深夜にソウルに住む資産家夫婦の家に侵入し、ハンマーで被害者の全身を粉々に砕く残忍な手口だった。「自分が不幸なのは、金持ちがいるからだ」と思い込んだのだという。

続けてその後の3ヶ月でさらに8人の老人たちを殺すと、殺人鬼の標的は風俗嬢へと切り替わった。このときの心理状態を、ヨンチョルは後に「寂しすぎて、死体でもそばに置いて慰めにしようと思った」と語っている。

殺しの手口は映画と同じで、ランダムに決めた場所へデリヘル嬢を呼び出した後、自宅へ連れ込んで監禁。ハンマーでいたぶり殺した後、粉砕機でバラバラに解体して山へ埋める。ちなみに、被害者の名前が別れた妻と同じだった場合は、尻や顔の肉を少しずつ削ぎとり、死ぬ直前まで地獄の苦しみを与えた。また、血液型が自分と同じO型の風俗嬢は、生きたまま腹を切り裂き。「健康のため」と称して肝臓や腎臓をむさぼり食ったという。犯行の猟奇性に関しては、映画よりも現実がはるかに上回る。

ヨンチョルが逮捕されたのは、従業員から連絡がないのを不審に思ったデリヘル業者が、顧客名簿から怪しい男の電話番号を特定したのがきっかけだった。

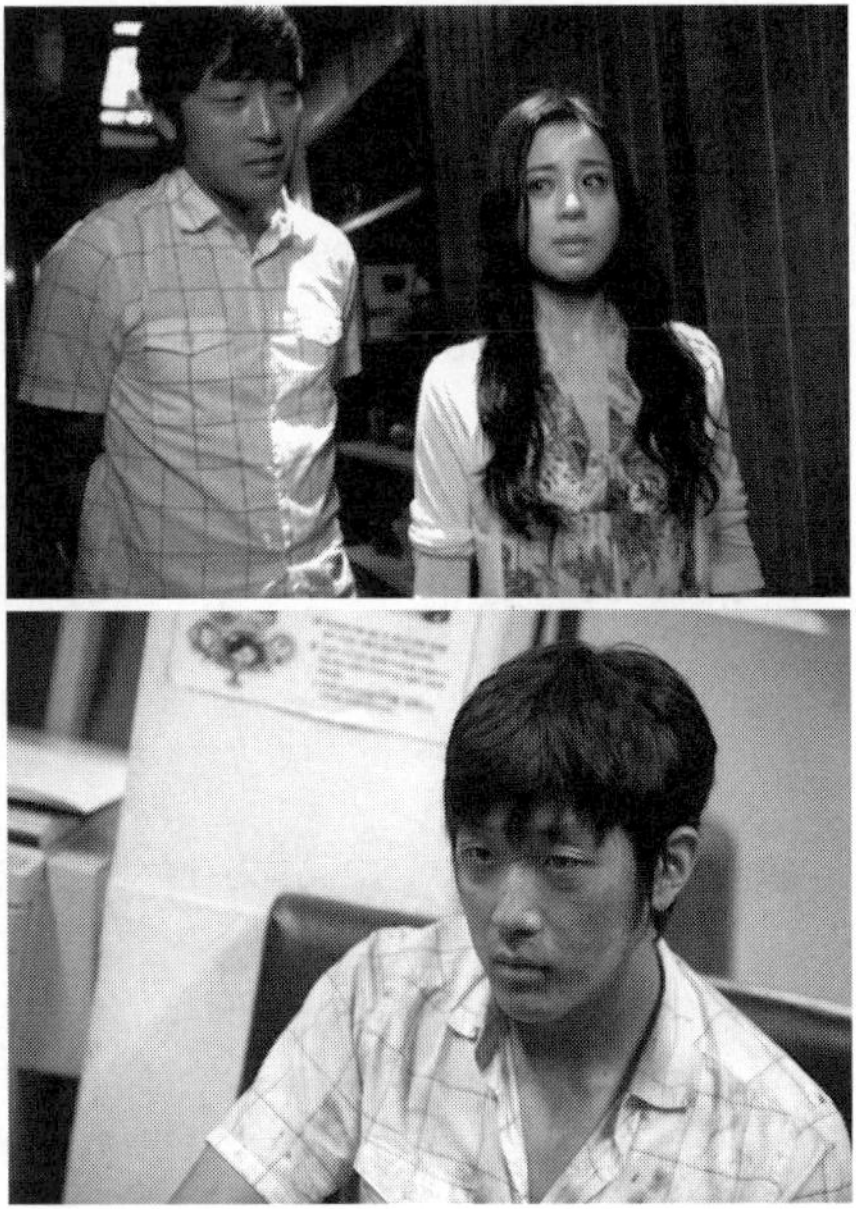

犯人を演じたハ・ジョンウの芝居が観る者の度肝を抜いた。映画「チェイサー」より

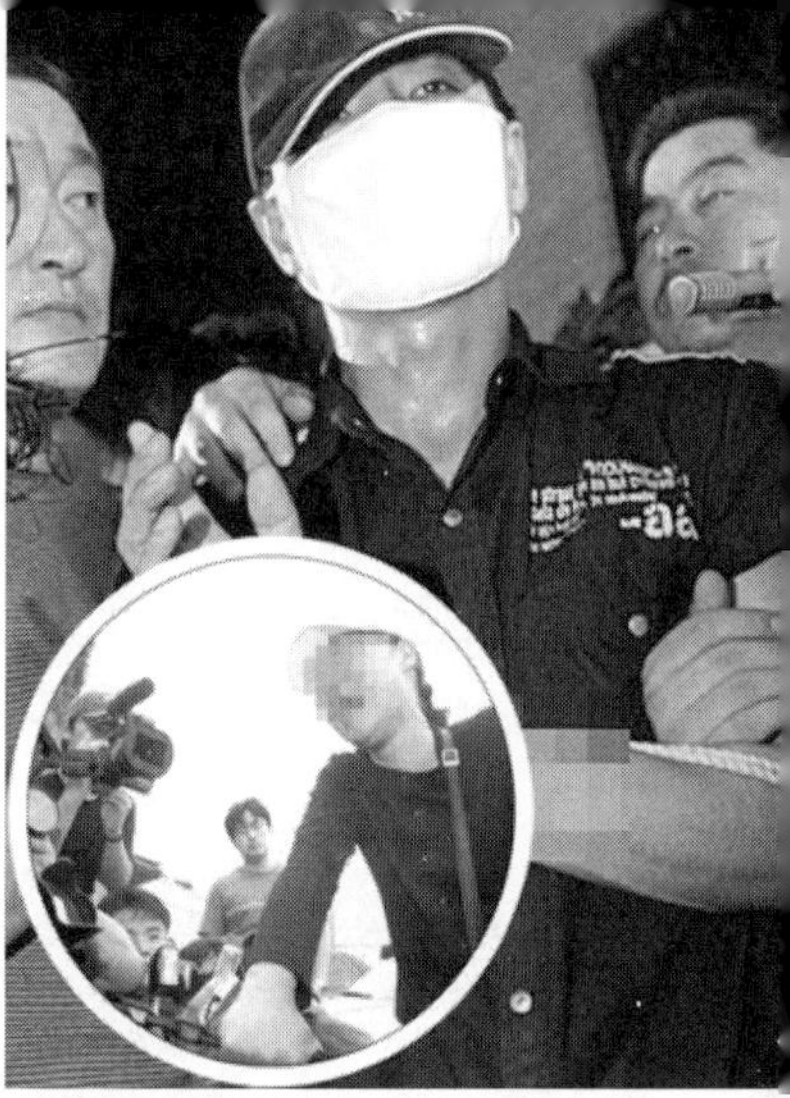

ヨンチョルは逮捕された警察署の前で平然と姿を晒した。円内は、そのふてぶてしい態度に泣き崩れる被害者遺族

映画では、ここから数日に及ぶ追跡劇が展開するが、実際はその夜のうちに警察が身柄を確保している。

　尋問に対し、ヨンチョルは犯行をあっさり自白。「早く死刑にしろ」と主張し、裁判への出席を拒み続けた。中でも世間の怒りを買ったのは、遺族たちへの暴言だ。娘を殺された親に「あんな仕事をしてたんだから死んで当たり前だ」と罵り、最後に殺したデリヘル嬢の姉には「妹のせいで捕まった。本当なら、次はおまえを殺してやる予定だった」と言い放つ。傍聴席から非難の声があがると、その場で被告人席を破壊し飛びかかった。

　そんな冷血漢が唯一、人間らしい面を見せたのは、生き別れた息子に対してだ。獄中で作成した遺書に、ヨンチョルはこう記している。

「子供が大人になり父親の正体を知るのが一番怖い。この遺書が子供の手に渡るようなことがあってはならない」

彼がマスコミの前では必ず大きなマスクを着けたのも、息子の目から自分の姿を隠すためだったという。

２００５年6月9日、最高裁が死刑判決を確定させると、ヨンチョルは「感謝する」とつぶやき頭を下げた。遺族への謝罪の言葉は、最後までなかった。２０１８年9月現在、刑は執行されておらず、ヨンチョルはソウル拘置所で収監の身にある。

映画をはるかに凌ぐ犯行の猟奇性

稀代の殺人カップル、レイモンド・フェルナンデス（左）とマーサ・ベック。ごく普通の見た目に余計に戦慄が走る

ハネムーン・キラーズ

婚活女性20人を餌食にした鬼畜カップル

FILMS

レイモンド&マーサ事件

１９７０年公開の映画「ハネムーン・キラーズ」は、１９４０年代のアメリカで実際に起こった連続殺人事件を、新聞報道と法廷記録をもとにドキュメンタリータッチで描いた戦慄のサスペンスである。結婚相手を新聞の文通欄で探す孤独で裕福な女性を狙い、金品を奪うどころか殺人まで働いていたレイとマーサ。少なくとも20人を殺害したとみられる２人は「ロンリー・ハーツ・キラーズ」と命名され、繰り返しＴＶドラマや映画のモチーフとなっている。

事件の主役の１人、レイことレイモンド・フェルナンデスは、20代半ばでスペインに妻子を残し仕事を求めてアメリカに渡ってきた男だ。運良く働き口は見つかったが、事故で脳を損傷。穏和な人柄だったのがキレやすく気難しい性格になってしまう。

そんなときに思いついたのが、文通で結婚相手を探す「ロンリー・ハーツ・クラブ」への入会である。目的は結婚詐欺だった。奥手でウブな男を装い、何通か手紙をやり取りする間に資産状況を聞き出し、手頃な相手にプロポーズ。甘い言

ハネムーン・キラーズ

1970／アメリカ／監督：レナード・カッスル
1940年代のアメリカで実際に起こった連続殺人事件をベースにしたフィルム・ノワール。製作当初は、当時まだ若手映画監督だったマーティン・スコセッシが企画を進めていた。巨匠フランソワ・トリュフォーが「最も好きなアメリカ映画」と賞賛した1本でもある。

葉を囁いては現金や宝石を盗んで姿を消す。それがレイの仕事となる。

一方、フロリダ生まれのマーサ・ベックは写真のとおりの肥満体で、看護学校を出て病院に就職した後、行きずりの男との間に2人の私生児を出産。自身の母親も含め、3人の面倒を1人でみていた。1947年12月、生活に疲れきっていた当時28歳の彼女は、ロンリー・ハーツ・クラブの広告に興味を持ち入会する。これに目を付けたのが33歳のレイだ。看護師なら小銭を貯めているのではないかと睨み手紙を出した。

半月の文通を経て、2人の交際がスタートする。マーサは、小柄で貧弱ながら、シャルル・ボワイエ（フランス出身の二枚目俳優）に似ているレイにぞっこんになった。が、マーサに財産がないと知るやレイは財布だけ盗みニューヨークに帰ってしまう。が、そんなことでマーサの愛の炎は消えない。病身の母を捨て、2人の子の手を引きレイの元へ押しかける。レイが正直に、自分が結婚詐欺師だと告白してもどこ吹く風。子供が邪魔だと言われれば、2人を救世軍の建物の前に捨てた。

レイは、そこまで自分を愛してくれる彼女の情にほだされる。ここから二人三脚の結婚詐欺が始まった。

1948年2月、2人はペンシルバニアに乗り込み、1人の未亡人に目を付ける。レイはマーサを妹と紹介したうえで、会うなり未亡人にプロポーズ。郡の役所で結婚式を挙げ

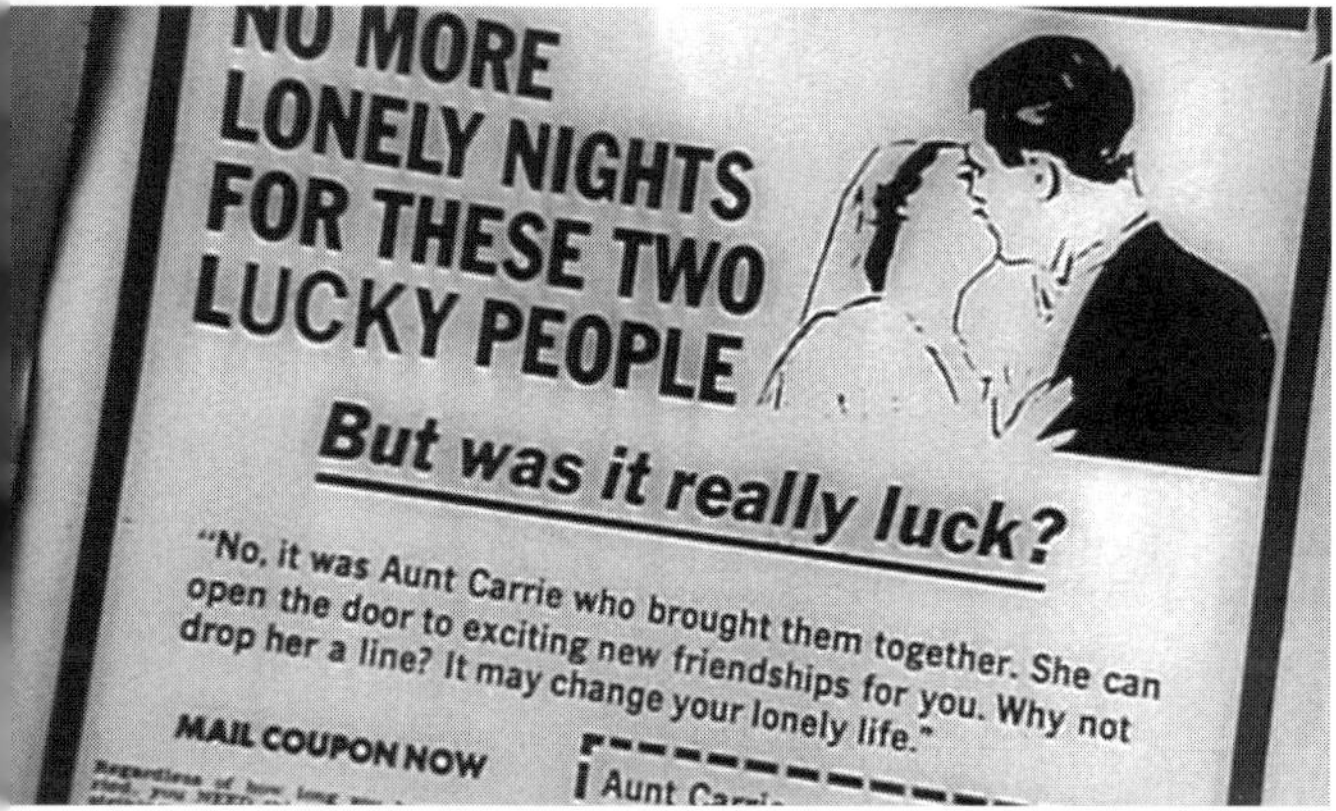

出会い系の文通クラブが事件の舞台に。映画「ハネムーン・キラーズ」より

女性たちをたぶらかすレイの仕事を、マーサの嫉妬がぶち壊していく。
映画「ハネムーン・キラーズ」より

る。その後、3人は未亡人の家で生活を共にするが、嫉妬深いマーサは、芝居とわかっていても目の前でレイといちゃつく女が許せない。一方、女性は新婚なのに初夜も迎えられない状況を怪しみ出し、これを機にレイとマーサは金と車を盗み行方をくらます。同居4日目のことだ。

そもそも女を甘い言葉で酔わせ、金を吐き出させるのが結婚詐欺師の腕の見せ所なのに、マーサが側にいては成功するはずがない。が、レイは、1人で待っていられないと泣く彼女をどうしても突き放せなかった。

1949年、2人は3つの殺人を犯す。原因はいずれもマーサの嫉妬である。1人目の被害者は66歳の女性。例によって兄妹と偽り同居したものの、女性がレイのベッドに入るのを見たマーサが、思わずハンマーを振り下ろしてしまう。

2歳の娘がいる未亡人の場合も例外ではない。若い彼女に嫉妬して八つ当たりするマーサに、不信感を募らせる新妻。仕方なくレイが彼女に睡眠薬を飲ませたうえで銃殺し、泣き叫ぶ娘はマーサがタライの中で溺れさせ、地下室に母子の死体を埋めた。

ほどなく、母子の姿が見えなくなったのを不審に思った隣人の通報により2人は逮捕される。警察の調べでレイとマーサが関わった20人の女性の死亡が確認されたが、立件されたのは前記の3件だけだった。

裁判で死刑判決を受けた2人は1951年3月8日、電気椅子で処刑される。最後、レ

公判中の1枚。弁護士を挟んでレイとマーサ

イは「マーサを愛してると言いたい」と彼女への愛を伝え、マーサは「この事件はラブ・ストーリーなの。愛に苦しむ人にはわかってもらえるはず」と語ったそうだ。

最後の言葉は、互いへ愛の告白

モンスター
～少女監禁殺人～

遺体解体の一部始終をビデオに収録！

知り合って4年後の1991年に結婚式を挙げたポール（左）とカーラのスナップショット。この時点で、ポールは2人の少女を殺していた

カナダの悪魔 ベルナルド夫妻

FILMS

誰もがうらやむカップルだった。男は資産家の息子で二枚目の公認会計士。女は高級ホテルのレストランで働く町一番の美人。友人たちは、彼らを「ケンとバービー」の愛称で呼んだ。が、実はこの2人、女性3人をレイプして殺害、遺体解体の一部始終をビデオに収めて喜ぶ悪魔だった。ポール・ベルナルドと、その妻カーラ。2006年のアメリカ映画「モンスター～少女監禁殺人～」のモデルになった鬼畜夫婦である。

ポールは1964年、カナダのトロント市で生まれた。両親は装飾ビジネスで財をなした金持ちで、幼少期から何ひとつ不自由はなかったという。人生が狂い出したのは15歳になった頃。仕事のストレスで神経を病んだ父親が母親に暴力をふるった挙げ句、ポールの妹に性的イタズラを働くようになったのだ。父の姿を見たポールは、自分の中にも同じような衝動があることに気づき、大学へ入った頃には暇さえあれば女性を犯す己の姿を思い描いていた。

衝動は日ごとに肥大を続け、1987年5月、初めて妄想を実行に移す。深夜にすれ違った女性の後をつけ、女性の両

モンスター ～少女監禁殺人～

2006／アメリカ／監督：ジョエル・ベンダー
1990年代のカナダを震撼させた「ベルナルド事件」を、共犯者である妻カーラの視点から描いたサスペンス。監督のジョエル・ベンダーが、カーラの担当弁護士や精神分析官に取材して、ストーリーが作られている。日本での劇場未公開。

夫婦が少女を拉致する映画内のワンシーン。実際の事件でも、カーラが被害者を押さえつけ、ポールがナイフで脅す役割だった。映画「モンスター～少女監禁殺人～」より

親が住む家の前で押し倒すだけのずさんな犯行だったが、事件を目撃した者はいなかった。

これに味をしめ、続く3年間でさらに17人の女性を陵辱。平和な町に突如現れた凶悪犯を、新聞は「スカボローのレイプ魔」としてセンセーショナルに書きたてた。

同年10月、運命の出会いが訪れる。レストランで働くカーラ・ホモルカ（当時17歳）をポールが見そめ、その日のうちにプロポーズしたのだ。カーラが夫の正体を知るのは、それから2年後の1989年頃。ある夜、自宅へ戻ってきたポールが事もなげにこう言ったのだ。

「さっきレイプしてきたんだ」

翌朝のニュースが、夫の話と全く同じ事件を報じていた。が、愛する男がレイプ魔だと知っても、カーラの気持ちは揺るがない。貧しい家で育った彼女にとって、ポールは最高の王子様であり続けた。

１９９０年12月、ただのレイプに飽きたらなくなったポールは、新たなターゲットに狙いを定める。獲物に選んだのは、あろうことかカーラの実妹タミー（当時15歳）だった。協力を命じられたカーラは最初こそ拒んだものの、夫に嫌われたくない一心で、最終的に妹の部屋への侵入を手伝ったばかりか、実妹に睡眠剤の使用まで持ちかける。

犠牲になった3人の少女たち。一番下がカーラの妹

結果は最悪だった。昏睡状態の肉体をポールが弄んだ直後、タミーが自らの吐瀉物をノドに詰まらせ、そのまま息を引き取ったのだ。2人は慌てて死体を洗い、汚れた服を着替えさせ病院へ連絡。事件は事故として処理された。

タミーの死から半年後、仕事帰りに14歳の少女をさらったポールは、被害者をアパートに監禁、2週間にわたって陵辱する。ポールはその一部始終をカーラに撮影させた後で少女の首を絞め、遺体を電気ノコギリで刻み、湖に捨てた。

1992年4月、いつものように獲物を探して町に出た2人は、帰宅途中の女子中学生(当時15歳)をアパートへ連れ込む。時を同じくして、少女がさらわれる場面を目撃した通行人がトロント市警へ通報する。が、数名の警官がポールの部屋に入ったとき、すでに少女はバラバラにされた後だった。

裁判が始まると、カーラは一貫して「夫に脅された」と言い張ったが、押収ビデオから、嬉々としてポールの犯行を手伝っていた事実が明らかとなり、懲役25年が確定。ポールには、3少女の殺害と14件のレイプ容疑でカナダの最高刑である終身刑が下った。

ちなみに、ビデオの内容は「あまりに残酷すぎる」との理由で裁判長が廃棄を命じ、詳細はわかっていない。映画で犯行の状況がほとんど描かれないのは、そのためだ。

3人目の少女を殺害した直後に、自宅から連行されるポール。
2021年6月、二度目の仮釈放の申請が棄却されたと伝えられている

夫は終身刑、妻は出所後に再婚

カーラは2005年に刑期を終えて出所。半年後に再婚し、
3人の子持ちに。写真は2019年に撮影された1枚

映画は、些細な喧嘩をきっかけに
凄惨な殺人事件に発展していく。映画「ヒーローショー」より

ヒーローショー

大学のサッカーサークルを舞台に起きた惨劇

FILMS

東大阪生き埋めリンチ殺人事件

お笑いコンビ、ジャルジャルが主演を務めた映画「ヒーローショー」。その爽やかなタイトルから、真っ当な青春群像劇を想像しがちだが、さにあらず。ヒーローショーのバイト仲間が女の取り合いから、やがて血みどろの報復合戦へとエスカレートしていく超バイオレンスな内容。映画は2006年、東大阪大学の学生2人が生き埋めのまま殺された実際の事件をモチーフに作られている。

発端は2006年6月15日、大阪の東大阪大学のサッカーサークルに所属する徳満優多（当時21歳）が、サークル仲間、藤本翔士（同21歳）の彼女に好意を持ちメールを3通送ったことだった。怒りで徳満に殴りかかったものの逆に返り討ちに遭った藤本は、友人の岩上哲也（同21歳）に相談。高校を卒業後、ゴト師として生計を立てていた岩上は「慰謝料をふんだくろう」と、翌日、会社員M（同21歳）など3人の知人とともに、徳満と、彼の相談相手だったサークル仲間の佐藤勇樹（同21歳）を公園でボコボコにしてしまう。そして、そのまま朝の5時までファミレスに軟禁し、慰謝料50万円を支払うことを2人に約束させる。岩上はバックにヤクザがいることを匂わせていた。

ヒーローショー

2010／日本／監督：井筒和幸
2006年に起きた東大阪生き埋めリンチ殺人事件をモチーフに、暴力の連鎖をリアルに描いたバイオレンス映画の傑作。お笑いコンビ、ジャルジャルの後藤淳平が主犯の男を、福徳秀介が解放される被害者役を演じている。
DVD販売元：よしもとアール・アンド・シー

これにビビった佐藤が故郷・岡山の中学の同級生、小林竜司（同21歳）に泣きついた。10万貸してくれ。じゃないとヤクザに埋められる、と。小林は、同じ中学時代の仲間、広畑智規（同21歳）に声をかける。大阪府立大に通いながらも昔からワルで小林らのリーダー格だった広畑は、さっそく中学の同級生の白銀資大（同21歳）とともに岡山に帰り小林と合流、仕返しの計画を練った。

6月18日深夜3時、会社員Mの運転する車が山陽自動車道の岡山インターに着く。車には50万円を調達してくれる知人がいるという徳満らの話を信じ込んだ藤本と岩上、そして彼らを誘導してきた徳満、佐藤、佐山（サークル仲間）も乗っていた。

藤本と岩上、会社員Mが車から降りるや、待ち構えていた小林、広畑、白銀、小林のバイト仲間の16歳少年らが3人をボコボコにした後、3台の車のトランクに押し込み、インターから50キロ南の公園で再び暴行。ゴルフクラブや金属バットで藤本と岩上をメッタ打ちにした。

午前4時半、小林が以前勤務していた建設会社の資材置き場がある山中に3人を連行し、16歳少年がユンボで穴を掘り始める。この間も暴行は続き、藤本を穴の前に立たせると、Mに「助かりたかったら石をぶつけてトドメをさせ」と石をぶつけるよう強要。藤本が穴に落ちるとユンボ少年が土砂を被せた。

この後Mは、「警察に言ったら家族皆殺しにする」と脅されながらも解放されるが、岩上は粘着テープでグルグル巻きにされ、小林の自宅マンションへ運ばれる。暴力団に憧れていた小林は、岩上が組の名前を騙ったのが許せなかった。そこで知り合いの暴力団員にわざと電話をかけ、岩上の処分を相談する。

組員は、岩上がすでにサラ金にも行けない瀕死状態と知ると「処分しちまえ」と一言。結局、小林は、再び少年たち3人を使って岩上を資材置き場に生き埋めにしたのである。

Mの通報で事件は明るみに出た。またたく間に小林や広畑ら9人が大阪府警・岡山県警の合同捜査本部に検挙され、藤本と岩上の遺体も見つかった。

実行犯の小林や参謀の広畑はもちろん、徳満や佐藤らも現場で殺害を止める意思表示をしなかったとして「共謀共同正犯」に問われ、藤本殺しの容疑で逮捕となった。また、小林が相談した暴力団員も殺人の共犯とされた。裁判の結果、小林は死刑、広畑が無期懲役、他加害者に7年〜15年の懲役刑が下されている。

事件現場の資材置き場と主犯の小林竜司死刑囚

西口彰本人。警察の取り調べ時に撮られたもの

復讐するは我にあり

5人の命を奪った悪魔の申し子

西口彰の殺人逃避行

FILMS

佐木隆三の直木賞作品を原作に、1979年の映画賞を総ナメにした「復讐するは我にあり」。殺人と詐欺を繰り返しながら全国を行脚した緒形拳演ずる榎津巌は、裁判官をして〝悪魔の申し子〟と言わしめた実在の殺人鬼、西口彰《にしぐちあきら》がモデルである。

1925年、キリスト教カトリックの家庭に生まれた西口は16歳のとき詐欺罪で逮捕されて以後、窃盗や恐喝などの罪でムショと娑婆を行き来していた。あくまで〝小悪党〟だった男が〝悪魔〟に変身するのは1963年10月18日。福岡県行橋市で専売公社職員とトラック運転手を殺害、27万円を奪い逃走したのだ。10日後に、静岡県浜松市の貸席（お茶屋）に宿泊。目撃証言からこの時点ですでに西口には全国指名手配がかかっており、新聞に顔写真、交番や電柱にも手配書が貼られていたが、貸席業の女将も、その母親も西口を犯人と気づかなかった。どころか、自らを京都大学教授と名乗り、端整な顔立ちと柔らかな物腰に惹かれた女将は、西口と肉体関係まで持ってしまう。映画では、女将を小川真由美が演じ、緒形拳との濃厚な濡れ場が描かれていたが、実際の西口も女性によくモテて、いったん浜松の貸席旅館を出た

復讐するは我にあり

1979／日本／監督：今村昌平
稀代の殺人鬼、西口彰はもちろん、事件に関係した人間の業や情欲を徹底的に描いた傑作。1979年の数々の映画賞で、最優秀作品賞、監督賞、助演男優賞（三國連太郎）、助演女優賞（小川真由美）に選出された。撮影が実際の事件現場で行われたのは有名な話。写真は北米向けに作成されたBlu-rayのパッケージ。

後も、徳山の旅館で東大教授を名乗り、美人の女中と床を共にしたという。

再び浜松に戻り、貸席の女将とその母親を殺害した後、広島、千葉、福島、北海道、東京、栃木と逃亡を続ける西口。この間、本物の弁護士バッヂを盗み上着の襟に装着し保釈金を騙し取るなど数々の詐欺を働き、そのつど1万円程度の現金を手に入れていた。

そして、12月29日、東京・雑司ヶ谷のアパートで、81歳の現役弁護士を絞殺。現金や弁護士バッジなど14万円相当を略奪し、死体と一緒に4日間を過ごす。

映画で描かれていない西口逮捕のきっかけは、1人の少女の証言だった。1964年1月2日、西口は熊本県玉名市の寺に現れる。住職は、戦後まもなく福岡県で起きた殺人事件を冤罪と考え救援活動を続けていた人物で、訪問の際、西口は例によって弁護士を騙り、活動の支援を申し出ていた。犯罪を重ねるうち、西口の法律知識は相当なものになっており、当初、住職もその正体を見破れなかった。が、11歳の娘は気づく。よく行く銭湯に貼られた手配書の写真の人物と、突然我が家に現れた男の顔がソックリだったのだ。

娘の必死の訴えを聞いた母親は、自らも手配書を確認し、男が西口であることを確信。近くの交番に通報する。住職は驚愕の事実を伝え聞き、今夜は旅館に泊まるという西口を、危険覚悟で自宅に宿泊させる。家族は鍵のかかった部屋に寝かせ、翌朝、警察に身柄を引き渡す計画だった。果たして、恐怖の一夜は無事に明け、朝になり家を出た時点で、西口は周囲に張り込んでいた玉名署員に拘束される。福岡での殺人から77日後のことだ。

福岡地裁の判決は死刑。弁護側は控訴したが、二審でも判決は変わらず、この後、西口が最高裁への上告を取り下げたことで死刑が確定した。執行は1970年12月11日。享年44だった。

佐木隆三の著作によれば、世間を恐怖に陥れた西口の犯行は、すぐに映画化の話が持ち上がり、逮捕から1ヶ月後にはすでにシナリオの決定稿が完成していた。タイトルは「一億人の眼」。監督は新人が起用される予定だった。

しかし、西口の父親が映画化中止を訴えたことで、話はなくなる。西口本人はともかく、映画化によって、西口の子供まで断罪されるのは許してほしいという父親の嘆願に、映画会社が折れたようだ。

今村昌平監督の「復讐するは我にあり」が公開されるのは、それから15年後のことだ。

福岡地裁小倉支部での公判の模様。中央のメガネの男性が西口

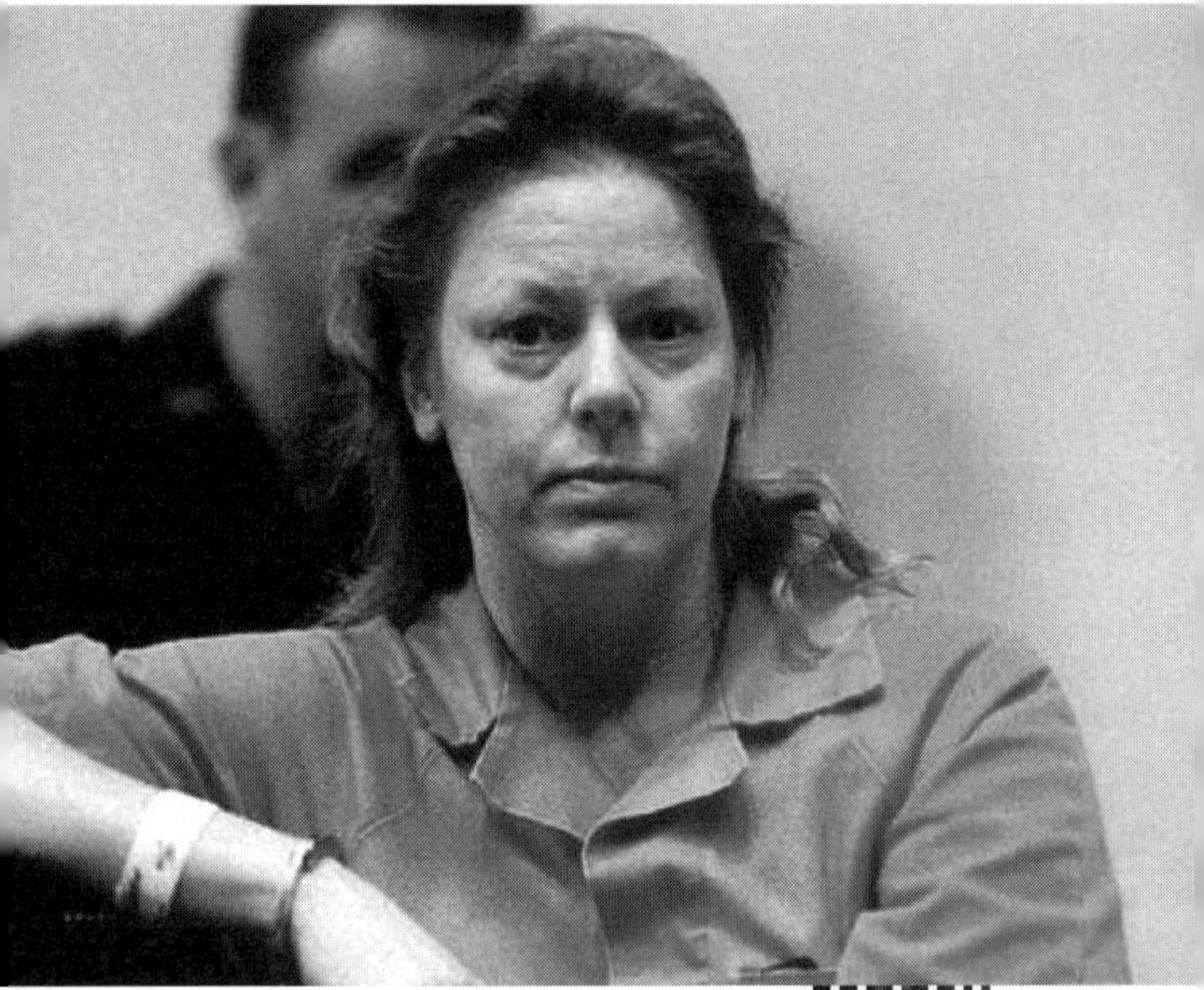

アイリーン・ウォーノス本人。7人を殺害した凶悪犯ながら、その波乱に満ちた生き様に魅了される人は少なくない

モンスター

全米初の女性連続殺人犯

アイリーン・ウォーノスの哀しき生涯

２００３年のアカデミー賞で主演女優賞を獲得したのは映画「モンスター」のシャーリーズ・セロンだった。絵に描いたような美女役が多かった彼女が13キロも太り、体当たりで実在の連続殺人犯を演じ、高い評価を受けた。

モデルになったアイリーン・ウォーノスは、ドライバー相手の売春婦で、１９８９年から１９９０年にかけ男性客7人を銃殺したアメリカ初の女性連続殺人鬼である。彼女に死刑が執行されたのは、全米で映画が公開される1年前、２００２年のことだった。

「生きるため選択肢はなかった」

これは、劇中でウォーノスを見守る帰還兵の老人男性が口にする言葉だ。もちろん環境で殺人が正当化されるはずもないが、彼女の生い立ちは悲惨の一言に尽きる。

１９５６年2月、ミシガン州で生まれたウォーノスは両親の顔を知らない。15歳で彼女を出産した母親はウォーノスが4歳のときに家出し、幼児性愛者だった父は13歳の少女に対する強姦罪で有罪となり、刑務所で自殺していた。

モンスター

2003／アメリカ／監督：パティ・ジェンキンス
アメリカ初の女性連続殺人犯、アイリーン・ウォーノスの生涯を描いた作品。美をかなぐり捨てたシャーリーズ・セロンの演技が絶賛され、アカデミー賞最優秀主演女優賞に輝いた。ちなみに、1991年公開のリドリー・スコット監督作「テルマ&ルイーズ」もウォーノスの事件を題材としている。

親代わりになった祖父母も最悪だった。祖母はアルコール依存症で、祖父は物心ついたときからウォーノスを性的に虐待。さらに父親の親友だった男や、2歳上の兄までもが幼い彼女を犯したという。

ウォーノスはタバコ欲しさに9歳でフェラチオを覚え、13歳で妊娠。デトロイトで出産すると、そのまま赤ん坊を養子に出し、家を離れて売春を始めた。森の中の廃屋を根城に客を探す毎日。日銭を稼ぐことはもちろん、客と行ったホテルで風呂に入れるのも喜びだった。

16歳で故郷を捨てコロラドへ。飲酒運転中に銃を発砲し初めて警察に逮捕される。事件の舞台となったフロリダに出るのは20歳の頃だ。病死した兄の保険金が軍資金だった。ほどなくヒッチハイクで出会った69歳の石炭会社の社長と電撃的に結婚。人生を変えるチャンスだったが、ウォーノスはこれを棒に振る。粗野で他人を思いやることを知らず育ったことが原因してか、気に入らないことがあれば杖で旦那を殴り、結婚の無効を申し立てられたのだ。結婚生活はわずか1ヶ月間だった。

それでも若いウォーノスには希望があった。フロリダは刺激的な場所で、売春の実入りも良い。デイトナビーチ沿いの安モーテルを定宿に日々をエンジョイする。が、しょせん

20歳で69歳の石炭会社社長と結婚したが、1ヶ月で破綻

は家なしのその日暮らし。人生が落ちていくのも自然の流れだった。

1981年、コンビニ強盗で1年ほど服役した後、偽造小切手を使い再び獄中へ。出所した頃は30歳手前で、売春も以前のように稼げない。が、ここで運命の出会いがある。

1986年、金を使い切ったら自殺しようと、たまたま入ったゲイバーでレズビアンの女性ティリア・ムーア（当時24歳）と知り合う。自分を受け入れてくれる彼女にウォーノスは夢中になり、やがて恋仲に。同棲生活が始まる。

映画では、2人の関係は短かったように描かれているが、実際には3年続いた。ウォーノスが売春や窃盗で稼ぎ、ティリアが手助けをする。その間、車上荒らしや公務執行妨害、偽証、銃の不法所持などの容疑で2人一緒に逮捕されることもあったが、ウォーノスは愛

それまでステレオタイプの美女役（下）が多かったシャーリーズ・セロンが、本物と見間違うほどの完璧な役作りで稀代の女性殺人鬼を演じた（上）。映画「モンスター」より

する相手とともに生きることに大きな充実感を覚えていた。恋人の間柄が終わった後も離れることは考えられず。ティリアを友人として傍に置いた。

ウォーノスが初めて人を殺すのは1989年12月のこと。いつものように幹線道路脇に佇み客待ちしていると、電気屋を営む51歳の男が車を横付けした。ウォーノスが乗り込み、値段交渉が成立。道路脇の森に停めた車中でコトに及ぼうとしたとき、男が豹変する。アイリーンを酷く殴りつけたうえ、ハンドルに手を縛り付けたまま乱暴に犯し始めたのだ。身の危険を感じたウォーノスは必死で縄をほどき、いつも携帯していた護身用の銃を撃つ。正当防衛だった。が、彼女に警察に連絡する発想はなく、男のサイフから金を奪うと、車に積んであったカーペットで死体を包み森に捨てた後、その場を去ってしまう。

売春でちまちま稼ぐより、殺して金を奪った方が手っ取り早い。真意は知れないが、以降、ウォーノスは1990年11月末までの1年弱で都合7人の男性客の命を奪い、その間、何事もなかったかのようにパブやバーで自由を謳歌した。

逮捕は1991年1月。映画では、ウォーノスに殺人を止めさせるため、ムーアが警察に協力したかのように描かれているが、事実は違う。ムーア自身、少なくとも1件の殺人事件に関与していたため、自分が罪に問われないことを条件にウォーノスを売ったのである。しかも、ムーアは警察幹部たちと組み、〝アメリカ初の女性連続殺人犯〟であるウォーノスの映画化をハリウッドに打診までしていたというから驚きだ。

裁判で当初アイリーンは、殺人は正当防衛だったと主張する。が、公判に検察側の証人として出廷してきたムーアの証言で彼女の裏切りを知り精神が崩壊。全ての犯行は金のためにやったと自供する。

死刑判決を受けたウォーノスは、11年間の服役の後、２００２年10月９日午前９時47分、ウォーノスは薬物注射で処刑される。聖書と一緒に火葬されることを望み、最後に「私はキリストと船に乗って旅立ち、再び地上に現れる。I'll be back!」との言葉を残したという。享年46だった。

元恋人の裏切りで絶望のどん底に

アイリーンのパートナーだったティリア・ムーア。写真は公判出廷時に撮られたもの。現在は、結婚したレズビアンの女性と一緒にペンシルベニア州に住んでいるそうだ

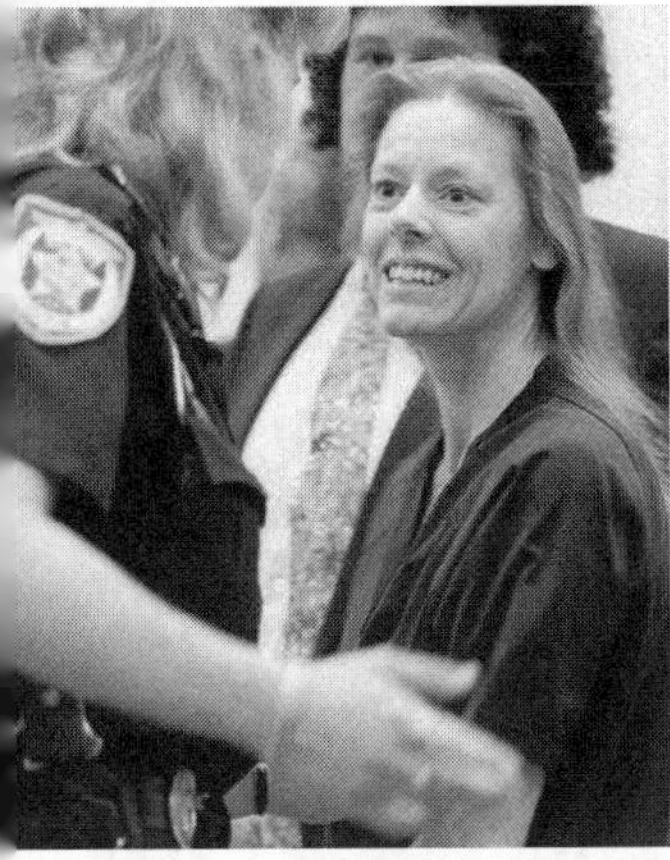

公判中ウォーノスは笑顔を振りまく一方、鬼の形相で陪審員を罵倒することも多かった

犯行を計画したリチャード・ヒコック（右。当時28歳）と、
実際に手を下した相棒のペリー・スミス（同31歳）。
獄中で知り合った間柄だった

冷血

作家カポーティが追いかけた凶行

FILMS

クラッター一家惨殺事件

『ティファニーで朝食を』などの著作で知られる作家、トルーマン・カポーティの『冷血』は、実際に起きた殺人事件をカポーティ自身が徹底的に取材した上で書き上げ、その後多くの作家に影響を与えることになる〝ノンフィクションノベル〟の金字塔である。

本作発表から1年後の1967年、同名の映画が公開された。実際の事件現場で殺害シーンを撮り、法廷場面は事件が裁かれた実際の法廷を使用、さらには陪審員も6人は当時陪審員を担当した人物に演じさせるという、こちらもリアリズムに徹した作品だ。

小説、映画で忠実に再現された殺人事件。それは、まさに〝冷血〟と呼ぶに相応しい残忍な一家皆殺しだった。

米カンザス州ホルコムで農場を営むクラッター家4人の殺害死体が自宅で発見されたのは1959年11月16日のことだ。主人ハーバードは喉を掻き切られた上に至近距離から散弾銃で撃たれ、妻、娘、息子の3人は皆、手足を紐で縛られた姿で銃殺されていた。

冷酷無比な犯行に警察は怨恨を疑うが、被害者家族は近所でも評判の一家。恨みを買う理由など思い当たらないと住民は

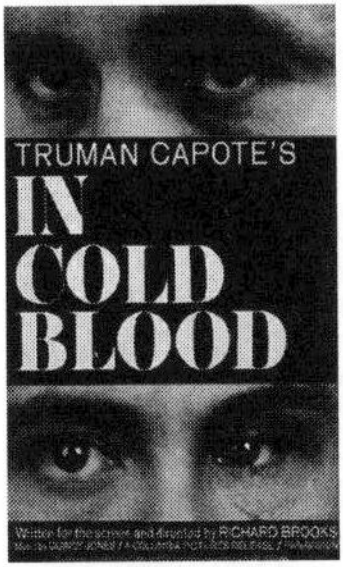

冷血

1967／アメリカ／監督：リチャード・ブルックス
作家トルーマン・カポーティが、1959年に実際に発生した殺人事件を徹底的に取材、加害者を含む複数の関係者にインタビューしながら事件の発生から犯人の死刑執行に至る過程を著した同名小説を忠実に描いた作品。DVDのパッケージ写真は、実際の犯人の眼が使われている。

口を揃えた。一方、奪われた金品は、現金50ドル足らずとラジオ、双眼鏡のみ。妻や娘が強姦された形跡もなかった。

犯人の目的は何なのか。現場には指紋等の証拠もほとんど残っておらず、捜査は早くも暗礁に乗り上げる。

ところが、警察当局が犯人の情報提供に1千ドルの懸賞金をかけてまもなく、1人の受刑者が重大な情報をもたらす。房の中で、事件当時は釈放されていたリチャード・ヒコックなる詐欺の常習者に対し「クラッター家は大金持ちで、自宅の金庫に少なくとも1万ドルは眠っている」と話したことがあるというのだ。リチャードは、以前クラッター家の農

映皆殺しに遭ったクラッター一家。
上左から主人ハーバード(事件当時48歳)、妻ボニー(同45歳)
下左から長女ナンシー(同16歳)、長男ケニヨン(同15歳)

犯行現場は凄惨を極めた

場で働いていたという彼の話を鵜呑みにし、本気で強盗を働く様子だったと囚人は警察に語った。

しかし、このネタは完全なデマだった。主人のハーバートが支払いは常に小切手で済ませ、自宅に金庫はおろか、現金すらほとんど置いていないことは、近隣住民なら誰でも知っていたのだ。


事件発生から6週間後、寄せられた情報をもとに、リチャードと、相棒のペリーがラスベガスで逮捕される。2人は犯行の後、小切手詐欺を働きながら逃走を続け、警察が足取りを追っていた。

自供によれば、彼らはニセの儲

け話を信じて事件当日の深夜、クラッター家に侵入。しかし、金庫はどこにもなかった。このまま帰ろうと主張するペリー。ありもしない金庫を探し続けるリチャード。そして最終的にはペリーが一家を惨殺してしまう。ガセネタを掴まされた上に、口先ばかりで何もできないリチャードに苛立っての凶行だったようだ。

２人は一審で死刑判決を受け、その後２度控訴するも棄却され、事件から５年後の１９６５年４月14日、絞首台の露と消えた。

発生から事件を追いかけていたカポーティは、さぞ胸をなで下ろしたに違いない。獄中で２人から多くの話を聞き、事件を１冊にまとめようとしていたカポーティにとっては、彼らに早く死なれては困る。そこで自らが紹介した優秀な弁護士を付け裁判

カポーティ（右）が獄中でペリーと対面した際に撮られたカット。共に幼少期に両親が離婚しており、カポーティはペリーに特別な親近感を抱いていたという

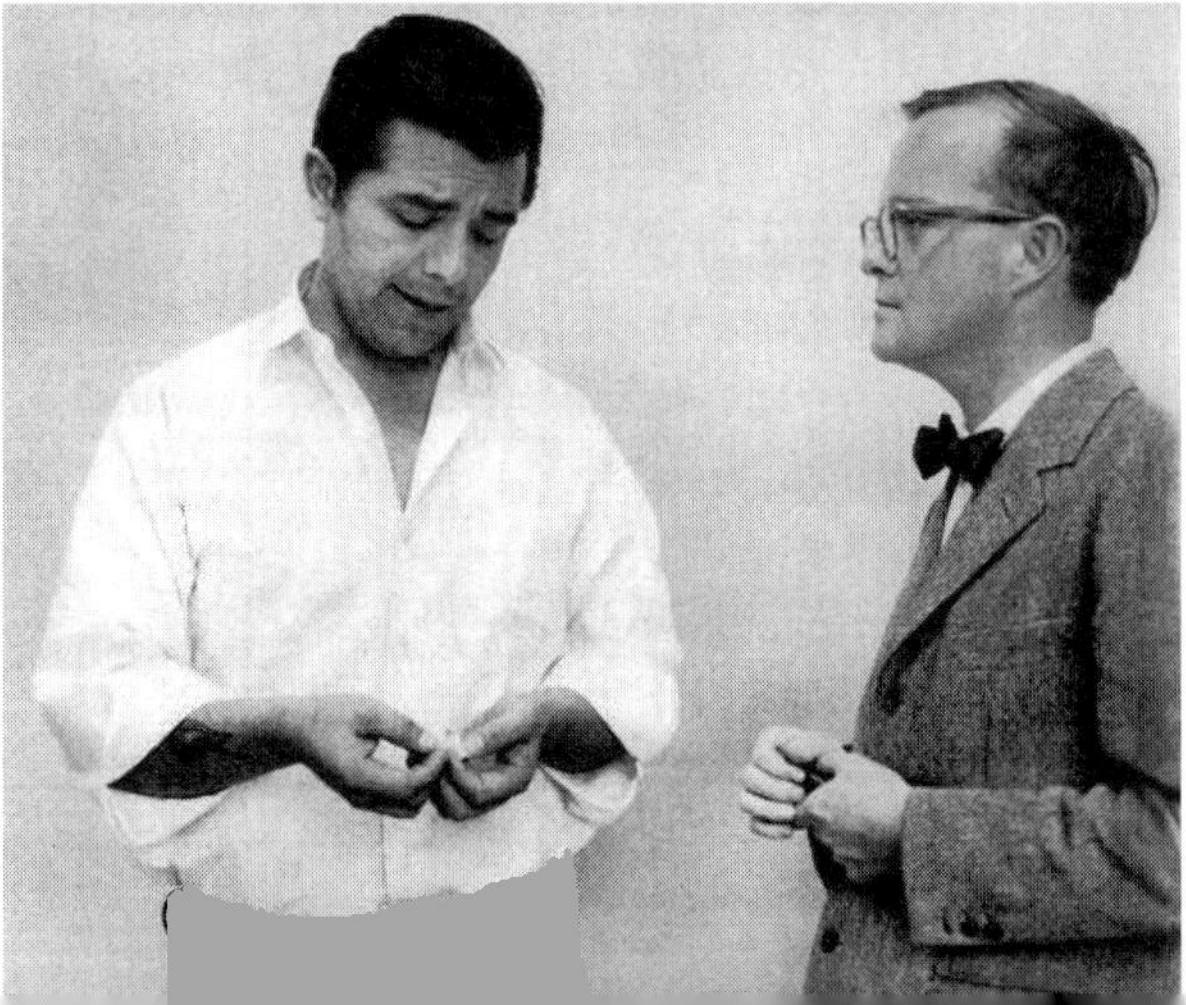

を闘わせたものの、これが意外に長引いた。本が、処刑で終わることは最初からわかっている。が、実際に2人が首を吊られない限り、結末は書けない。この辺りの作家の苦悩は、2005年に公開された映画「カポーティ」で描かれているとおりだ。

カポーティは渾身の一作『冷血』を世に発表して以後、1冊の本も出していない。晩年はアルコールと薬物中毒に苦しみ、テレビで不可解な発言を口にするなど奇行をさらし、1984年に心臓発作でこの世を去った。事件を追いかけ神経をすり減らした作家の哀れな末路というべきだろうか。

事件を取材したカポーティ 自身も悲惨な末路を

カポーティが事件を取材し、小説『冷血』を書き上げるまでの過程を詳細に描いた2005年のアメリカ映画「カポーティ」。主役フィリップ・シーモア・ホフマンがアカデミー賞最優秀主演男優賞を受賞した

THE ICEMAN～氷の処刑人

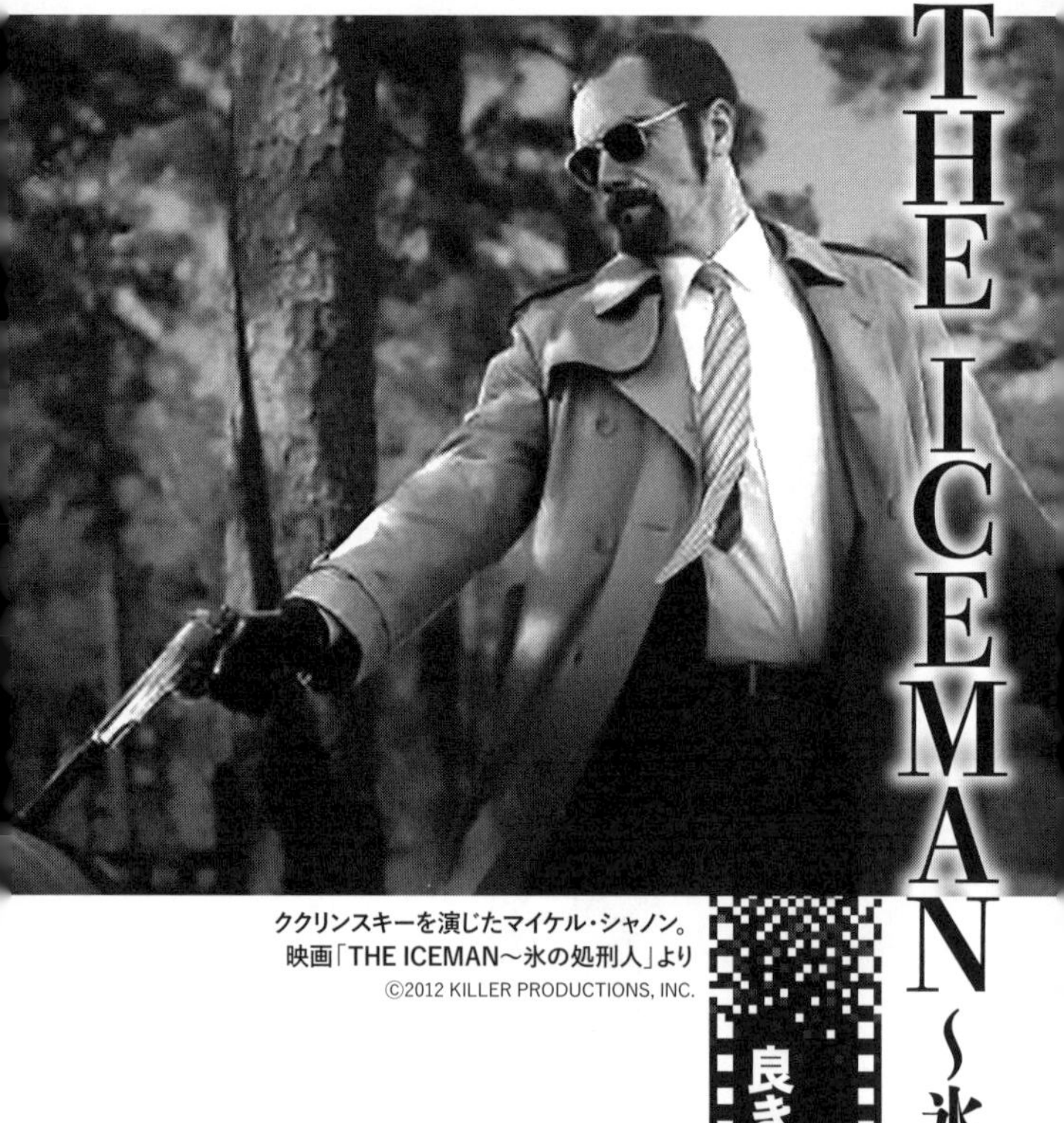

ククリンスキーを演じたマイケル・シャノン。
映画「THE ICEMAN～氷の処刑人」より

家族では
良き父、良き夫

FILMS

裏社会の
冷徹な仕事師
殺し屋ククリンスキー

2012年に公開された「THE ICEMAN〜氷の処刑人」は1960〜1980年代にかけ、アメリカで100人以上を殺害した実在の殺し屋リチャード・ククリンスキーをモデルにしたクライム劇だ。家庭では良き夫、良き父でありながら、裏ではマフィアの依頼殺人を請け負う冷血なヒットマン。ククリンスキーの二重生活は20年以上に及んだ。

1935年、ククリンスキーは米ニュージャージー州の低所得者用公営団地で三人兄弟の次男坊として生まれた。後に兄は父親の虐待による傷が原因で死亡、弟は25歳のとき12歳の少女をレイプしたうえに殺害、獄中死している。

暴力的な父親と、ネグレクトの母親のもとで育ったククリンスキーもまた当然のように素行不良となった。ストリート・ギャング6人を物干し竿で半殺しの目に遭わせたり、動物虐待を繰り返したりするなど、地元ではその悪名が轟いていた。最初に殺人を犯したのは14歳のときで、ビリヤード場で口論になった相手をキューで何度も叩き命を奪っている。

映画ではこうした彼の生い立ち、家庭環境は一切描かれず、恋愛ドラマの様相で始

THE ICEMAN〜氷の処刑人

2012／アメリカ／監督：アリエル・ヴロメン
実在の殺し屋リチャード・ククリンスキーの半生を描いた犯罪映画。獄中で彼をインタビューした作家アンソニー・ブルーノの著作が原作。

まる。

　一目惚れの相手デボラとカフェでの初デート。やがて結婚し、2人の娘に恵まれる幸福な暮らし。妻には投資などをビジネスとしていると偽り、4人が生活するに十分な金を家に入れていた。妻と娘を愛する頼りがいのあるパパ。ククリンスキーは、この善良な顔を逮捕されるまで貫き通し、近所でも疑う者はいなかった。

クリリンスキーと妻デボラと2人の娘。
両親に愛されなかった反動で子供たちを溺愛していた

　劇中では描かれないが、ククリンスキーと裏社会の接点は、有名マフィアのガンビーノ一家の幹部、ロイ・デメオの手下に借金をしたことに始まる。金を返し終わった後、デメオが経営するポルノ映画の海賊版製造工場で働いていた1960年、デボラと知り合い結婚。殺しを稼業とするのは60年代半ばからだ。
　自身も殺し屋として名を馳せたデメオがククリンスキーの資質を見抜き、ある日、町を歩く一般人の男性を殺すように指示したところ、ためらいもなく男性の頭を撃ち抜いてしまう。以降、ククリンスキーは、デメオの依頼でターゲットを殺し報酬を受ける、暗殺のプロフェッショナルとなっていく。彼が１９８６年に逮捕されるまでに殺害したのは一般

“仕事現場”はいつも完璧だった

1986年の逮捕時

20年間で100人以上を殺害

人、マフィア、警察官など少なくとも100人以上、一説には250人とも言われる。

なぜ、ククリンスキーは20年もの長きの間、捕まらずにいたのか。それは、TPOに合わせ殺害方法を工夫した巧妙な手口による。

突然背後に現れて刺殺、言葉巧みに気を逸らしての銃殺、首にロープを巻き付け背負いながら絞殺。中でも彼が好んだのは猛毒で痕跡の残りにくいシアン化合物を使った殺しだ。標的に近づきクシャミをしながらスプレーで噴射すれば、相手は短時間で確実に絶命した。

後始末も完璧で、死亡日時を誤魔化すため死体をしばらく冷凍保存するのが常套手段。

ククリンスキーが〝アイスマン〟と呼ばれる所以だ。

しかし、時が経つにつれ死体遺棄でミスが目立つようになり、それがきっかけで警察がククリンスキーに目を付ける。さっそく特殊チームが組まれ、囮捜査を開始。ククリンスキーの友人を通じてウソの殺人を依頼した。ククリンスキーは覆面警官扮する取引相手から手に入れたシアン化合物がニセ物と見破り、計画を中止し帰宅するが、検問でひっかかりあえなく逮捕される。1986年12月17日のことだ。本当の顔を一切知らなかった妻と子供が絶望のどん底に落とされたことは言うまでもない。

1988年3月、裁判で「終身刑2回。110歳まで仮釈放の請求権なし」という判決を受けたククリンスキーは2006年3月5日に70歳で死亡。その直前にマフィアのボス関連の裁判で証言することが決まっていたため、組織に消されたという噂もある。

1992年、獄中でインタビューを受けた際の様子

TATTOO［刺青］あり

現場はソドムの市と化した…

警察が覗き穴から特殊カメラで撮った籠城中の梅川

三菱銀行人質事件
犯人射殺までの
42時間

1979年1月、大阪市住吉区で前代未聞の事件が起きた。強盗目的で猟銃を手に銀行に押し入った男が4人を殺害、行員や客を人質に立て籠もった、いわゆる「三菱銀行人質事件」である。

事件から3年後に公開された「TATTOO［刺青］あり」は、この事件を題材に作られた映画だが、犯行の中身はあえて描かず、犯人・梅川昭美(宇崎竜童が演じた役名は竹田明夫)が破滅へと突き進んでいくまでの半生にスポットを当てている。劇中では省略された実際の犯行。その現場は、地獄絵図と呼ぶにふさわしい残虐極まりないものだった。

梅川は1948年、広島県生まれ。高校中退後の15歳のとき、以前働いていた土建会社の社長宅に押し入り社長の義妹をナイフで刺殺、現金と通帳を奪う事件を起こしている。特別少年院を出てから大阪でバーテンや、飲み代のツケを回収する仕事に就き、事件前はバーやクラブの客用の贈答品を売る商売を立ち上げていた。このとき梅川30歳。新ビジネスは軌道に乗らず、周囲に度々「一発でかい事をやらんとあかん」と漏らしていた。

TATTOO［刺青］あり

1982／日本／監督：高橋伴明
1979年に起きた三菱銀行人質事件の犯人、梅川昭美の生い立ちから事件を起こすまでの軌跡を描く。映画のタイトルは、梅川の遺体に刺青があるのを見て検死官が実際に口にしたセリフ。ちなみに、劇中、関根（現高橋）恵子演じる梅川の愛人が、後に山口組三代目の田岡組長を襲撃した鳴海清の女になるというエピソードは、年代は違えど事実に即したものである。

猟銃と散弾銃を携え、三菱銀行北畠支店に押し入ったのは１９７９年1月26日14時30分。銃で脅して5千万円を奪い、すぐさま車で逃走する目論見だった。が、事は計画どおりに運ばない。まずは、１人の男性行員が１１０番通報しようとしたため容赦なく銃殺。怯む行員らに急いで金を用意させる。

梅川は警察が到着するまでには3分かかると読んでいた。が、たまたま近所を警ら中だった警官が異変を知り行内に入ってくる。予想外の展開に驚いた梅川は、威嚇射撃する警官の胸に銃弾を放ち殺害。数分後には、別の行員からの通報で駆けつけた2人の警官にも発砲し１人を殺害、１人に重傷を負わせた。この間、銀行の周囲には次々とパトカーが到着し、包囲網が築かれていった。もはや逃げられない。梅川は籠城を決め込むと同時に、どうせ死ぬなら行内を地獄に落としてやろうと悪魔に変身する。

「こうなったのはおまえの責任や」

支店長を問答無用で撃ち殺した後、１人の中年行員に「おまえが一番生意気や」と至近距離から胸を銃撃。行内は完全に恐怖で支配されていく。

梅川は行員に対し徹底的に屈辱的な行為を強いた。女性行員19人を全裸にし、バリケード代わりに自分の周囲に立たせる。トイレの使用を禁じ、カウンターの陰で済ますよう命じる。さらには、男子行員の１人に、先ほど胸を撃たれ虫の息だった中年行員の耳をそぎ落とすようナイフを手渡した。

「切れません」と泣きながら懇願する行員に、梅川は非情に言い放つ。

「人間は極限状態になったら何でもできる。この世の生き地獄〝ソドムの市〟で死人の耳を切る、あの儀式をするんや。おまえも死にたいのか」

行員が観念して指示に従うと、梅川はその耳片を口に入れ「硬い、まずいなあ」と吐き捨てたという。

翌27日、梅川の母親が現場に到着し、電話で説得を試みるも失敗。死んだままで放置されていた遺体は、すでに腐敗臭が強くなっていた。

人質の苦痛はもはや限界と判断した捜査本部が動いたのは、翌28日午前8時半のこと。銀行のシャッターに開けた覗き穴から中を監視していた警察官の指示で、7人の狙撃部隊が行内に侵入。唯一作戦を知らされていた行員の合図を頼りに、梅川が新聞を読んでいた一瞬の隙に8発の銃弾を撃ち込んだ。事件発生から実に42時間後のことだった。

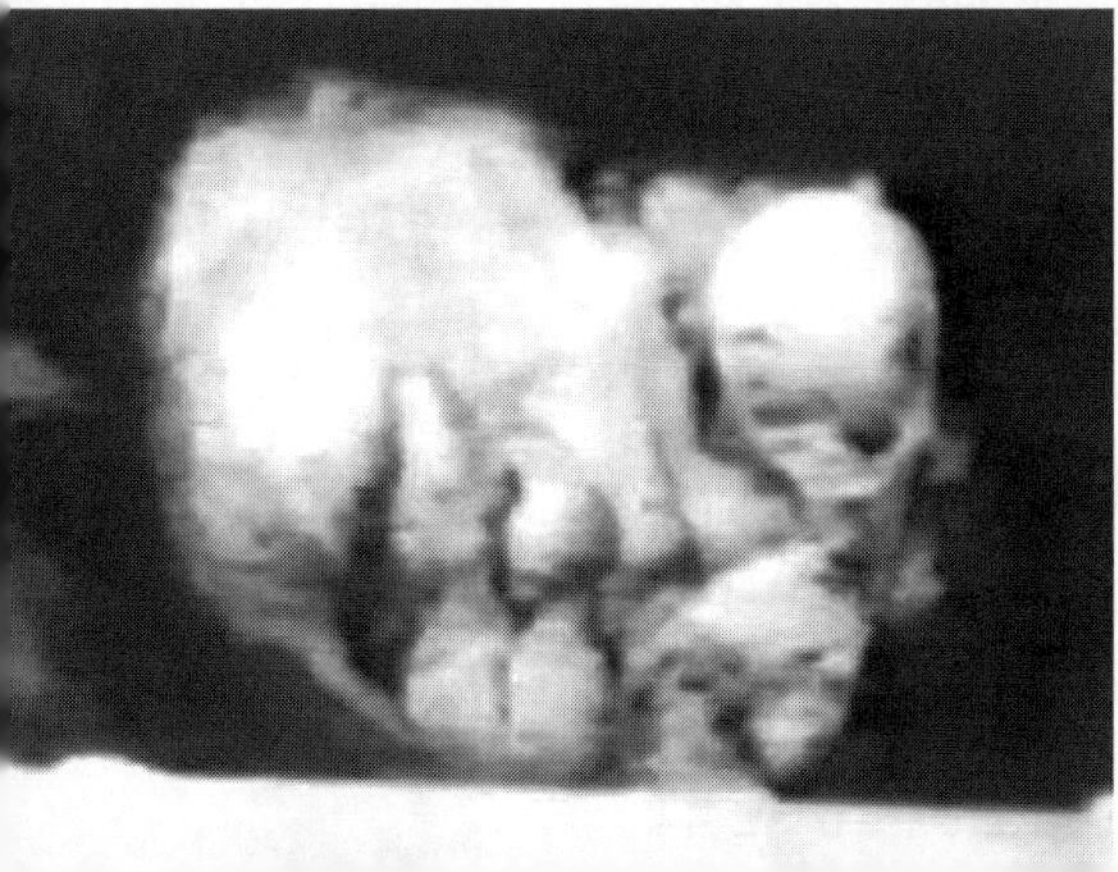

大阪府警のSAT（特殊急襲部隊）に狙撃された梅川のデスマスク。8発の銃弾の内、3発が頭、首、胸に命中。被弾後しばらくは息があったが、搬送された大阪警察病院で絶命

左が主人公の刑事を演じたソン・ガンホ。
映画「殺人の追憶」より

殺人の追憶

強姦殺人で服役中の受刑囚と、犯行現場のDNAが一致

発生から33年後に犯人が特定された華城《ファソン》連続殺人事件

２０１９年公開の「パラサイト 半地下の家族」でアジア人映画監督として初めてアカデミー作品賞、監督賞に輝いたポン・ジュノ。彼が２００３年に発表した「殺人の追憶」は１９８６〜１９９１年に韓国ソウル郊外の小さな村で10人の女性が殺された「華城連続殺人事件」をモチーフとした傑作ミステリーだ。犯人は特定されず、事件は長らく未解決のままだったが、２０１９年になって事態は急展開を見せる。史上稀にみる凶悪犯の正体が、１９９４年に起きた強姦殺人で無期懲役を受けている男性受刑囚と判明したのだ。

１９８０年代後半の韓国は、１９８６年にアジア競技大会、１９８８年にソウルオリンピックと続けざまに国家的イベントが開催され、高度経済成長の真っ只中にあった。そんな折、ソウルの南50キロ、京畿道華城郡（現在の華城市）の田舎町で連続殺人事件が起きる。

１９８６年９月、まずは71歳の女性がレイプ後に絞殺された。翌10月には25歳女性の絞殺体が農水路の中で発見。以降、１９９１年４月まで半径７キロの狭い範

殺人の追憶

2003／韓国／監督：ポン・ジュノ
1986年〜1991年、軍事政権下の韓国・ソウル近郊の農村で10人の女性が惨殺された華城連続殺人事件を題材にした傑作サスペンス。犯人逮捕に燃える地元の刑事（ソン・ガンホ）、ソウルから派遣された若手刑事（キム・サンギョン）の対立、焦燥、挫折を主軸に、事件の底知れぬ恐怖が描かれる。公開時、韓国で560万人を超える動員を記録。

囲で10代から70代までの計10人の女性が餌食にされる。警察は同一犯とみて130人体制の捜査本部を設置。犯人逮捕にやっきになる。

　映画でも描かれるとおり、当時は科学的捜査など考えられない時代だった。現場保存もままならず、採取された精子のDNAを鑑定するにも日本の科学警察研究所（映画ではアメリカのFBI）に送らねばならない有様。劇中のエピソードにもあるように、強姦現場に犯人の陰毛が1本落ちてないのは無毛症の人間に違いないと、800人余りの容疑者の陰毛を抜いて回ったこともあったそうだ。劇中、精神障害のある男性を暴力で自供に追い込み犯人に仕立て

田んぼ脇の農水路で見つかった2人目の被害者は、お見合い帰りの25歳女性だった。この遺体発見シーンは、映画の冒頭でも描かれている

遺体が見つかった場所での警察による検証の様子

ようとする場面も事実に即している。その38歳の統合失調症の容疑者は映画のとおり電車に飛び込み自殺し、他にも16歳の学生が尋問中に死亡。一方、犯人を捕まえられない捜査員たちも何ヶ月も家に帰れず、中には過労で倒れ半身不随になった者もいた。

捜査には延べ200万人が投入され、警察は約2万1千人を取り調べ、約2万人分の指紋を採取した。が、結局、犯人特定には至らず2006年4月に最後の事件の公訴時効が成立。真相は闇に葬られる。

それから13年後の2019年9月、韓国警察は突如、一連の事件が、1994年に義理の妹をレイプし殺害、死体を遺棄した罪で無期懲役を受け釜山刑務所に収監中の56歳の男性イ・チュンジェによって行われたことを発

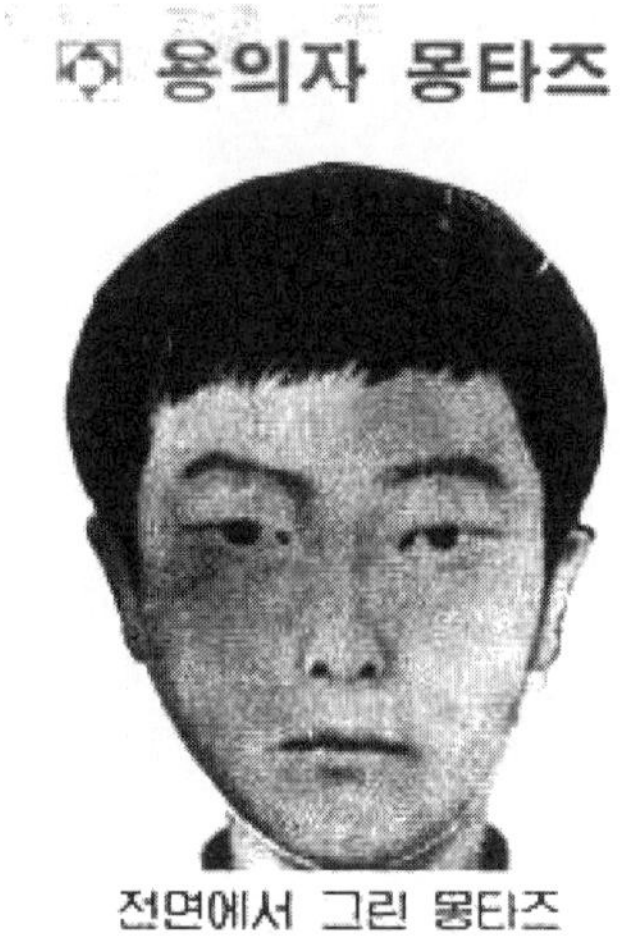

警察は似顔絵付きのチラシを50万部以上作成して情報提供を呼びかけた

表した。犯行現場で採取されたＤＮＡを最新技術で鑑定した結果、イ受刑囚のそれと一致したというのだ。発表によれば、イは華城郡の集落で生まれ、20代後半の１９９０年代初めまで暮らしていた。その後、前述の事件を起こし服役中だったため、捜査の網から漏れていたようだ。もっとも、すでに時効が成立しているためイが連続殺人で起訴されることはない。世間からは当時の杜撰な捜査に非難が集まり、警

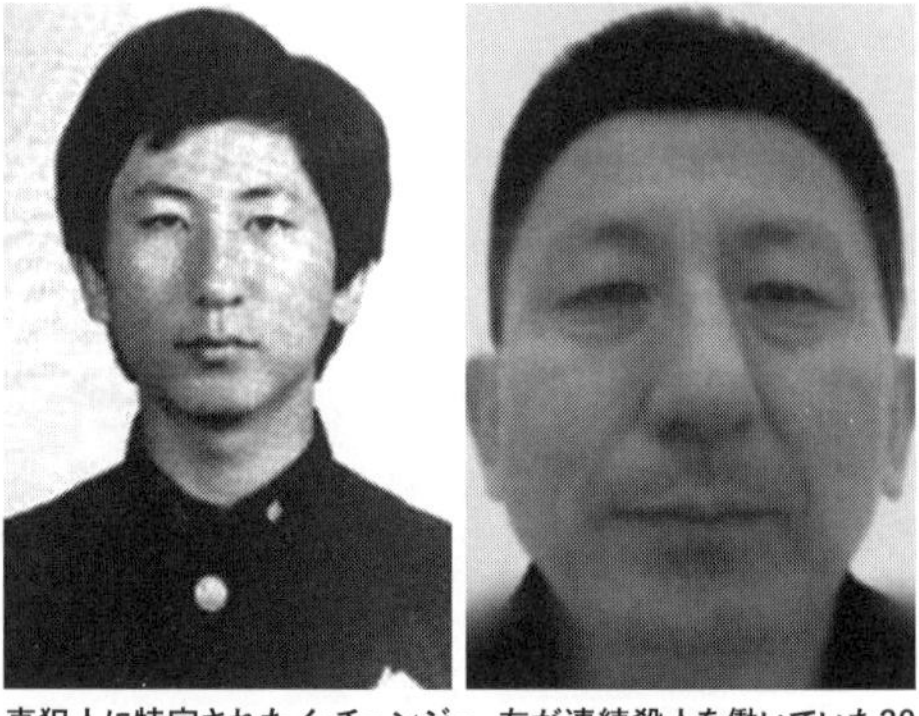
真犯人に特定されたイ・チュンジェ。左が連続殺人を働いていた20代前半。右は2019年、警察が公表した際の1枚（当時56歳）

察は記者会見で長期にわたり事件を解決できなかったことについて被害者と遺族、韓国国民に謝罪した。

　ちなみに、監督のポン・ジュノは、自身が作品の題材とした殺人事件の犯人が断定されたことについて次のようにコメントしている。

「犯人の顔写真が公開されたときは、妙な気持ちでした。『殺人の追憶』を準備しているときから犯人の顔を見てみたいと思っていたんですが、きっと〝永遠に見ることはできない〟だろうとも思っていました。まさか、こんな日がくるとは……。同じ刑務所に収監されていた人の話を聞いたところ、犯人は『殺人の追憶』を刑務所内のテレビで放映された際に観たそうですが、特に関心を示さず、ただ『面白くない』と感想を述べたとのことです」

警察が当時の杜撰な捜査を正式に謝罪

2020年7月2日、京畿道水原で開かれた記者会見で
連続殺人事件をめぐる捜査の失敗を謝罪する同道警察署長

アウトロー 哀しき復讐

韓国の無差別
殺人集団

FILMS

鬼畜！
至尊派事件

逮捕、連行時される至尊派メンバー

無差別殺人集団に拉致された女性が地獄のような時間を耐え抜いて脱走、主人公の刑事ジョンスに保護される。やがて女性と恋に落ちたジョンスは彼女と結婚し、子供を授かる。そんな矢先、妻子が２人組のアメリカ人に惨殺されてしまう。ほどなく犯人は捕まったものの、証拠不十分で無罪に。無念の怒りに震えるジョンスは、刑事を辞職。１人で復讐に向かう――。

２０１０年公開の韓国映画「アウトロー　哀しき復讐」は、日本でもファンの多い俳優カム・ウソンが主演したサスペンス劇だ。映画のストーリーはフィクションだが、冒頭で描かれる傍若無人な快楽殺人には題材がある。韓国で１９９３年から１年あまりの間に５人が次々と殺害された「至尊《しそん》派《ぱ》事件」だ。

至尊派は、リーダーであるキム・ギファン（１９９４年の逮捕当時26歳）の学校の後輩や、賭博場で知り合った仲間７人で構成された犯罪グループだ。いずれも貧困層出身で社会に不満を持っており、自分たちが貧しく大学に行けないのは「富裕層のせ

アウトロー　哀しき復讐

2010／韓国／キム・チョルハン、シン・ジェヒョク
妻子を惨殺された元刑事が、法の目をかいくぐった犯人を追いつめ、復讐を果たすサスペンス。1993年～1994年に5人が惨殺された至尊派事件の他、1997年4月に梨泰院のハンバーガーショップのトイレで発生した梨泰院殺人事件も題材に使われている。

い」と意気投合。以下4項目を掟に掲げ、金持ちの殺害を目論む。

①金持ちを憎悪する。
②それぞれ10億ずつ貯めるまで犯行を続ける。
③反逆者は処刑する
④女性は母親も信じてはいけない。

1993年7月、まず、「殺人の練習」と称し、20歳の工員を拉致して強姦後、絞殺。遺体を山に埋めた。翌月、組織の金を持ち逃げした18歳の男性を掟どおりナイフとツルハシで惨殺。その後は、度胸をつけることを目的に合宿を行い、犯罪に関連した本や雑誌を読み、犯行の計画を練った。

至尊派は用意周到だった。キム・ギファンの実家を改装してアジトを建設。被害者を監禁する鉄格子付きの地下牢や、死体を燃やす焼却炉を設置していた。

が、1994年6月にギファンが女子中学生を

首謀者が塀の中から殺人を指令

先に逮捕された犯行グループのボス、キム・ギファン

逮捕時、メディアの取材に応じる至尊派の幹部

強姦した疑いで逮捕され、懲役5年の刑に服役する。リーダーを失えば、組織の力は弱体化して当然である。しかし、ギファンは塀の中にいてなお、構成員に指示を出した。

「高級乗用車に乗った者を拉致して監禁。拷問して金を盗った後に殺せ」

　こうして、後輩の江東（逮捕当時21歳）を行動隊長に、至尊派の犯行は本格的に幕を開ける。

　同年9月7日深夜3時、27歳のカフェ勤務の女性と36歳の恋人男性がドライブ中に拉致された。至尊派は女性に男性の首を絞め殺させた後、交通事故を偽装し男性の死体を崖下に車ごと遺棄。女性は人質に取り、グループの行動に付き合わせた。

5日後の9月13日、中小企業の社長夫妻を拉致。妻を地下牢に閉じ込め、金を持ってくれば解放すると夫に身代金を運ばせたが、「証拠は消せ」とのキムの指示に従い、夫婦を殺害、死体を焼却炉で焼く。

一味はデパートのVIP顧客名簿を入手、次のターゲットを探しつつ、ダイナマイトの爆破訓練を行う。と、ここで1人の構成員が訓練中に怪我を負ってしまう。さすがに放置はできない。彼らは考えた末、カムフラージュのため、人質の女性と構成員をカップルに仕立て、病院に行かせる。これが運の尽きだった。

女性は構成員が診察室に入った隙に脱出し、タクシーに飛び乗るや警察署に飛び込んだ。当初、警察は女性の話を信じられずにいたが、恋人だった男性の交通事故の様子や、社長夫婦に失踪届が出ていることなどを確認。女性が言うとおりの残虐極まりない事件が起きていることを理解した。

1994年9月19日、アジトにいた至尊派の5人が逮捕。10月31日、裁判所は主犯のキムを含む至尊派6人に死刑を言い渡す。抗告審と上告審でも判決は変わらず、1995年11月2日、6人全員の絞首刑執行。犯人たちに被害者への謝罪や反省の言葉は最後までなかったという。

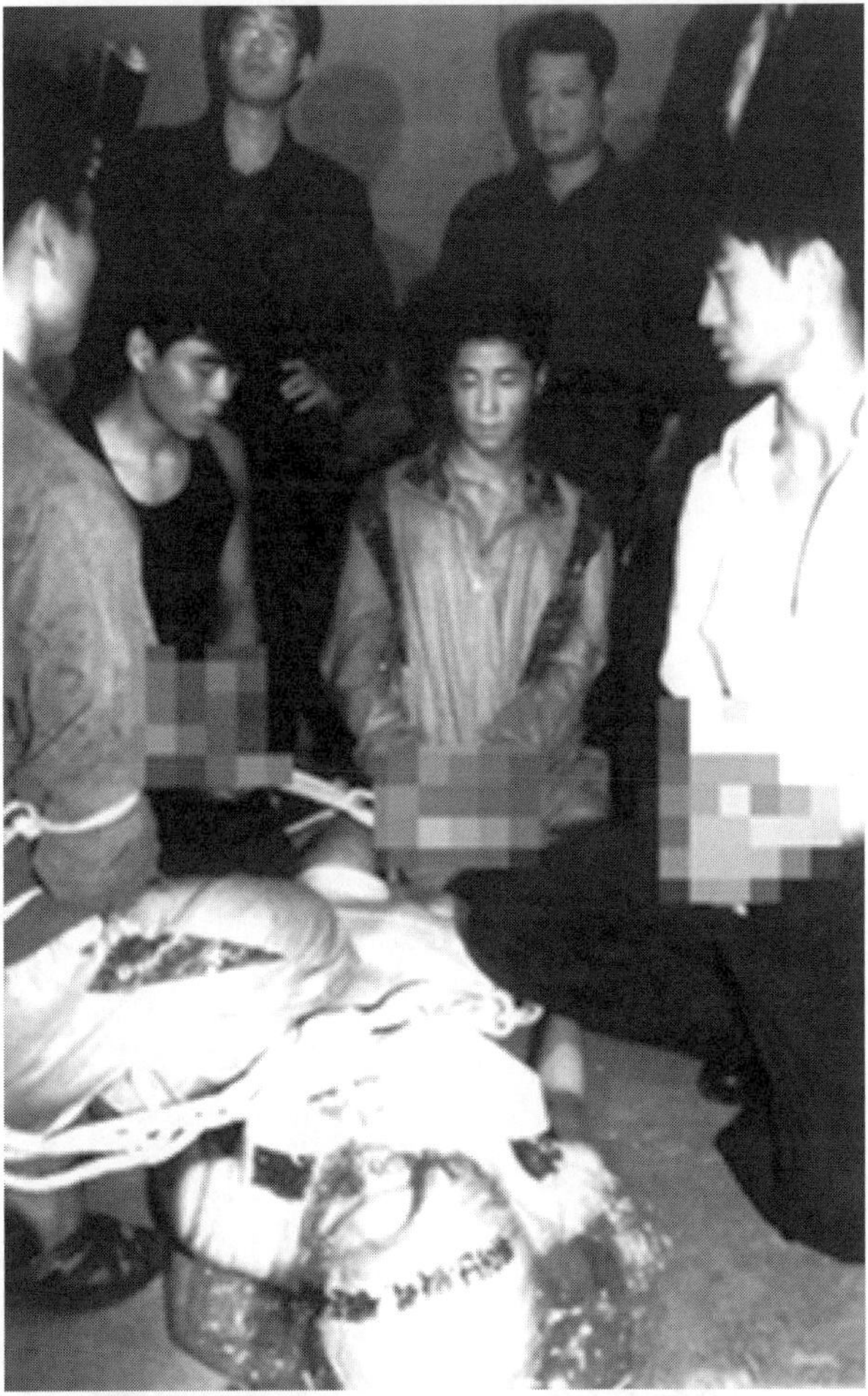

アジトで犯行の様子を再現する至尊派構成員たち

犯人役のジョン・キューザック。映画「フローズン・グラウンド」より

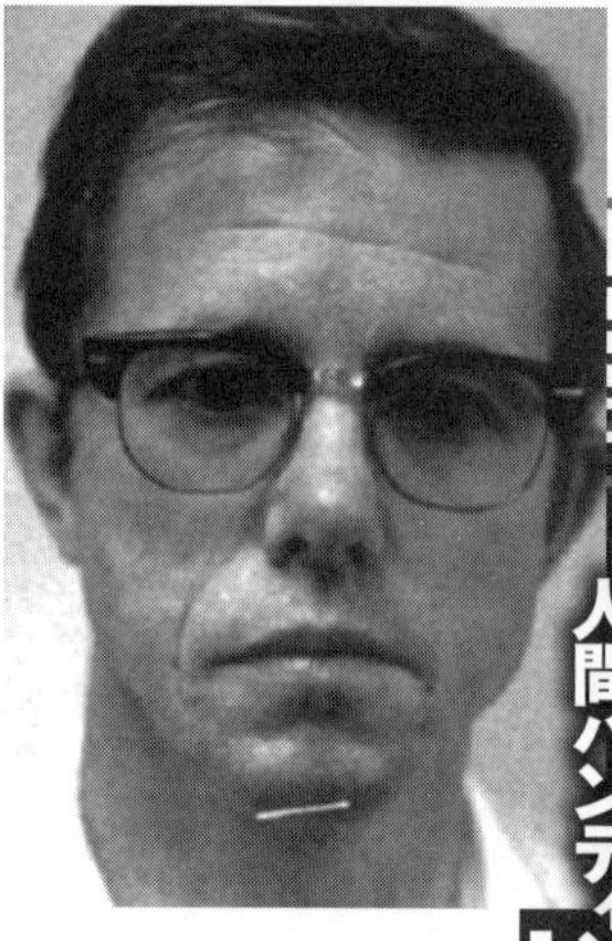

犯人のロバート・ハンセン（逮捕時のマグショット）

フローズン・グラウンド

恐怖の人間ハンティング！

FILMS

アンカレッジ連続殺人事件

２０１３年に公開されアメリカ映画「フローズン・グラウンド」は、１９８０年代、若い女性を次々に拉致してレイプ、猟銃で殺害したロバート・ハンセンのおぞましい犯罪がベースになっている。12年間で17人の命を奪ったシリアルキラーの鬼畜すぎる犯行手口！

１９８０年代初頭、米アラスカ州で売春婦やストリッパーが次々と行方不明になった。最初は問題視していなかった警察も、１９８２年になって立て続けに４人の銃殺遺体が発見されたことで、ようやく捜査に着手する。が、犯人につながるような手がかりは一切見つからなかった。

事件が動き出すのは１９８３年６月。シンディ・ポールソンという17歳の娼婦が、客に殺されかけたと、手錠をかけられ血まみれの状態で警察に駆け込んできたのだ。何でも男性客に２００ドルでオーラルセックスを持ちかけられ相手の車に乗ると、いきなり手錠をかけられ自宅へ。局部にハンマーを挿入されるなどの拷問を加えられた後、山小屋に押し込まれたという。

隙を見て逃げ出してきたという彼女の証言から、男がロバート・ハンセン（当時

フローズン・グラウンド

2013／アメリカ／監督：スコット・ウォーカー
ニコラス・ケイジ＆ジョン・キューザック共演のクライム・サスペンス。1980年代、米アラスカ州で実際に起きた猟奇殺人事件を題材にしている。

45歳）という妻子持ちの白人男性であることが判明する。が、地元警察は「その日は友人といた」と主張するハンセンの言い分をそのまま信用してしまう。保守的な土地柄もあって、娼婦の存在を軽く見ていた警察の怠慢ぶりは、映画でも描かれるとおりである。

最終的にハンセンを追い詰めたのは、州警察の捜査官グレン・フロスのチームだ。改めて捜査した結果、気の弱く善良そうに見えたハンセンが過去に窃盗や少女への性犯罪歴があることが判明。アリバイを証明していたハンセンの友人らを改めて尋問すると、証言を覆したばかりか、ハンセンが自宅の貴重品が盗まれたと警察にニセの通報をして、保険金詐欺を行っていることまで打ち明けた。

さっそく家宅捜索に出向いたところ、1枚の地図が見つかり、一気に事件が解決に向かう。その地図に、先に発見された4人の遺体が埋められていた場所に印が付けられていたのだ。さらに、ハンセン宅から押収されたライフルが、弾道検査によって4人を殺害した凶器と認定されたうえ、犠牲者たちから奪い取った宝石類も発見された。

動かぬ証拠により逮捕されたハンセンは司法取引に応じて17人の殺害と30人へのレイプ

ハンセンの毒牙にかかったものの隙を見て逃走、警察に駆け込んだシンディ・ポールソン

事件を追う刑事を演じたニコラス・ケイジ(左)と、
モデルになったアラスカ州警察の捜査官グレン・フロス

を認める。ただし裁判で審議されたのは、4件の殺人のみで、84年2月18日、仮釈放なしの懲役461年の刑が確定した。

映画では、シンディの事件が中心に取り上げられているため、ハンセンが犯した陰惨な犯行の詳細は描かれていない。が、法廷で明らかになったその手口はまさに鬼畜としか言いようがない。

ハンセンが狙ったのは娼婦やストリッパーなど、金で買える女性ばかり。彼女たちが自分の車に乗るや、手錠やロープで自由を奪い、気が済むまでレイプし、拷問を加える。

そして最後は、所有する軽飛行機に乗せ、人里離れた山小屋に連行。1967年にアンカレッジに移り住んで以来、狩猟にハマっていたハンセンは、女性を裸にし、時には目隠しをして森に解き放ち、逃げ出したところを狩り用の大型ナイフや猟銃で〝ハンティング〟していたという。それは、楽しんでシカやクマを狩る姿と何ら変わらなかったそうだ。

　ハンセンは30年近くアラスカ州の刑務所に収監されていたが、２０１４年8月、病気で死亡した。享年75。

被害者女性たち。多くが娼婦だった

劇中、捜査官が壁に貼り出す写真は実際の被害女性の画像がそのまま使われている。映画「フローズン・グラウンド」より

逮捕時のハンセン

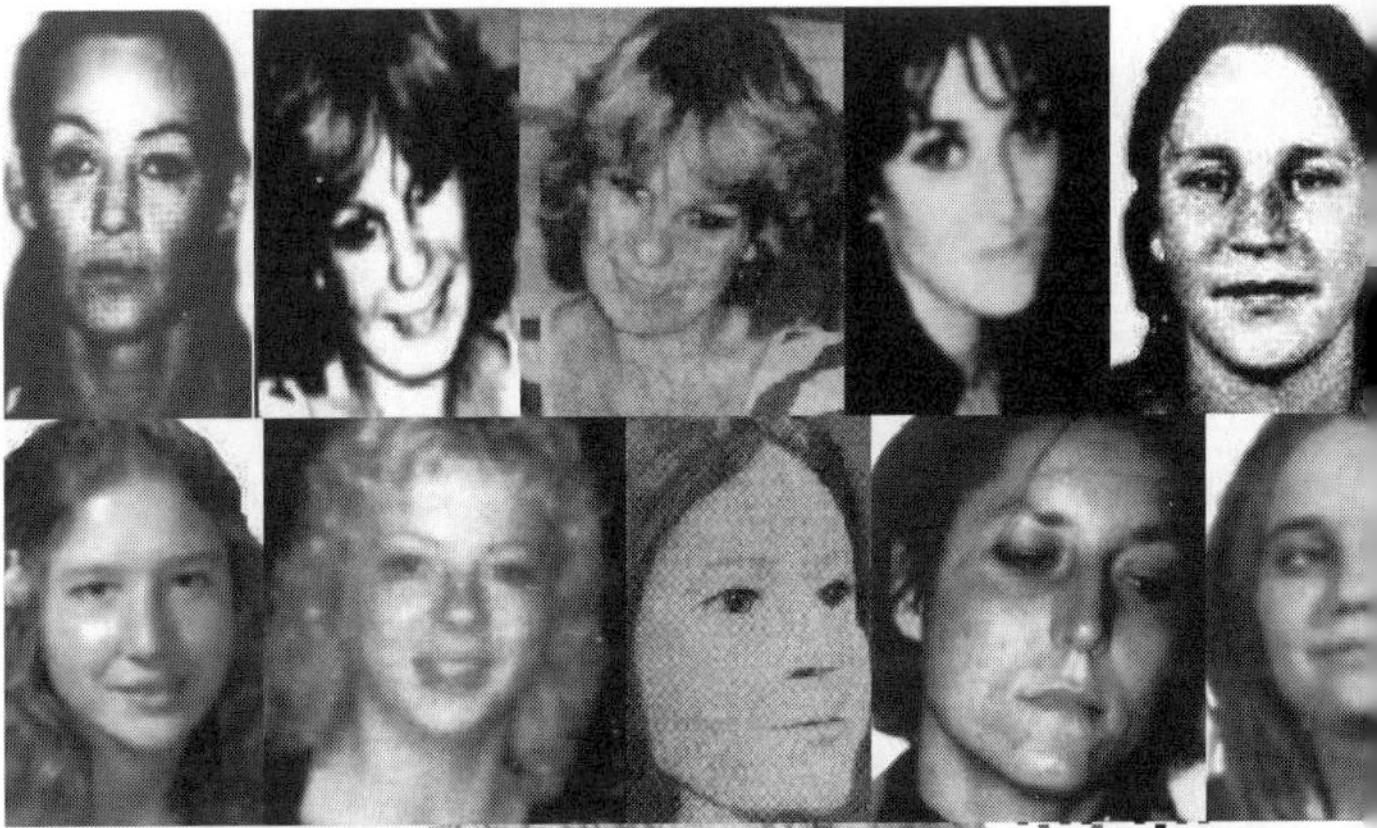

まるでシカやクマを狩るような犯行

ハンセンの供述場所から発見された遺体を運び出す捜査員

イアン・ブレイディ（左）と、マイラ・ヒンドリー

消えた天使

全英史上最凶の殺人カップル

ブレイディ＆ヒンドリー事件

FILMS

２００７年の映画「消えた天使」はリチャード・ギアが元犯罪者の異常さを知り尽くした監察官に扮し、性犯罪捜査の難しさや、性犯罪者リストが悪用される危険性を描いた作品である。劇中で取り上げられた女性殺害事件は、イギリス史上最悪のカップルと称される、ブレイディとヒンドリーが起こした残忍な連続殺人がモチーフとなっている（「ムーア事件」とも呼ばれている）。

１９６５年10月７日、イギリス有数の工業都市マンチェスターの警察に、デヴィッド・スミスなる男性から信じがたい話がもたらされた。詳細はこうだ。

前夜、自分の妻の姉マイラ・ヒンドリー（当時23歳）に呼ばれ家を訪ねると凄まじい叫び声がした。慌てて中に入ると、義姉の彼氏、イアン・ブレイディ（当時27歳）が、見知らぬ少年の頭に斧を振り降ろしていた。日頃からブレイディは、マルキ・ド・サドの素晴らしさを説き、これまでに４人殺していると話していた——。

すぐさま捜査に乗り出した警察は被害者が17歳の少年で、ブレイディを主犯、妻のヒンドリーが共犯として逮捕する。

公判で、残忍な彼らの手口が明らかに

消えた天使

2007／アメリカ／監督：アンドリュー・ラウ
性犯罪登録者の監視を続けてきた公共安全局のベテラン調査官が、新米の女性調査官とともに10代の少女の失踪事件を追うサイコ・サスペンス。劇中に登場するカップル殺人鬼は1963年〜1965年にかけて5人の少年少女を殺害したイアン・ブレイディとマイラ・ヒンドリーがモデル。

なった。ヒンドリーが車に誘い込んだ少年を2人して凌辱、首を切り裂いたり手足をバラバラにするなどの拷問を加えた後、サドルワース・ムーア（現在のグレーター・マンチェスター）と呼ばれる荒野（ムーア）に埋めていたのだ。被害者はこの少年以外に、認定されただけで5人。いずれも10歳から17歳の少年少女たちだった。

全英を震え上がらせたイアン・ブレイディは1938年、グラスゴーのスラム街に私生児として誕生。12歳で親に捨てられると、窃盗を繰り返しては警察のやっかいになり、少年院に入った。趣味は動物虐待で、アパートの窓から猫を放り投げるのが楽しみだったという。生活のため簿記を学び、21歳で化学薬品会社に就職。ここでタイピストとして働いていたのがヒンドリーだ。彼女は、マンチェスターのブルーカラーの家庭に生まれ、仕事に就いたのが18歳のとき。どこかエルヴィス・プレスリーに似ていたブレイディに一目惚れし、初デートで映画「ニュールンベルグ裁判」を観た後、処女を捧げた。

彼女にとって、ヒトラーの『わが闘争』を読み、マルキ・ド・サドの素晴らしさを語るブレイディは知的で理想の男性だった。ベッドでの写真撮影やサド行為も言われるがまま受け入れ、やがてナチ強制収容所の女看守イルマ・グレーゼを真似て、髪をブロンドに染め、皮のロングブーツを履き出す頃には、倒錯した世界に呑み込まれていた。

1963年7月12日、2人は最初の殺人を犯す。被害者は16歳の少女。以後、4人に対しレズ・ホモ行為を含めたレイプの限りを尽くして惨殺。全員を荒野に埋めた。

ちなみに、警察は当初３人の殺害についてしか把握していなかったが、１９６６年の初公判から19年後の１９８５年に、ブレイディが他にも2件の殺害について供述したことが報道された後に捜査を再開。ブレイディとヒンドリーを別々に実況見分に従わせた結果、共に殺害を認めた。

裁判で、検察側から確たる証拠が提出された。２人がマンチェスター駅のロッカーに隠しておいた写真やテープだ。大半は自分たちのセックス写真だったが、中に裸で猿ぐつわをされた10歳の少女の写真が含まれていた。テープには「殺さないで」と泣き叫ぶ少女の声が録音されていたという。

判決は共に終身刑だった。その後、ヒンドリーは２００２年11月に肺がんで死去(享年60)、ブレイディは２０１７年5月、拘束性肺疾患により79歳でこの世を去った。

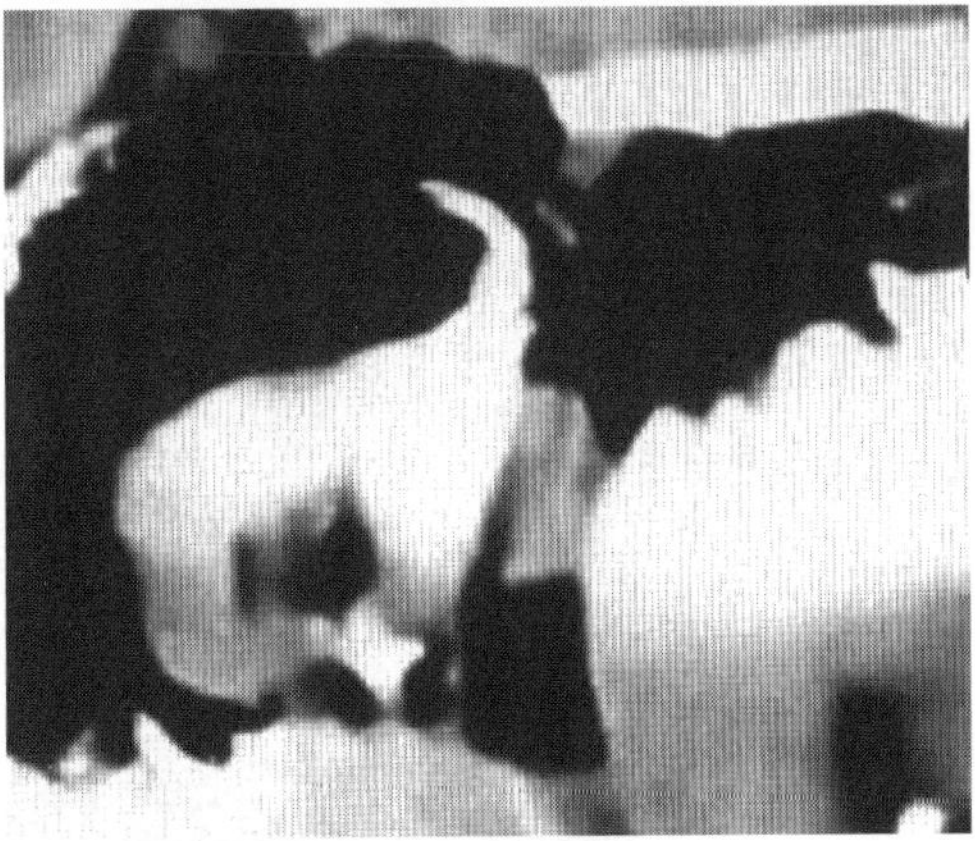

犯人が撮影した「殺さないで」と命乞いする少女。
この記録テープが決定的証拠となった

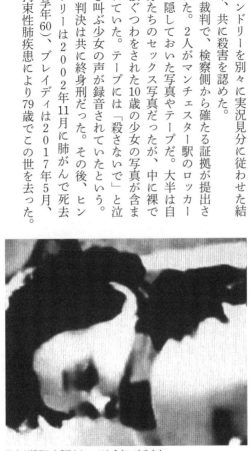

「稀代の悪女」「毒婦」などと呼ばれた小林カウ

天国の駅

戦後初の女性死刑囚

FILMS

“毒婦”小林カウの欲と罪

小林カウは、戦後、女性の死刑執行第1号となった〝毒婦〟の代名詞と言うべき人物である（享年61）。1960年から1961年にかけて、栃木県塩原温泉郷にあった「ホテル日本閣」の乗っ取りを企て経営者夫婦を殺害。さらにカウは、病死したはずの前夫も毒殺していた。

映画「天国の駅」は、カウをモデルに吉永小百合が初の汚れ役に挑戦、自慰シーンなども話題になった作品だが、あくまで悪い男たちに運命を狂わされた悲劇のヒロインとして描かれており、事実関係も実態にはほど遠い。

1908年（明治41年）、埼玉県大里郡（現熊谷市）の農家に生まれ育ったカウは、器量はともかく、着飾ることが好きな、目立つ存在の女性だった。22歳で結婚。一男一女を授かるも、夫は虚弱体質で、性欲旺盛なカウの欲望に応えられない。その代わりだったのか、カウは熊谷名物の菓子・五家宝や、からし漬けを行商して歩き、金を貯める歓びを覚える。

子供の頃からケチと評判だったが、当時のカウは尋常ではなかった。一度、懐

天国の駅

1984／日本／監督：出目昌伸
戦後初の女性死刑執行者となった「ホテル日本閣殺人事件」の主犯、小林カウをモデルに、その半生を描く。主演を吉永小百合が、共犯の雑用係を西田敏行、若い警官を三浦友和が演じた。

に入った金は手放さず、炭代から八百屋代、果ては電気代まで自分の身体で支払ったという。

1951年（昭和26年）、43歳のカウの前に1人の男が現れる。25歳の警察官、中村。カウは初めて性の快感にハマり離婚を申し出る。夫は拒否したがカウの気持ちは変わらず、あろうことか、オブラートに包んだ青酸カリを夫に飲ませ殺害してしまう。その犯行は、行商で鍛えた口の旨さで近所の医者に「脳溢血」の死亡診断書を書かせ闇に葬られた。

しかし、2人の関係は2年で終わり、1956年、カウは行商で貯めた金で塩原の温泉街に土産物屋をオープンする。同時に、自らエロ写真や大人のオモチャを売り歩き、ほどなく始めた食堂も成功。いよいよ長年の夢だった旅館の経営に目標を定める。

1958年秋、生方鎌輔（当時52歳）が所有するホテル「日本閣」が売りに出されているとの噂を聞きつけると、さっそく色仕掛けで鎌輔に取り入り、共同経営者に。鎌輔はカウの財力に惹かれたのだろう。妻と別れる手切れ金を貸して欲しいと言う鎌輔に、カウは答えた。いっそ奥さんを殺してしまえばビタ一文払わなくて済む、と。ビビる鎌輔。しかし、カウに迷いはなかった。ホテルの雑用係、大貫光吉（同36歳）に「手間賃は2万、うまくいったら抱かしてやる」と迫り、奥さん殺害を命じたのである。

1960年2月8日、大貫が1人で寝ていた奥さんを麻紐で絞殺。鎌輔も含め3人でボイラー室の床に埋めた（後に、ボイラー室に奥さんが埋められていると噂になり、裏の山林に埋め直した）。

邪魔者を消したカウは日本閣に乗り込み、女将として采配を振るい始める。が、まもなく鎌輔に騙されていたと気づく。改築費として２００万円を注ぎ込みカウ名義になっているはずの新館が、旧館と共に競売にかけられることを知ったのだ。

カウは裏切った鎌輔が許せず、またも大貫を利用して殺害を計画。同年の大晦日、ホテルの帳場でテレビを見ていた鎌輔の背後からカウが細引きで首を絞め、大貫が包丁で首を切りつけトドメをさした。

これで日本閣を我が物にしたカウだが、さすがにホテルの経営者夫婦が２人とも姿を消せば新聞も警察も騒ぎ出し、まもなくカウと大貫が殺人容疑で逮捕される。犯行からわずか２ヶ月後、１９６１年２月のことだった。

１９６６年７月、カウと大貫に下された最高裁の判決は両者とも死刑。４年後の１９７０年６月11日、カウの処刑が執行される。当日、カウは自ら死に化粧を施し絞首台に上ったという。

事件発覚後、無人となったホテル日本閣は見物人で賑わった

仁義の墓場

組長、兄貴分に刃を向けた極道界の反逆者

狂犬ヤクザ 石川力夫

東京・西新宿の常円寺境内にある石川本人が出所前に建てた墓。なぜ自らが殺した今井幸三郎と名を併記したのか、仁義とはほど遠い男が、なぜ「仁義」の二文字を掘ったのか、なぜ己の没年月日を今井の死亡日と同じ日にしたのかなど、謎が多い墓石である

日本映画の金字塔「仁義なき戦い」シリーズ5部作を撮り終えた深作欣二監督が次に発表した「仁義の墓場」は、東映実録ヤクザ映画の中でも一際異彩を放つ作品だ。多くの実録モノが、組同士の抗争を軸に裏切り裏切られる生身のヤクザを描く群像劇だったのに対し、この映画は、親も同然の組長に刃を向け、世話になった兄貴分を殺害した極道界の反逆者、石川力夫を主役に据えている。

石川は１９２６年（大正15年）、茨城県水戸市に生まれた。幼い頃から継母に邪険に扱われ、15歳で単身上京。喫茶店のボーイとして働いていたとき、新宿の大親分だった和田薫に、その激しい気性、闘争本能を見込まれ、16歳で和田組に入る。

敗戦後、闇市を根城に力を付けていた石川は、１９４６年（昭和21年）10月、誰もが耳を疑う事件を起こす。盃をもらった和田組長の自宅に酔って乗り込んだうえ、親分を日本刀で斬りつけ、全治１ヶ月の重傷を負わせたのである。理由は「最近、親分がかまってくれないから」だったというから呆れる。

この一件で和田組はもちろん、全国のヤクザから命を狙われることになった石川は２ヶ月の逃亡の後、万策尽きて中野

仁義の墓場

1975／日本／監督：深作欣二
実在のヤクザ石川力夫の型破りかつ破滅的な生き様を凄惨な暴力描写で描き出した1本。石川を演じた渡哲也は、これが療養生活を経ての復帰第一作で、病み上がりの風貌が逆に麻薬に溺れた晩年の石川をリアルに体現させることとなった。

署に出頭する。判決は懲役1年半。同時に、ヤクザ社会からは「関東所払い10年」（関東に10年間近づくことを禁止）の制裁を受ける。

出所後、石川は妻・地恵子の知り合いがいる大阪の雑貨屋で堅気を目指す。地恵子は、石川がレイプにより自分のものにした女性で、事件後、四谷の芸子として逃亡資金を稼ぐなど、親身に石川を支えた存在だった。

しかし、地恵子の願いも虚しく石川は大阪のドヤ街で麻薬を覚え、わずか1年2ヶ月で東京に舞い戻る。刺客の目を盗んで訪ねた先は昔の兄弟分で一家を構えていた今井幸三郎組長宅。今井とは昔、函館刑務所で知り合った仲で、入所当時、石川が先輩として厚遇したことがあった。このときの恩を唯一の糧に、面倒をみてもらおうと計算していたのだ。

律儀な今井は、事情を全て知ったうえで匿った。が、今井が仕切る賭場に金も持たずに出入りし、負けては今井に尻ぬぐいをさせる石川に、さすがに我慢できなくなった。

「おい、兄弟。俺がお前に何をしたというんだ。いい加減無茶なことやめねえと、俺も黙っちゃいられなくなるぜ」

至極真っ当な言い分に、石川は問答無用でドスを抜く。このときは今井の妻が身を挺して助けたためカスリ傷で済んだものの、1週間後、麻薬欲しさに密売所を襲い、その足で再び今井宅に押し入り今度はピストルで今井を射殺、彼の妻にも瀕死の重傷を負わせる。

1949年10月20日のことだ。

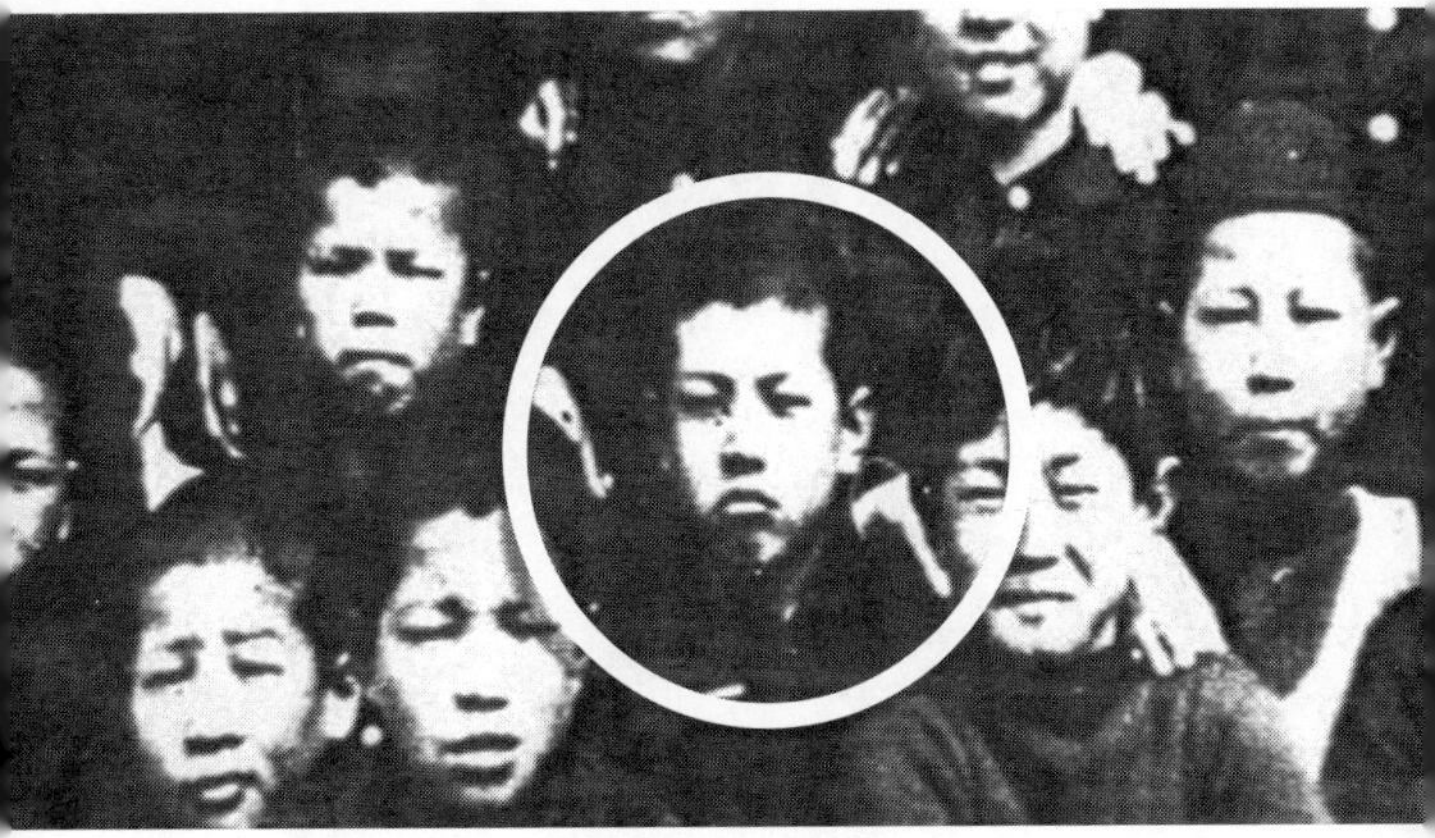
少年時の石川力夫。本人の写真はほとんど残っていない

昔のわずかな恩義を数十倍にもして返してくれた兄弟分を殺害するとは、反逆もここに極まれり。もはや救いのなくなった石川は、しばし逃亡の後、警察に自首。殺人、殺人未遂による懲役10年の実刑判決を受け、府中刑務所に服役する。ちなみに、肺を患った地恵子が自殺するのは、それから2年後のことだ。

1956年2月2日の早朝、石川は「寝汗で濡れた布団を干したい」と申し出て、看守と共に刑務所建物の屋上に上がる。そして看守が目を離した僅かな隙に柵を乗り越え、15メートル下のコンクリートに身投げした。

独房の壁に残された手書きの遺書は、次のような辞世の句で結ばれていたという。

「大笑い三十余年のバカ騒ぎ」

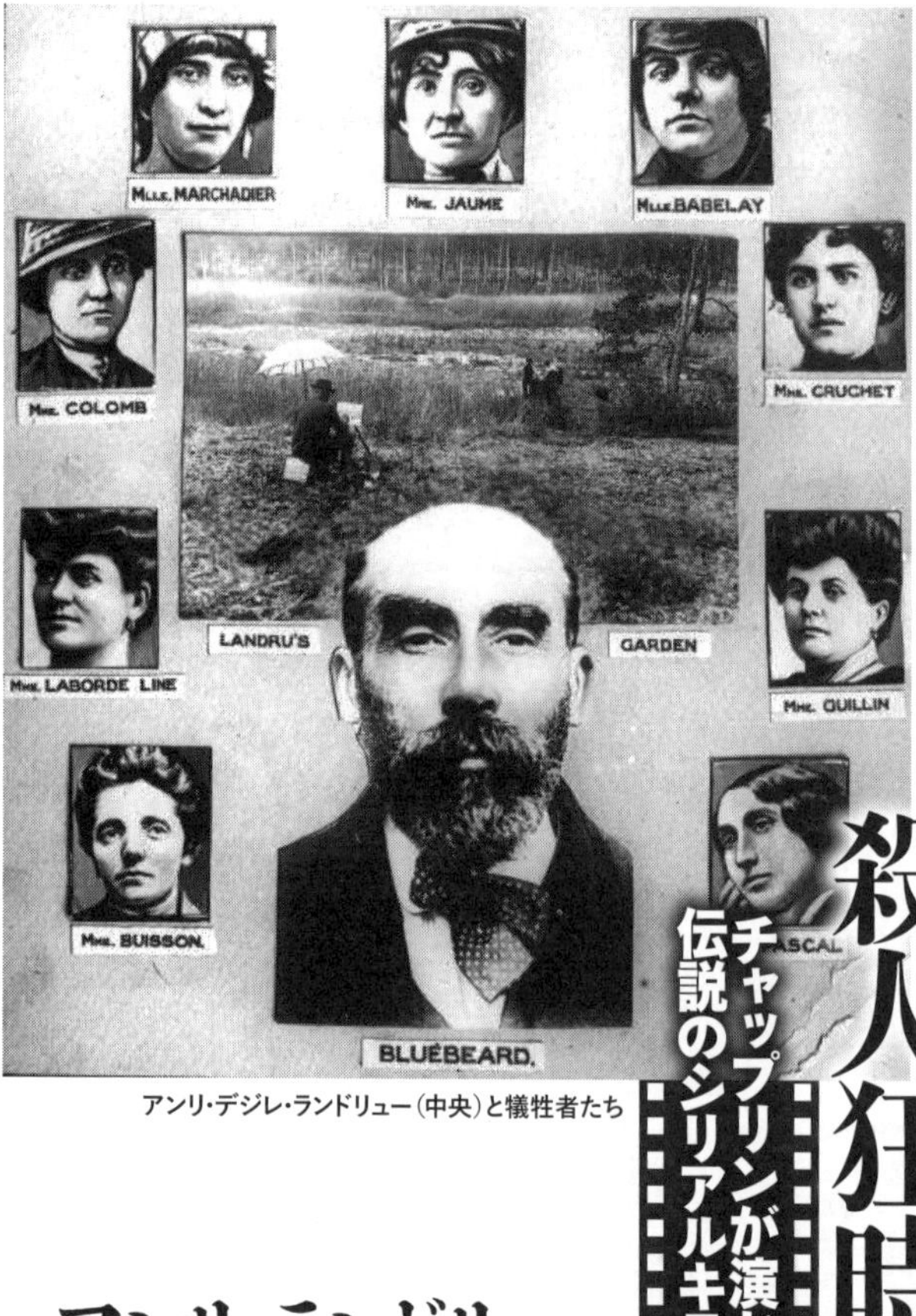

アンリ・デジレ・ランドリュー（中央）と犠牲者たち

殺人狂時代

チャップリンが演じた伝説のシリアルキラー

アンリ・ランドリュー事件

チャールズ・チャップリン監督・主演による1947年公開作「殺人狂時代」は、世界大恐慌の時代を背景に、30年間勤務した銀行をクビになったフランス人男性ヴェルドゥが、妻子を食わせるため財産持ちの中年女性を次々と殺害、最終的に死刑に処されるブラック・コメディだ。

この冷酷無比な殺人鬼には、実在のモデルがいる。第一次世界大戦中から戦後の1914年〜1919年、10人の未亡人を殺害、金品を奪ったアンリ・デジレ・ランドリュー（1869年パリ生まれ）。写真を見てもわかるとおりの容姿の冴えない中年ハゲ男は、いったいどんな手口で犯行を重ねたのか。

チャップリン演じる主人公同様、ランドリューにも妻子があった。20歳で従妹のレミーと結婚し、もうけた子供が4人。彼は家族を養うため建築事務所で懸命に働いた。が、31歳のとき積立預金を雇用主に持ち逃げされたことを機に詐欺師の道へ入り、以後、12年間、出入獄を繰り返す。この間に母親は病死、

殺人狂時代

1947／アメリカ／監督：チャールズ・チャップリン
オーソン・ウェルズの原案をチャップリンがシナリオを構成、2年をかけて完成させた傑作。処刑前の主人公の言葉は、戦争による理不尽な殺戮への警告として語り継がれる名台詞だが、同時に“赤狩り”によるチャップリン排斥の動きを加速させるきっかけにもなった。

喜劇王チャップリンが残忍な殺人鬼に。映画「殺人狂時代」より

父親は息子を恥じ自ら命を絶った。

　第一次世界大戦が始まったランドリューは、1914年、出所したばかりのランドリューは、金品奪取目的でブティック勤務の未亡人に結婚をエサに近づき、同居を始める。が、婦人は翌1915年4月、息子と共に行方不明となる。ランドリューが初めて犯した殺人である。

　これに味をしめた彼は、本格的に結婚詐欺に乗り出すべく、新聞に広告を掲載する。

「当方、子供が2人いる男やもめ。十分な収入があり、愛情豊かで真面目、社交界に出入りあり。結婚を前提に未亡人と付き合いたし」

　この文言に、5年で300人近くの応募者が集まる。時は戦争真っ只中。

フランス中に戦いで夫を亡くした妙齢の女性が溢れていた。彼女らにとって、将来を約束してくれるランドリューの誘い文句は実に魅力的だった。

加えて、彼は劇中で描かれるとおり、バラの花をこよなく愛し、物腰も柔らかく女性を安心させる雰囲気を持っていた。ランドリューが応募者の中から選んだ資産持ちの未亡人は、彼の外見など全く気にせず、その人柄に魅せられていく。こと結婚詐欺においては、彼は一流中の一流だった。

こうして、1919年1月までに都合9人の未亡人が財産と命を奪われる。犯行は、ランドリューがパリ南部ガンベ村に借りたエルミタージュ荘（後に観光名所となる）で実施され、遺体は大型ストーブで跡形もなく焼却された。死体が見つからなければ捕まらない。ランドリューには絶対の自信があった。

ランドリューと妻レミー。1900年ごろの撮影

ちなみに、犯行期間、彼は映画同様、ターゲット宅と家庭を行き来していた。定期的に生活費を入れてくれる夫が結婚詐欺を働いてることなど、妻は知る由もなかった。

ランドリュー逮捕の経緯は以下のとおりである。

１９１９年、最後の犯行を終えてまもなく、７人目の犠牲者の妹が、パリ郊外の歩道を歩くランドリューを発見した。妹は姉が失踪する前に、婚約者としてランドリューの写真を見せられていた。その特徴的な外見を忘れるわけがない。彼女はすぐに警察に通報する。同じころ、エルミタージュ荘の近くの住民も、中年の婦人が訪れては忽然と姿を消す事態が繰り返されるのを不審に思い、地元警察に調査を要請していた。ランドリューの家の煙突からは異臭を放つ黒い煙が巻き上がっていた。

パリ市警は、ランドリューが捜索願いの出ている女性と何らかの関係があると見て彼を逮捕、署に連行する。その途中、１人の刑事がランドリューが妙にそわそわしている様子を奇妙に感じ、手首を押さえつけ、衣服の中から黒い手帳を押収した。そこには総勢２８３人にも及ぶ女性の詳細なデータの一覧表が記載されており、その中に10人の行方不明者も含まれていた。

逮捕、裁判を通じて、ランドリューは一貫して無罪を主張する。状況証拠は真っ黒だが、物証は全くない。彼は検察の尋問をユーモアをまじえて返す余裕を見せ、法廷を沸かせた。

公判中、ランドリューは終始、余裕の態度を取り続けた

罪を認めぬまま52歳で斬首刑に

しかし、陪審員が下した判決は有罪。裁判所は斬首刑を命じた。

「1人を殺したら悪人で、100万人を殺したら英雄」

映画で処刑寸前にチャップリンが口にする台詞はつとに有名である。一方、ランドリューが牧師に告げた最後の言葉はこうだ。

「私より貴方の魂を救済することを考えた方が良い」

1922年2月25日、処刑は執行される。享年52だった。

怪人プチオの密かな愉しみ

ナチス占領下のフランスでユダヤ人63人を殺害した〝死神博士〟

逮捕・連行されるマルセル・プチオ本人

マルセル・プチオ事件

FILMS

１９９０年に公開された「怪人プチオの密かな愉しみ」は、ナチス占領下のパリで〝死神博士〟の異名をとった殺人医師、マルセル・プチオの半生を描いたホラー作品だ。

映画は全編、まるで悪夢であるかのような描写で貫かれ犯行の詳細は曖昧だが、プチオは少なくとも63人のユダヤ人らを殺害したものとみられている。

１８９７年、パリ郊外のオセールで生まれたプチオは幼くして母親を亡くし、親戚に預けられて育った。勉強は良くできたものの、教室で猥褻写真を配ったり、父親の銃を盗むなどの奇行が目立ち、１９１５年、精神障害と診断され退学処分に。その後、窃盗で逮捕された際も、精神障害を理由に不起訴となる。

１９１６年、第一次世界大戦の勃発に伴い、陸軍へ入隊し、戦場で負傷。診療所で毛布を盗んで軍事刑務所に入れられたが、神経衰弱を演じて除隊となる。退役軍人として、年金の支給資格を得るのが目的だった。

その後、プチオは驚くべきことにパリ医科大学で学位を取得、25歳で開業医に。さらに、

怪人プチオの密かな愉しみ

1990／フランス／監督：クリスチャン・ド・シャロンジェ
ナチス占領下のパリで、多数のユダヤ人を殺害し死体を焼却炉で処理していた実在の医師、マルセル・プチオの半生を描いた衝撃作。

28歳のとき町長選に出馬、見事当選してしまう。過去の素性からはとても信じられないが、映画でも描かれるように、プチオは貧しい家庭の子供や老人たちを無償で診察し、多くの住民たちから慕われていた。

しかし、化けの皮はすぐに剥がれる。1931年、公金横領などの罪で有罪となると、悪い噂が噴出し始める。違法な中絶手術を行っている、麻薬を密売している、死亡する患者が相次ぐのはプチオが殺害しているのではないか等々。その噂は全て真実だった。

1933年、パリに引っ越すと、古いホテルを改装し、新たに診療所を開設する。〝密かな愉しみ〟を覚えるのも、この頃からだ。改装した際に造った〝三角の部屋〟に患者を閉じ込め毒物を注射、彼らが悶え苦しみながら死んでいくのを覗き見し、遺体を切断したというから背筋が凍る。

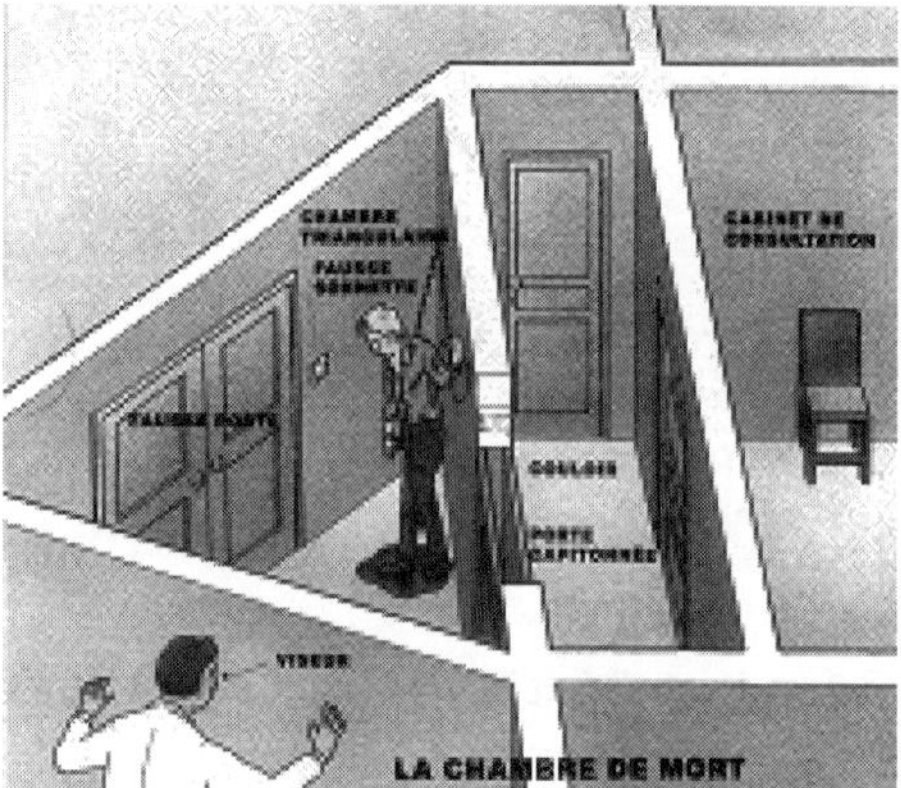

プチオが自身の診療所に造った三角部屋。
患者が悶え苦しみながら死にゆく様を覗き見していた

実況見分で遺体を処理した焼却炉を自ら説明するプチオ

悪事がさらにエスカレートするのは、第二次世界大戦が勃発し、１９４０年代に入ってヒトラーがホロコースト政策を実施し始めてからだ。プチオは、ナチスの追っ手から逃れてきたユダヤ人たちを、国外に逃亡させてやると2万5千フラン（約250万円）の手数料を騙し取った挙げ句、〝三角の部屋〟で殺しまくった。

手口は様々で、毒物を注射するだけでなく、ナチスが強制収容所で使用したものと同じ劇薬のチクロンガスを使ったり、首輪で吊るしたり。遺体はセーヌ川に捨てた他、地下室に造った焼却炉で灰にした。

こうしたプチオの悪事が発覚するのは１９４４年3月。診療所の煙突から出た黒煙があまりに臭いと、周囲の住民から苦情が出たのがきっかけだった。

連絡を受けた警察が屋敷の中に入ると、半開きの焼却炉からは女性の手が飛び出し、周辺には腐敗した人の頭や様々なパーツが転がっていた。

その日、プチオは外出しており、騒動の真っ只中に帰宅する。悪知恵が働く彼は、警官がフランス人であることを確認したうえで言った。

自分はここの屋敷の主の弟で、兄はレジスタンスのリーダーだ。現在、秘密作戦の最中で、ここで死んだ者は対独協力者であり我がフランスを売った裏切り者たちである。後日、兄を出頭させる――。

この説明に警官は納得し、プチオを取り逃がしてしまうのだ。

公判では、犯行の詳細を饒舌に語った

警察が、偽名を使い軍人に扮していた彼を逮捕するのは、パリ解放後から6日後の1944年10月31日。取り調べで、プチオは少なくとも63人を殺害したことを自供する。マスコミによって〝死神博士〟と名付けられたプチオの裁判は注目を浴び、彼はカメラ

1946年5月26日、ギロチン台に向かうプチオ

最後は斬首刑に

の前で嬉々として〝三角の部屋〟を説明した。が、一方で自分の行為はあくまでレジスタンス活動だったと主張。最終的に27件の殺人事件で有罪となり、１９４６年５月25日、ギロチン台の露と消えた。享年49。

Column

この映画が殺人を引き起こした①

映画になった実話を解説する本書の趣旨とは逆に、現実の殺人事件を引き起こした映画も存在する。

まず取り上げるのは、１９９６年に公開されたアメリカ映画「スクリーム」だ。「エルム街の悪夢」（１９８４）のウェス・クレイブン監督が、高校生だけを狙う謎の殺人事件を描いた大ヒットホラーで、映画で犯人が身につける死神マスクは、世界中でハロウィンにおける定番コスチュームの一つとなった。

映画を模した殺人が続発し始めたのは全米での公開から２年が過ぎた頃だ。

スクリーム

1996／アメリカ／監督：ウェス・クレイヴン
1990年代のアメリカに新たなホラーブームを巻き起こした傑作でパート4（2011）まで作られた。パッケージのビジュアルは映画に登場する“死神マスク”を着けた殺人鬼、通称「ゴーストフェイス」。

第一の事件は１９９８年４月、フランスで起きた。ロワール地方に住む17歳の少年が、ビデオで「スクリーム」を観た後に自宅を飛び出し、デパートで殺人鬼のマスクを購入。高校の女友達を呼び出しナイフでメッタ刺しにしたのだ。裁判で動機を聞かれた少年は、ただ「自分の役割を演じただけ」と語ったという。

次の事件は１９９９年８月のイギリスが舞台。犯人は田舎町に住む２人の中学生で、映画を観てすぐ殺人の衝動にかられ、通りを歩いていた13歳の少年をナイフで襲った。被害者は全身18ヶ所を刺されたが、幸いにも一命を取りとめ病院へ。犯人たちには6年の禁固刑が下った。

その後も映画の影響は続き、2000年にはロサンゼルスに住む17歳が、分の母親を45回も刺して殺害。4ヶ月後には、死神マスクの男が女性を撃ち殺す事件がフロリダで起きた。

自分の母親を45回刺して殺した17歳の少年トム・マケドニック

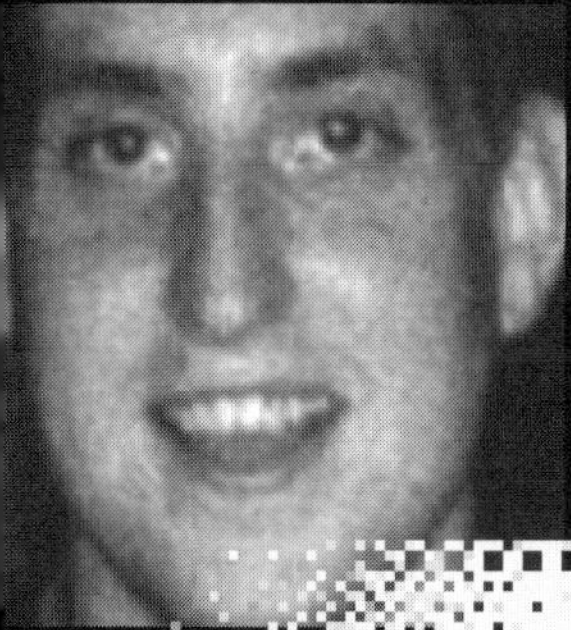

世界中の10代を狂わせ 20の殺傷事件が発生!

FILMS

現時点で「スクリーム」が原因で引き起こされた殺傷事件は、全世界で20件超。犯人はみな10代の若者で、その多くが「映画に殺せと言われた」と証言したが、彼らがそこまで影響を受けた理由ははっきりわかっていない。

現場の壁には映画のタイトルが殴り書きされていた

第2章 悪夢

映画「エレファント」より

逮捕された"モンスター"ヨゼフ・フリッツル。
2015年、ヨゼフ・メイホフに改名

ルーム

実娘を24年間、監禁・陵辱したオーストリアの鬼畜

FILMS

ヨゼフ・フリッツル事件

2015年に公開された映画「ルーム」は、17歳のとき見知らぬ男に拉致され物置小屋に7年監禁されていた女性が、そこで産んだ5歳の息子と命がけで脱出、社会に適応していく様子を描いた社会派ドラマだ。が、2008年、オーストリアで発覚し、本作のモチーフになった事件の内容は、映画の何倍も凄まじい。

2008年4月、にわかに信じられないニュースが世界を駆け巡った。オーストリアの首都ウィーン郊外に住む当時73歳の電気工ヨゼフ・フリッツルが、娘のエリザベートを18歳のとき（1984年8月）に薬品で意識を失わせたうえ手錠をかけて、自分しか知らない地下の隠し部屋に誘導。そのまま24年間にわたって監禁、凌辱を繰り返し、7人の子供まで産ませていたというのである。

エリザベートが子供たちとともに閉じこめられたのは、天井までの高さが170センチほどの窓のない部屋で、扉は暗証番号によるロック式。重さ500キロの扉はヨゼフの仕事場の戸棚裏に隠され、外に出るには合計8つのドアを解錠せね

ルーム

2015／カナダ・アイルランド・イギリス・アメリカ
監督：レニー・エイブラハムソン
見知らぬ男に拉致、密室に7年も監禁された女性と、そこで生まれ育った息子が、長らく断絶されていた外界へと脱出し、社会へ適応していく過程で生じる葛藤や苦悩を描いた人間ドラマ。2008年に発覚したフリッツル事件を基に書かれたエマ・ドナヒューの小説『部屋』を原作としている。

ばならなかった。

彼女は長年にわたる凌辱により実父の子供を次々に出産する。１９９６年に産まれた最初の男の子は産後３日で死亡したものの、２００８年に事件が明らかになったときには19歳の娘、18歳と６歳の息子が地下室で同居。残りの15歳と14歳の娘、11歳の息子の３人は、養子としてヨゼフ夫妻と一緒に普通の暮らしを送っていた。

ヨゼフ・フリッツル（１９３５年生まれ）は、21歳でロゼマリアと結婚し、２男５女を授かった。が、生来の性欲の強さゆえ新婚当初から売春宿に通い詰めたばかりか、24歳のとき強姦罪で18ヶ月の懲役刑に服した前歴を持っていた。

左／15歳の頃のエリザベート。すでに父親からの性虐待は常態化しており、この3年後に監禁される

下／監禁された女性役ブリー・ラーソンの演技は高く評価され、2015年度のアカデミー賞主演女優賞を受賞。映画「ルーム」より

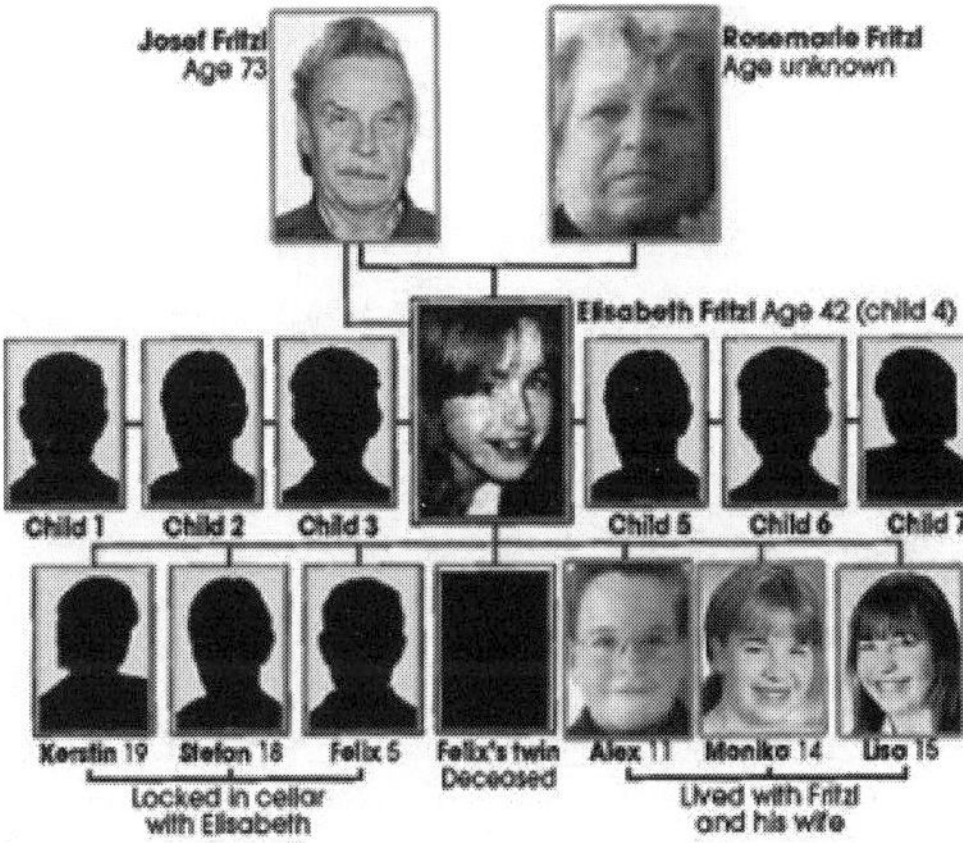

エリザベートは、父ヨゼフと母ロゼマリアの間に産まれた7人の子供の長女で、自身も実父に強姦され7人を出産。彼女の子供のうち左3人がエリザベートと共に監禁、真ん中が死産、右3人はヨゼフとロゼマリアに育てられた

周囲には「娘はカルト教団に入信し家を出た」とウソを

その異常な欲望はやがて長女エリザベートに向けられ、彼女が11歳のときから性的虐待を開始。エリザベートは家出などして抵抗したものの、18歳のときに監禁されてしまう。

ヨゼフは娘に無理矢理手紙を書かせ、カルト教団に入信して家を出たと妻や他の子供たちに信じ込ませた。が、さすがに地下室で全員は暮らせないと思ったのか、エリザベートが産んだ子供のうち3人は、家出した彼女が家の前に置き去りにしたとウソをつき、自宅で育てることに。用意周到なヨゼフはエリザベートの監禁翌日、警察に失踪届も提出していたため、ヨゼフの妻は夫の子供だとも知らずに世話をし、学校にも通わせていたという。

ヨゼフは夜9時になると電気の仕事をすると地下に降り、時には朝まで戻らないこともあった。地下室にいる間は妻にコーヒーさえも運ばないように言い渡していたそうで、警察は彼の妻が共犯との証拠は見つかっていないと発表している。

事件が明るみに出たのは、地下室に監禁した子供が発病、妻の留守中にヨゼフが病院に運び込んだのがきっかけだ。エリザベートが子供のポケットに忍ばせた「助けて」のメモを発見した医師が、ヨゼフに子供の母親を連れてくるよう強く要請。「突然、家出から帰ってきた」と周囲に言い訳しながらエリザベートを病院へ連れていったヨゼフの様子があまりに不自然だったため、医師が警察に通報したのである。

逮捕されたヨゼフには、2009年3月、裁判で終身刑が下され獄中へ。一方、エリザベートとその6人の子供は地元の病院に入院して外部の環境から守られ、治療を受けた。

ウイーン郊外のフリッツル家の住宅。建物は現在も残っている

エリザベートを含む監禁されていた4人はほとんど日光に当たっていなかったせいで自然光には耐えられず、治療は窓のない特別な施設で行われたという。医師の発表によれば、彼らは青い色や枯葉が落ちる音、携帯電話の受信音を怖がっていたそうだ。

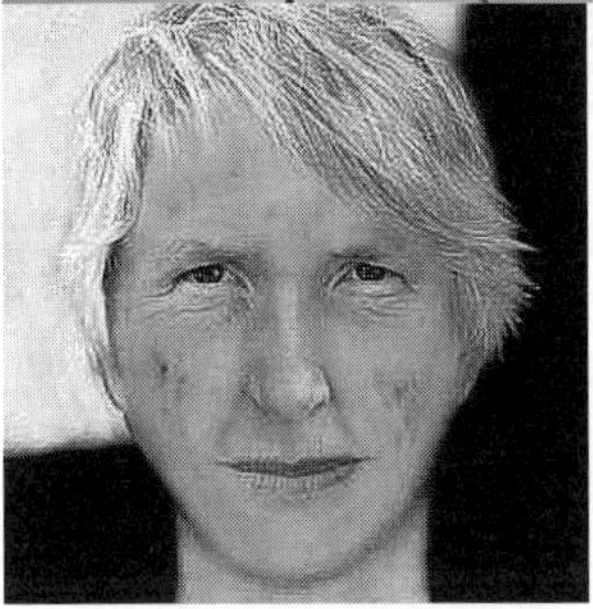

上／監禁に使われていた地下室。子供が増えたため2度にわたり寝室を増設したという
下／救出当時、20歳以上老けて見えたというエリザベートの似顔絵（2009年時点）

韓流スター、コン・ユが事件を告発する主役の美術教師を演じた。映画「トガニ　幼き瞳の告発」より

トガニ　幼き瞳の告発

校長、教職員が障害者児童を虐待！

FILMS

光州インファ学校レイプ事件

2011年に韓国で公開された映画「トガニ　幼き瞳の告発」は、光州の聾唖学校で2000年から2005年にかけて校長、教職員らが複数の女子生徒に性的暴行を繰り返していた戦慄の事件を描く衝撃作である。

聴覚に障害を持つ少女らを脅し、性の道具として扱った鬼畜な加害者は、裁判で軽い罰に処せられたのみ。被害者の生徒らは実質、泣き寝入りを強いられた。

事実を告発した本作は、韓国で公開されるや1ヶ月で430万人を動員。あまりに理不尽な事の顛末に国民の批判は沸騰し、警察が再調査を始めるまでに至る。

韓国全土が震撼した、地獄の学園レイプ事件の真相。

世間が事件を知るきっかけは2005年11月、韓国の放送局MBCが「隠ぺいされた真実～障害学校　性暴力事件」なる番組を放送したことだった。

オンエアされた内容に視聴者は度肝を抜かれた。幼稚園部から小中学部のコースまでが開設されている聴覚障害養護施設・光州インファ学校で5年もの間、校長をはじめ教職員らが女子生徒ら12

トガニ　幼き瞳の告発

2011／韓国／監督:ファン・ドンヒョク
韓国・光州の聾唖者福祉施設「光州インファ学校」で2000年から2005年にかけて、教職員らによって行われた入所児童に対する性的虐待と、それを施設や地域ぐるみで隠蔽していた事件の顛末を描いた1本。韓国で大ヒットを記録し、事件のその後に大きな影響を与えた。

事件を伝える韓国MBCのTVニュース(2005年11月放送)。後ろの建物が舞台となった光州インファ学校で同校は映画公開1ヶ月後の2011年10月、廃校に追い込まれている

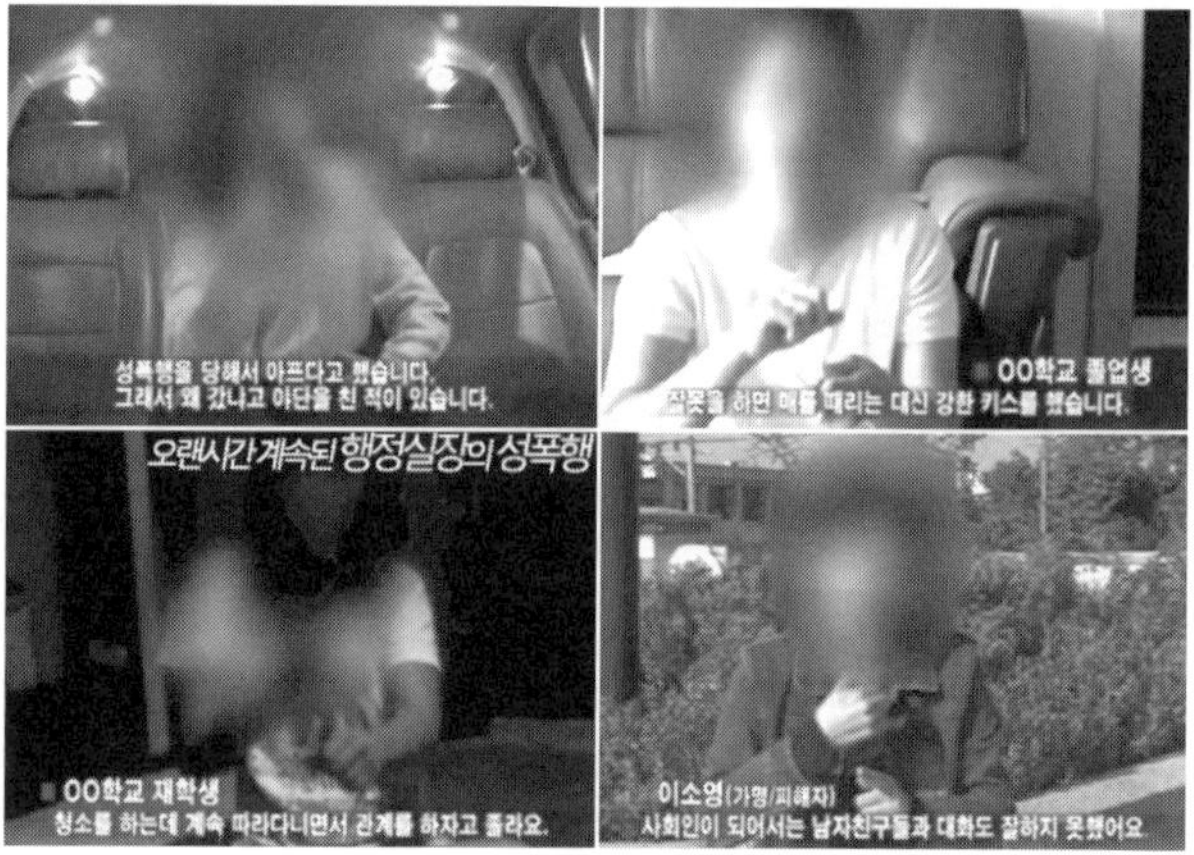

TVカメラの前で生々しい証言を行った被害者の元生徒たち

人に性的暴行を働いていた事実が明るみに出たからだ。

勇気を持って取材に応じた被害者たちの口からは、にわかには信じられない多くの証言が飛び出した。

「放課後、校長先生からお菓子をやると部屋に呼ばれ、されるがまま暴行を受けた」

「林間学校で暴行された」「テストで悪い点を取ると罰としてキスされた」

まさに耳を疑う内容だった。

映画の主役、コン・ユ扮する美術教師は、この番組がオンエアされる5ヶ月前、光州の障害者性暴力センターに、学校内のおぞましい実態を告発した1人の教員がモデルだ。すでに犯行が始まって5年。この間、事が明るみにならなかった背景には、加害者の教職員が入所児童たちに堅く口封じしていたこと以外に、学校が一族で経営されていた構造がある。父が理事長、長男が校長で次男が行政室長（この兄弟は映画で双子として描かれている）。犯罪の隠ぺいにはこれ以上ない環境にあった。

映画は、犯行の様子はもちろん、裁判で加害者に極めて軽い処罰しか下っていないことにも厳しく追及している。警察が逮捕したのは、事件に関わっていた教職員ら9人（映画では3人）。しかし、判決は大半が罰金刑や執行猶予付きで、実刑をくらった者は1人の教員だけ。そして、主犯と言ってもいい校長が2007年にガンで死亡する頃には、市民団体で構成された対策委員会も閉ざされ、一気に社会的関心が薄れてゆく。

しかし、作家のコン・ジヨンにより、事はまた新たに動き始める。

「執行猶予で釈放されたという軽い量刑が手話で通訳された瞬間、法廷は聴覚障害者の叫び声でいっぱいになった」

彼は新聞で見つけたこの記事1行に導かれて、ネット小説『るつぼ』（朝鮮語でトガニ）を連載。これが1千600万クリックを記録する社会的関心事となり、やがて映画化につながっていく。

映画公開後、信じられない事実が明らかになった。少女に暴行を働き解雇されていた教職員が、その後同じ学校に復職していたのだ。

映画の大ヒットもあり、検察や教育行政当局に世間の怒りが集中。これを受け事件が再検証され、障害者女性や13歳未満の児童への性的虐待を厳罰化と公訴時効を廃止する法律、通称「トガニ法」が制定される。

また加害者に対する再捜査の結果、一審で罰金刑のみで不起訴とされた、前理事長及び

加害者である双子の校長と行政室長を演じたチャン・グァン。映画「トガニ　幼き瞳の告発」より

前理事が懲役8ヶ月（執行猶予2年）に。さらには、新たに63歳の元職員の身柄が拘束された。この職員は2005年4月、学校の事務室で女子生徒（当時18歳）の手足を縛ってレイプしたばかりか、その様子を目撃した男子生徒（当時17歳）にも割れたビンや鈍器で暴行を働いており、2013年に懲役8年、電子足輪装着10年、個人情報公開10年の刑が確定した。ちなみに、この男子生徒は被害に遭ったショックから飛び降り自殺を図り、脊椎《せきつい》骨折の重傷を負ったという。

映画公開後、学校は閉鎖。新たな逮捕者も

事件に関与した9人。上段左から前理事長、前常任理事、学校長。中段の3人は教師。下段左から前行政室長、前教頭、前学生部長

コンプライアンス／服従の心理

マクドナルドの女性店員を丸裸にして性的暴行を

ストリップサーチいたずら電話詐欺

主人公のマクドナルド
店員を演じたドリーマ・ウォーカー。
映画「コンプライアンス／服従の心理」より

２０１２年公開の「コンプライアンス　服従の心理」は、２００４年にアメリカで起きた〝ストリップサーチいたずら電話詐欺〟と呼ばれる事件の顛末を、克明に再現したスリラー映画だ。自称警察官の男の電話を盲目的に信じ、店のスタッフらが若い女性店員を裸で身体検査したり、性的暴行を加えたりする様はまさに戦慄もの。人間の心理を利用した犯人の巧妙な手口と、従順な一般人の素直さが招いた悲劇に背筋が凍る。

２００４年４月９日の金曜日。週末でてんてこ舞いのケンタッキー州マウントワシントンのマクドナルド店に、警察官「スコット巡査」を名乗る男から電話がかかってきた。受けたのは店長補佐の女性ドナ・サマーズ（当時48歳）である。

「華奢な体つきで黒髪の若い白人の従業員に窃盗の容疑がかけられているが、協力してくれれば穏便に済ます」

ドナは電話の内容を疑うことなく、当日シフトに入っていたルイーズ・オグボーン（同18歳）を事務所に呼び出し、もう１人の店長補佐キム（女性）の立ち会いのもと、ルイーズの服を脱がせ、身体検査を実施する。が、当然ながら何も出

コンプライアンス／服従の心理

2012／アメリカ／監督：クレイグ・ゾベル
2004年にアメリカ・ケンタッキー州のファーストフード店で起こったストリップサーチいたずら電話詐欺事件を再現した戦慄のスリラー。権威へ服従してしまう人間の心理が生々しく描かれている。

犯人は、店長補佐のドナに、店員ルイーズに裸での身体検査を命じたうえ（上の写真）、ドナの婚約者の男性にオーラルセックスを行うよう強制した（下）。左の写真の女性が被害者のルイーズ。監視カメラの映像より

てこない。

そうこうしているうち店が混み始め、仕事に戻らなければならなくなったドナは、電話の男に言われるまま、信頼できる人間として婚約者のウォルター・ニックスを呼び出す。

事はここから信じられない展開を見せる。男はウォルターに命じ、ルイーズが簡易的に着ていたエプロンを奪って飛び跳ねさせ、さらには指を膣に入れて内部を確認。さらには、ウォルターの膝の上に座ってキスするよう要求、ルイーズが拒むと、命令に従うと誓うまで尻を叩かせたのだ。常軌を逸した行為に、ウォルターが躊躇したことは言うまでもない。が、相手を警察官だと信じ込んでいる彼に、疑問は生じない。電話の男はルイーズとも会話をし、命令に従わねばさらにひどい罰を受けねばならないと脅した。そして警察に協力したウォルターに対し、ご褒美として、オーラルセックスを行うよう強要する。

時間にして約2時間。ウォルターはようやく我に返り、店を後にする。

それでも店長代理のドナはルイーズの監視を止めず、次にメンテナンス担当の男性を事務所に呼ぶ。が、彼は冷静に状況を把握し、男の命令に従うことを拒否。ここで初めてドナは疑いを抱き、改めて電話口に出る。男は今回の件は店長にも説明済みだという。が、店長に確認の電話を入れたところ、全く承知していないとのこと。やっとこれがいたずらだと気づいたドナは、すかさず所轄の警察に通報した。

全てが事務所の監視カメラに記録されていたため、警察は事態を正確に把握し、捜査に乗り出す。結果、電話はプリペイドのテレホンカードで、フロリダ州のスーパーの公衆電話からかけられたことが判明。使われたカードのシリアルナンバーも明らかになった。そして警察は、テレカを一番多く売っている巨大スーパー・チェーン「ウォルマート」のレジに残された記録から、該当するテレカの販売時刻を割り出し、監視カメラの映像を押収。電話の男が、民間刑務所の刑務官、デビッド・R・スチュワート（同37歳）であることを突き止める。当時〝ストリップサーチ〟と呼ばれる同様のいたずら電話事件が続出しており、スチュワートの自宅から9件の事件に関連あると思われるテレホンカードが見つかったのだ。

店長補佐のドナ・サマーズ本人。
彼女は事件の加害者であり、被害者でもある

後の裁判で、ウォルターに、ルイーズを殴らせ、性的暴行を加えたとして懲役5年の判決が下った。ドナは会社の内規違反（社員でない者を事務所に入れたこと。人の服を脱が

せて身体検査を行ったこと）で解雇されたが、裁判では性犯罪には関与していないとして、1年の執行猶予に。ちなみに、ウォルターとの婚約はすぐさま解消している。

被害者のルイーズは、今回の事件より少なくとも2年前から、多くの別の店舗で同様のいたずら電話事件が起きていたにもかかわらず適切な対応策を講じなかったとしてマグドナルド本社を提訴、610万ドル（約6億円）の損害賠償金を受け取っている。また、ドナも、他の店舗にかかってきていたいたずら電話に関する情報を自分に伝えなかったとして裁判を起こし、慰謝料110万ドル（約1億円）を手にしたそうだ。

そして、肝心の容疑者、スチュワートは、なんと一切お咎めがなかった。ここ10年間で30州にわたり70件もの「ストリップサーチ事件」が発生、2004年にスチュワートが逮捕されて以降、同様の被害は報告されていないにもかかわらず、証拠不十分として起訴すらされなかったのだ。こうして事件は、後味の悪い結末をもって収束した。

容疑者デビッド・R・スチュワート

犯人として逮捕された男は証拠不十分で不起訴に

食堂内の防犯ビデオの映像。
この5分後、2人は図書館で自殺を遂げる

エレファント

高校生2人が13人を殺害！

FILMS

コロンバイン 高校銃乱射 恐怖の45分間

　1999年4月20日、米コロラド州のコロンバイン高校で悪夢のような事件が起きた。同校に在籍する2人の生徒が校内で銃を乱射し13人を殺害、最終的に自らを撃って死亡したのだ。17歳と18歳の現役高校生が校内でクラスメイトや教師を次々に射殺していった前代未聞の凶行は、全米はもちろん世界に大きな衝撃をもたらし、後に事件を題材とした映画「エレファント」が作られる。事件当日の校内を舞台に、高校生たちの日常を静かなタッチで描き、2003年カンヌ国際映画祭のパルムドールに輝いた傑作である。あの日、コロンバイン高校で何が起きたのか、なぜ2人は殺戮に走ったのか。凶行開始から終焉までの恐怖の45分間。

　コロンバイン高校のあるコロラド州は、アメリカンフットボールのプロリーグNFLのデンバー・ブロンコスの本拠地で、同校でもフットボール部に在籍する男子は女生徒の憧れだった。フットボール部だけではない。アメリカの学校社会では暗黙の序列があり、スポーツに長けていたり、流行りのブランドを着こなす男子は〝ジョックス〟と呼ばれる学校社会の最上級の階層に属

エレファント

2003／アメリカ／監督：ガス・ヴァン・サント
コロンバイン高校銃乱射事件を題材とした人間ドラマ。事件当日の校内を舞台に、高校生たちの日常を静かなタッチで描き、2003年のカンヌ国際映画祭で最高賞のパルム・ドールと監督賞を史上初めて同時受賞した。

していた。

その対極にあるのが、音楽やコンピュータなどスポーツ以外の趣味に打ち込む文化系の〝ナード〟。ある意味、オタク系といってもいい彼らの階級は最下層だ。事件を起こしたエリック・ハリスとディラン・クレボルドは後者に属し、たびたびジョックスのメンバーからイジメを受けていたようだ。しかし、2人が標的にしたのはジョックスではない。彼らは自分たちをのけ者にする学校という不公平な社会をブチ壊そうと目論んでいた。

事件当日午前11時10分、エリックとディランは別々の車で学校の駐車場に乗り付け、刻々とその時を待った。事前に食堂に仕掛けた時限爆弾。当初の計画では、昼食時に混雑する食堂を爆破して500人以上を殺害、逃げ延びた者を射殺していく予定だった。

11時17分、セットした時刻になっても爆発せず、業を煮やした2人がいよいよ動き出す。映画では、凶行は図書館から始まるが、実際はキャンパス内の丘で昼食を摂っ

犯人のディラン・クレボルド（上／事件当時17歳）とエリック・ハリス（同18歳）

ていた生徒らに銃弾を放つところからスタートした。外の動きを知りパニックに陥る生徒たち。防犯ビデオに残された、食堂から必死に逃げ出す彼らの姿が実に生々しい。

2人はいつも黒いトレンチコートを着て登校しており、非スポーツ系の生徒と"トレンチコートマフィア"なる自警団を結成していた

校内に侵入した2人は、廊下ですれ違った教師を撃ったり教室に爆弾を投げ込みながら図書館に足を向ける。この事件で最も残虐な7分間と呼ばれる大殺戮の幕開けである。

11時29分。このとき図書館には生徒52人と教師4人が身を潜めていた。エリックが叫ぶ。

「白いキャップを被っているヤツは立て！　4年間よくもイジメてくれたな！　これから図書館を爆破するから、みんな出て行け！」

しかし、恐怖で誰ひとりとして動こうとしない。2人は、机の下に隠れた生徒たちを覗き込み、銃を向けた。必死に命乞いする女性の頭を冷酷にブチ抜き、恐怖で怯える男子生徒には「見ーつけた」と口にしながら弾を撃ち込んだ。

響き渡る銃声。阿鼻叫喚の悲鳴。地獄絵図さな

午前11時24分、異変に気づいた生徒たちが一斉に食堂から逃げ出す

がらの様子は、通報を受け、すでに現地に到着していた警察も把握していた。が、それでも部隊は突入を試みなかった。

11時42分、殺戮を終えた2人がようやく図書館を出る。この時点で、生徒12人が死亡、23人が負傷、廊下で撃たれた教師1人が重体に陥っていた。ジョックスを憎んでいたはずのエリックとディランだったが、実際の犠牲者は大半がごく普通の生徒だった。

映画では、この後2人は誰もいなくなった食堂に移動。エリックがディランを殺した後、キャップを被った男子生徒とガールフレンドが身を隠す部屋に侵入、「ど・ち・ら・に・し・よ・う・か・な？」と銃を向けたところで終わる。

一方、現実の終焉はこうだ。図書館を出た2人は校内を歩き回る。が、すでに人の気配はなく、同時にこれ以上の殺戮を行う気力も失いつつあっ

最後は頭を撃って自殺

たようだ。事実、途中で教室に身を潜めていた生徒と目を合わせたものの、彼らは銃を向けることさえなかった。

倉庫部屋で焼夷弾を炸裂させたり、空の科学室に発砲したり等、エリックとディランは虚しい凶行を重ねながら無人の食堂へ。ここで、エリックがテーブルに残されたジュースを飲み、火炎瓶を床に投げつける姿が防犯ビデオに残されている。

12時2分、食堂を出た後、2人は再び図書館へ足を運ぶ。そして1人の犠牲者の遺体の近くで、それぞれが自らの銃で頭部を撃ち抜き自殺。ようやく惨劇は幕を閉じた。

図書館で見つかったエリック（左）とディランの遺体

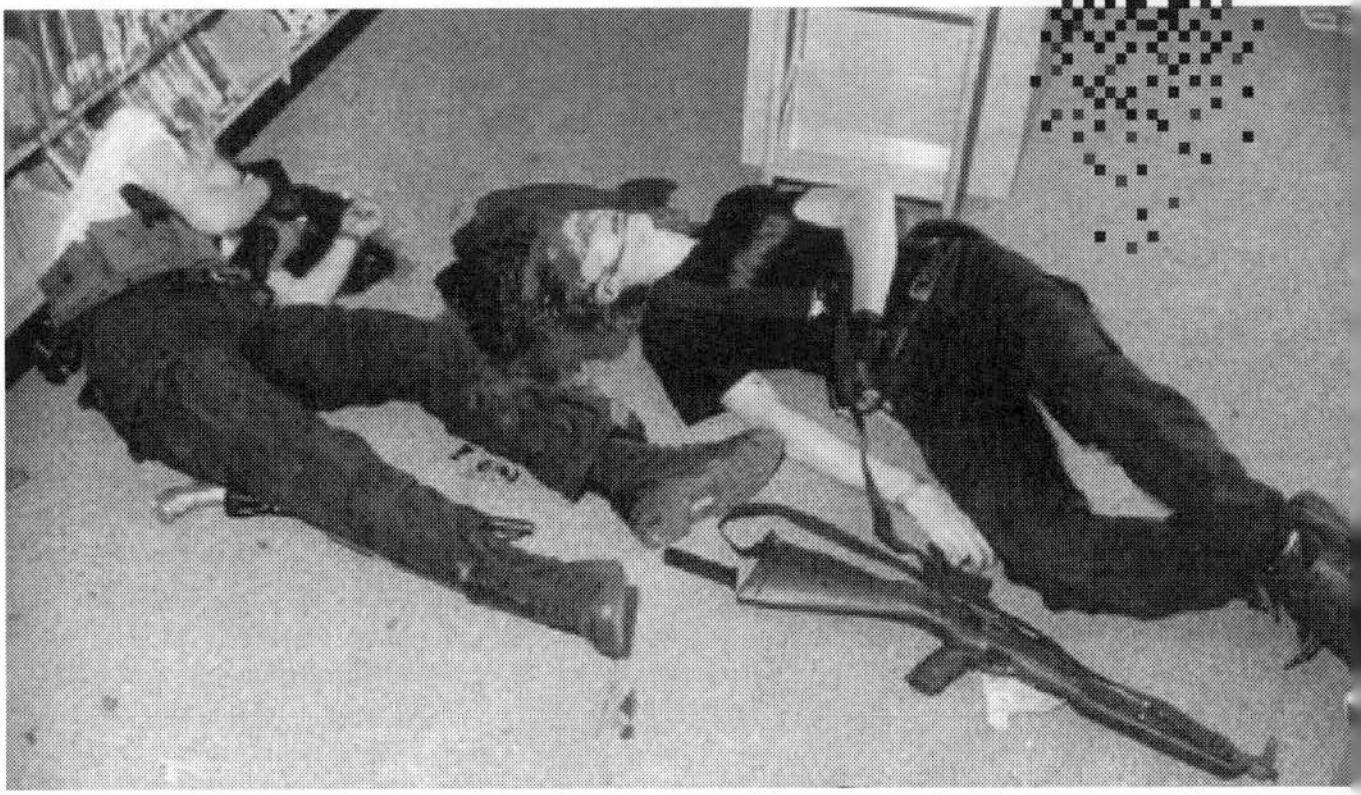

主役の母親を演じたアンジェリーナ・ジョリー（右）と、
モデルになった本物のコリンス夫人
映画「チェンジリング」より

チェンジリング

カリフォルニアの養鶏場で何が起きたか？

FILMS

ウインヴィル連続少年殺人事件の真実

クリント・イーストウッド監督作「チェンジリング」は、アンジェリーナ・ジョリー扮する主人公の9歳の息子が行方不明になり、5ヶ月後に見知らぬ少年を押し付けられる、傑作ミステリーだ。

警察は、捜査の怠慢から別の子供を引き渡し、我が子ではないと訴える母親を異常者扱いしたうえ、精神科病院送りに。その間に本当の息子が連続殺人事件に巻き込まれてしまう。面子のため、都合の悪い人間を片っ端から精神科病院送りにするロス市警の腐敗ぶりには目を覆うばかりだが、驚くべきは、これが1920年代に実際にアメリカで起こった事件をモチーフにしている点だ。

映画は、息子の生存を信じ、勇気をもって権力に立ち向かった女性の強さをメインテーマに据え、20人以上の少年たちが殺害された「ウインヴィル連続少年殺人事件」についてはあっさりとしか描かれていない。『いくつかのフィクションもある』とエンドロールで流れるのも、事件の核心部分について隠された重大事実があるからだ。

事件の舞台となったのはカリフォルニ

チェンジリング

2008／アメリカ／監督：クリント・イーストウッド
息子が行方不明になり、その5ヶ月後に見知らぬ少年を警察に押し付けられた母親の苦悩を静かなタッチで綴る。1920年代当時、堕落したロサンゼルス警察が保身のため現実に行った非道な行動にがく然とする。

ア南東部、田園風景が広がるウインヴィルだ。1928年2月、溝の中でメキシコ人と思しき少年の首なし死体が発見され、事が動き出す。警察が捜査を始めると、近所に住む12歳と10歳の兄弟が、養鶏場主ゴードン・ノースコット（当時20歳）と一緒にいるところを目撃されたのを最後に行方不明になっていることが明らかになった。

さっそくロス市警がゴードンの養鶏場に出向くと、メキシコ人少年の頭部が転がっており、その場にゴードンの甥サンフォード（14歳）がいた。捜査員の追及に、サンフォード

20人あまりの少年を殺害した養鶏場主ゴードン・ノースコット。下は事件の舞台となった養鶏場で実況見分に立ち会った際の様子

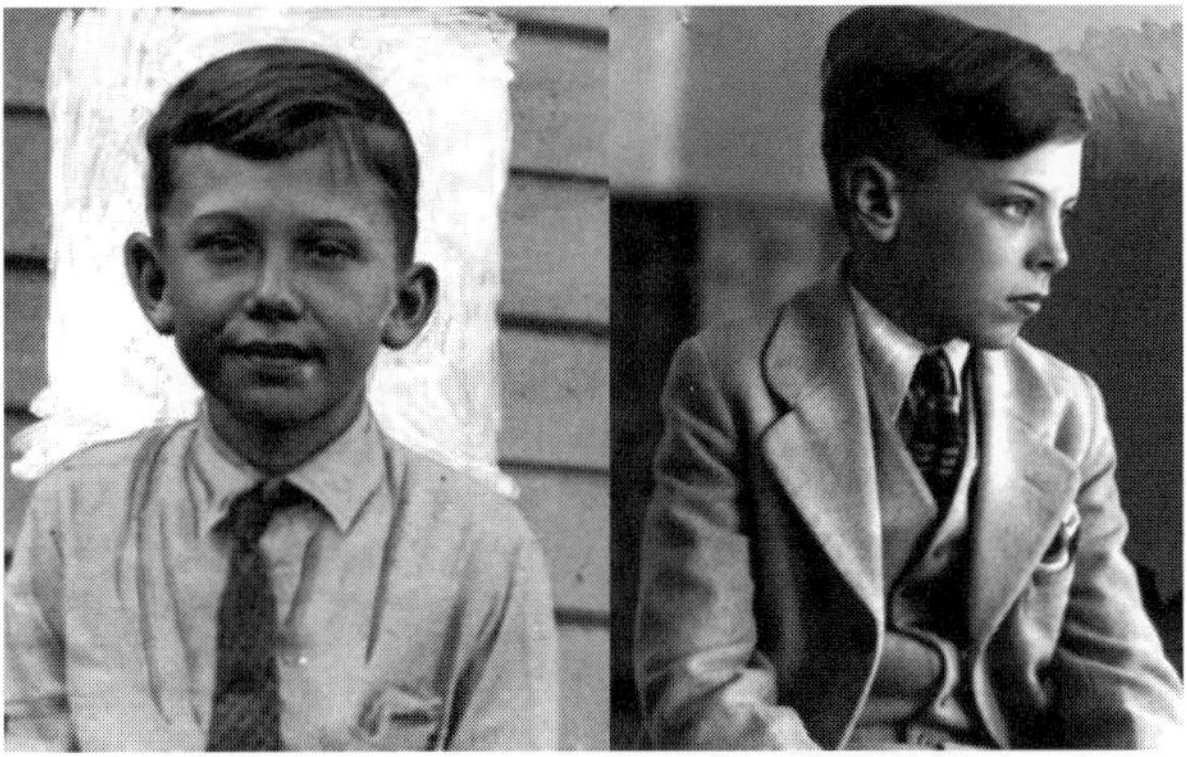
コリンズ夫人の本物の息子ウォルター（左）と、ウォルターとして母親の前に現れた少年

は驚愕の事実を告白する。ゴードンがおそよ20人の少年たちを殺害したというのだ。
映画では、ゴードンが単に恐怖に怯える少年たちの頭を斧でかち割る〝快楽殺人者〟として描かれているが、実際はサディスティックな小児性愛者で、サンフォードも虐待を受けた被害者の1人だった。ゴードンは、サンフォードを連れて町に出ては10歳前後の少年をさらい、養鶏場に監禁。性的虐待を加えた後、同様な性的嗜好を持つ〝顧客〟に貸し出しては金を稼いでいたのだという。そして飽きれば、銃で撃ったり斧を振りかざすなどして殺害。サンフォードに命じ、生石灰と一緒に死体を埋めて肉を溶かしたうえで骨を養鶏場周辺の砂漠に遺棄していたのである。
もうひとつ、映画で描かれていないのは、この連続殺人にゴードンの母親サラ・ルイーズが関わっていた事実で、彼女もまたサンフォード同様、ゴードンに脅されて少年たちの誘拐や、少なくとも5人の殺害に直接手を下していた。しかも後の裁判で本人が殺害を認めた中には、映画の主役ともいえる9歳の行方不明の少年、ウォルター・コリンズも含まれていたのである。

ロス市警が養鶏場に乗り込んだときゴードン母子はすでにカナダに逃げ出していたが、ほどなく逮捕され、全米が注目する中で裁判が始まった。しかし、ゴードンは弁護人を雇わず、矛盾だらけの供述を繰り返すばかり。サンフォードの証言はもちろん、血に染まった斧や大量の人骨など物証も山ほどあったが、被害者と特定できたのは殺害から日が浅いメキシコ人少年とウインズロウ兄弟の3人だけだった。

ゴードンは3少年に対する殺人の罪で死刑。1930年10月2日、「俺のために祈ってくれ！」と叫びながら絞首台の露と消えた。享年22。

一方、母親のサラ・ルイーズは素直に5人の少年の殺害を認め終身刑に服役。1940年に仮釈放され、1944年に病死している。また、もう1人の加害者サンフォードは、司法取引によって不起訴となったものの、氏名の変更命令を受けた後に少年院送致となり、ほどなくカナダに強制送還された。関係者の中で長生きできたのは彼だけで、後に家庭を持ち、第二次世界大戦に従軍。1991年に死去した。

映画の主人公でもあるウォルターの母は、実際に腐敗していた警察当局を訴え、失踪人息子を本当に殺したのかを直接聞くためコリンズ夫人が刑務所でゴードンと面会した際の1枚。このエピソードは映画でも描かれている

課の担当警部と市警本部長を免職、罷免に追い込む。そして、発見された骨片のどれがウォルターのものかはっきりしなかったことを根拠に、1935年に亡くなるまで息子の生存を信じていたそうだ。

犯人の母親も事件に加担、5人を殺害していた

映画には登場しないゴードンの母親サラ・ルイーズ。5人の殺害を認め終身刑に処せられた

静かなる叫び

女子学生を無差別に銃殺

FILMS

犯人のマルク・レピーヌ。1989年12月の事件当時25歳

モントリオール理工科大学虐殺事件

劇中で描かれる銃撃シーン。
映画「静かなる叫び」より

２００９年、カナダのアカデミー賞と呼ばれる「ジニー賞」で作品賞、監督賞など史上最多9部門を獲得した映画「静かなる叫び」は、１９８９年12月６日に発生した「モントリオール理工科大学虐殺事件」を題材とした社会派サスペンスだ。

犯人の男は、カナダ軍に入隊を拒否され、大学入試に失敗したことで女性を逆恨みし、ライフル銃を手に学校内へ乱入。女子学生だけを狙って発砲を繰り返し14人を殺害した後、自ら頭を撃ち死亡した。

映画は、全編モノクロ。会話も少なく、余計な情報は何もない。ただ、大学に乱入する直前の犯人の様子から始まり、その後は撃たれながら奇跡的に助かった女子学生と、彼女を助けられなかった友人の男子学

静かなる叫び

2009／カナダ／監督：ドゥニ・ビルヌーブ
「プリズナーズ」「ボーダーライン」などハリウッド作品を手がけてきたドゥニ・ビルヌーブ監督が、故郷カナダに帰り、実際に起きた虐殺事件を題材に撮ったサスペンス劇。日本では同監督の最新作「ブレードランナー2049」に合わせ、2017年11月に公開された。

生を中心としたリアルな犯行状況と、事件後の2人の苦悩の日々が描かれる。犯人以外は全て架空のキャラクターだ。

実際の乱射魔は、マルク・レピーヌという25歳の男で、映画で描かれたように女性の社会・政治・法律上の権利拡張を主張する〝フェミニズム〟を憎悪していた。

レピーヌは当日、教室に入って授業を中断させ、まず男子と女子を分けた後、女子学生たちに銃口を向けながら「俺はフェミニズムと戦っている」と叫んでいる。1人の女子学生が「私たちは普通の学生よ。フェミニストじゃないわ」と答えたのを機に発砲を開始。9人の女性を銃撃（うち6人が死亡）した後、廊下からカフェテリア、別の教室へと移動しながら計14人（うち1人が秘書で13人は女子学生）を殺害、14人（うち男性4人）に負傷を負わせると、自分の頭蓋骨を撃ち抜いて死んだ。

犯人のレピーヌは1962年、カナダ・モントリオールに生まれた。父親はアルジェリア出身の金融マンで、極端な男尊女卑主義者。母親や子供たちを毎日のように虐待しては、女性に対する呪詛のような言葉を怒鳴り散らしていた。その影響か、レピーヌは友達のいない陰のある子供に育つ。

レピーヌが7歳のときに両親が離婚して母親に引き取られるが、自活する必要に迫られた母親は看護師の仕事に復帰。忙しくなって息子に構わなくなり、レピーヌは自分が棄てられたと感じる。女性に対する憎悪が芽生えたのはこの頃からだ。

女性への逆恨みが犯行動機

17歳で軍隊に志願したが不採用となり、21歳でモントリオール理工科大学に入学申請したものの不合格。ウェイターのバイト先ではニキビが不潔だと女性客にクレームを付けられ、裏方に回されれば洗っていた皿を割り、上司の注意に対しては逆ギレのようにがなりたて、職場を解雇される。

その後、専門学校でコンピュータ・プログラミングを学び、優秀な成績を収めるが、突然退学。このとき、すでに犯行を決意していたらしい。

映画で、犯人が「15分しか時間がない」と、遺書を書くシーンがあるが、レピーヌも犯行前に遺書を残しており、その文言も実際に記されていたものだ。

犠牲になった14人の女性

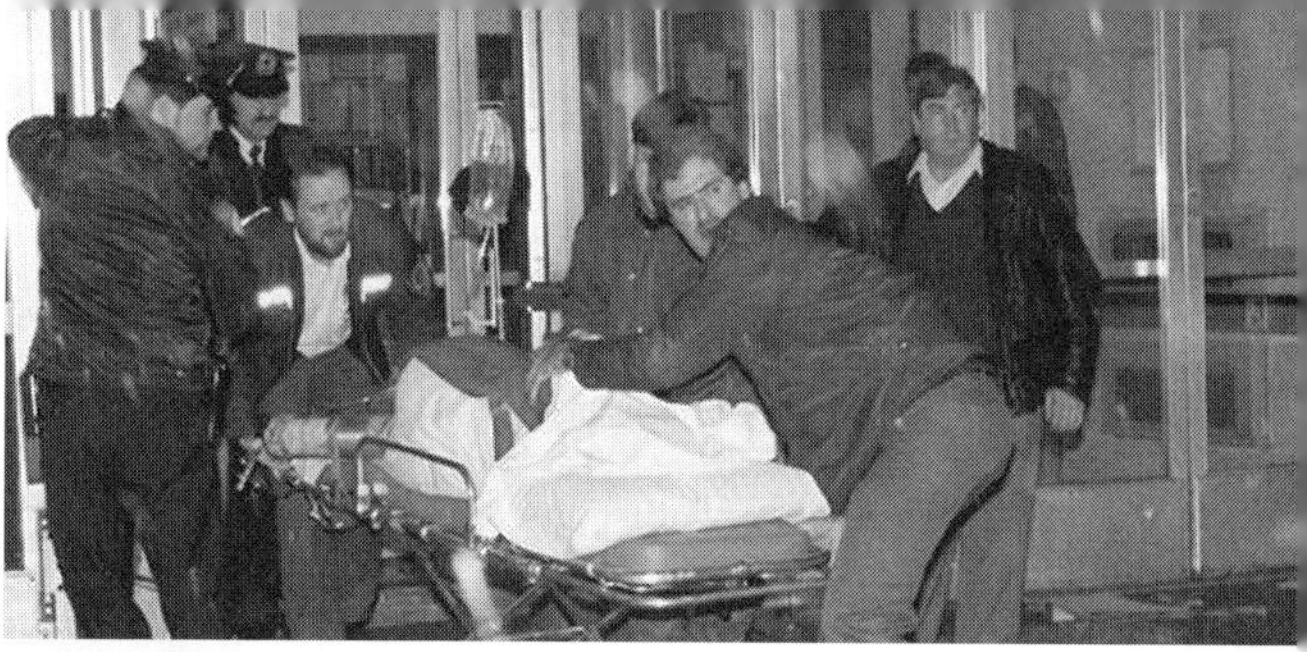

運び出される犠牲者。実際の写真

この運命を予期していたから学業に打ち込めなかったのだと、何事も続かない自分のいい加減な性格を正当化したうえで、レピーヌは遺書の中で勝手な理論を展開する。

「フェミニストどもは常に私を怒らせてきた。連中は女である利点を享受しつつ、男の利点をも奪おうとしている。連中はそのうちに歴史上の戦士の半分が女だったと言い出すだろう。しかし事実は違うのだ。勇敢に戦ったのは男だけなのだ。これが私の開戦理由である」

続けてコラムニストやTVキャスター、労働組合の幹部など、自分が殺したいとする19人の女性の名前を書き連ねた。遺書にはわざわざ、「犯行は政治的動機だ」と書かれているが、文面を読めば、単純に女性への逆恨みとしか思えない。

事件後、カナダでは犯行動機について様々な議論が巻き起こった。結果、公的機関や多くのフェミニスト団体が、この事件を「反フェミニストが行った女性に対する社会的な暴力の代表例」と位置づけ、事件が起きた12月6日を「女性への暴力を記憶し、それに対して立ち上がる国民記念日」とした。

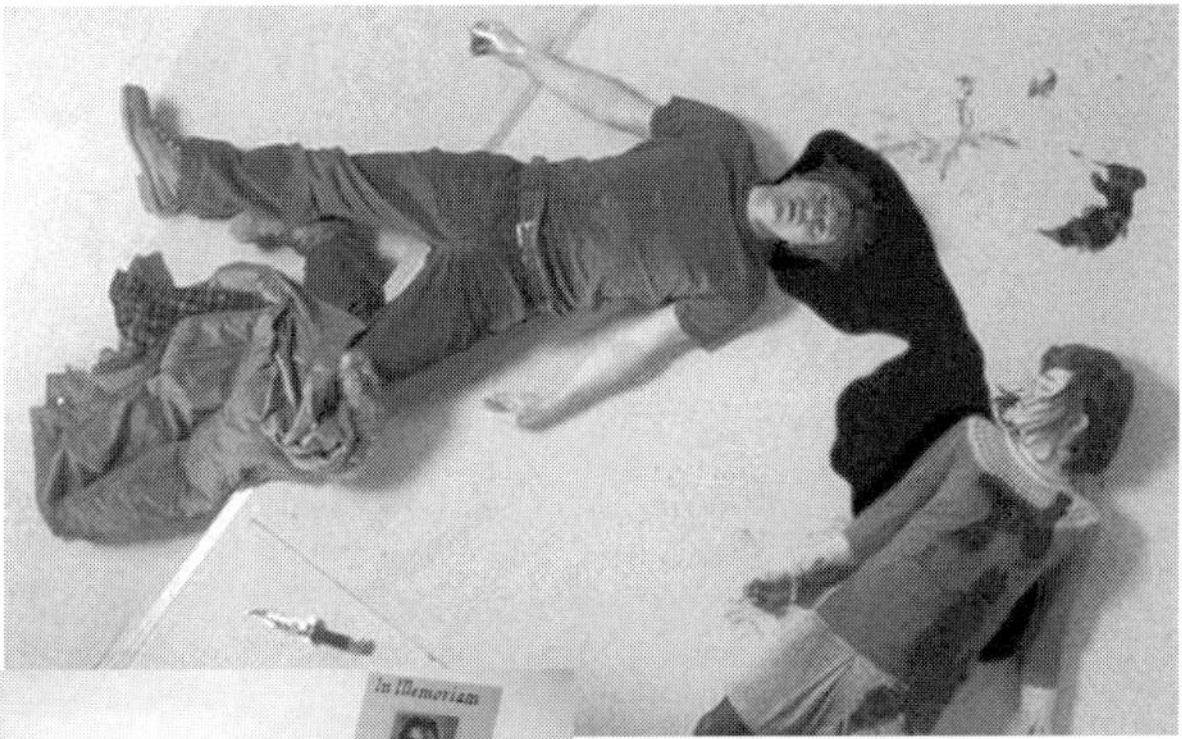

犯人は最後自らの銃で命を絶った。
映画「静かなる叫び」より
©2009 RP POLYTECHNIQUE PRODUCTIONS INC.

また、事件後はカナダの銃規制がより厳しくなり、２００６年に起きた「ドーソン・カレッジ銃乱射事件」（１人が死亡、19人が負傷し、そのうち8人は重篤）では警察官の戦術が変更され、緊急対応機関と連携。犠牲者を減らすことにつながったとされている。

★

劇中の女子学生と男子学生は、事件の後遺症に苦しみながらも希望を見つけていく。が、実際に事件で負傷したり目撃した学生や大学職員はＰＴＳＤ（心的外傷後ストレス障害）を負い、学生の中には自殺を図った者もいるそうだ。

事件を風化させないため、毎年12月6日には国会議事堂前でデモが行われている

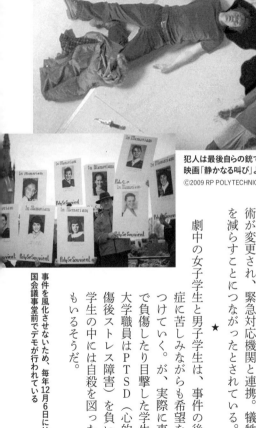

EXTRA EDITION

The Boston Globe

FRIDAY, DECEMBER 13, 2002

Cardinal Law resign

In letter, he sta
'I both apolog
and beg forgiven

Church looks to future free of scandal

By Michael Paulson

Cardinal Bernard F. Law meeting with Pope John Paul II at the pontiff's private library in the Vatican today. The pope accepted the embattled cardinal's resignation, after widespread pressure on Law to leave.

Appointing a successor

The 'baby bishop'

Sad but hopeful

Bush eases way for religious charities

N. Korea to restart
ear facilities

2002年12月13日付け
『ボストン・グローブ』の紙面。
一連のスキャンダルを受け、ボストンの大司教が
辞任したことを報じている

スポットライト 世紀のスクープ

『ボストン・グローブ』紙が事件を告発

カトリック司祭 性虐待 スキャンダル

２００２年１月、全米を震撼させる事件が発覚した。ボストンのカトリック教会の神父数十人が長年にわたって児童を性的に虐待、その事実を組織ぐるみで隠ぺいしていた衝撃のスキャンダルである。

後にローマ教皇を辞任に追い込むきっかけとなった一連の事件を明るみにしたのは、米紙『ボストン・グローブ』。同紙の調査報道班が聖職者のおぞましき実態を告発したのだ。

２０１５年公開の映画「スポットライト　世紀のスクープ」は、権力を楯に事実を隠ぺいしようとする教会に立ち向かった記者たちの姿をリアルに描いた社会派ドラマである。

キリスト教圏では、我々日本人が想像できないほど教会の力は強い。マサチューセッツ州の最大都市ボストンでは、神父のジョン・ゲーガン（１９３５年生まれ）が性的虐待で訴えられていることは周知の事実だったが、教会の問題に触れるのは新聞社といえどタブー視されていた。

しかし、２００１年「ボストン・グローブ」紙にやってきた新任の編集局長は、ゲーガンによる性的虐待事件を掘り下げる方針を打ち出す。その担当を命じられ

スポットライト　世紀のスクープ

2015／アメリカ／監督：トム・マッカーシー
2002年1月、『ボストン・グローブ』紙の調査報道チーム「スポットライト」が発表した、カトリック司祭による性的虐待事件に関するスクープ報道の顛末を描く。2015年度のアカデミー賞で最優秀作品賞と脚本賞を受賞。

たのが独自の極秘調査に基づく特集記事欄「スポットライト」を手がける4人の記者たちだった。

映画ではわかりにくいが、欧米では宗教が生活に浸透し、孤児院や学校、神学校など神父や修道者、施設関係者と子供たちが共同生活を送る施設が数多く存在する。性的虐待は主にここで行われていた。

スポットライトチームの記者たちは、取材の申し出を渋る施設出身者を辛抱強く説得、被害者の証言を得て実態を明らかにしていく。

児童への性的虐待で逮捕されたジョン・ゲーガン神父。2002年に禁錮9～10年の実刑判決を受け、2003年、矯正センター内で他の収容者に暴行されて死亡

犯行は驚愕すべきものだった。ゲーガンは30年にわたる司祭生活の中で、130人以上の貧しい家庭や片親の子供たちを狙って性的虐待を行い、何度も訴訟を起こされていた。それに対してカトリック教会は、ゲーガンを処分するどころか問題を起こすや他地域の教会に異動、野放しにしていたのだ。

1年にわたる調査で、さらなる教会の闇も浮き彫りになる。年鑑を分析したところ、ゲ劇中に登場する『ボストン・グローブ』紙「スポットライト」の記者たち。右から2番目が編集局長を演じたリーヴ・シュレイバー。映画「スポットライト 世紀のスクープ」より

映画公開時に集結した実際の「スポットライト」のスタッフ（一番右が当時の編集局長のロビー）。彼らは2003年、アメリカで新聞などの報道に与えられる最も権威あるピューリッツァー賞を授賞している

ーガンのように一定期間で不自然に病欠もしくは、別の地域に左遷させられている疑惑の神父がいたのだ。その数はなんと80人にも上った。

問題の神父たちの教区に出向いて聞き込みを続ける一方、教会側の弁護士の証言を受け、スポットライトチームは記事を作成。2002年1月の日曜朝、スクープを掲載した『ボストン・グローブ』紙が発行され、記者たちのデスクの電話は鳴り響いたところで映画は終わる。が、実際に事が動いたのはこの後だ。同紙の記事をきっかけに、全米各地で司祭に対する訴訟が多発。続いてアイルランドやメキシコ、オーストリア、イギリス、オーストラリア、オランダ、スイス、ドイツ、ノルウェーでも司祭による性的虐待が問題となったのだ。

教会の上層部がスキャンダルの発覚を恐れ、事件を隠ぺいしてきたことが判明すると、カトリック教会自体に非難が集まる。これにより、2006年に教皇ベネディクト16世（ローマ教皇）が、「今後同様の問題が起きた場合は厳正に処断すると宣言」する事態にまで発展した。

それでも批判は止まず、2010年には、『ニューヨーク・タイムズ』紙が、ベネディクト16世自身が枢機卿在任時代に神父の虐待事件をもみ消していたという疑惑を報じて教皇の退位要求デモが行われたり、教皇を証人として出廷させるよう裁判所に要請したりする動きが起こる。対し、同年4月、教皇ベネディクト16世は訪問先のマルタで虐待被害者たちと会談。涙を流して「遺憾と悲しみ」の意を表明、祈りをささげたが、2013年3月には辞任に追い込まれた。

新たに教皇となったフランシスコは、この問題に関して「断固とした対応を取る」という声明を発表しているが、欧米を追われた神父が南米で同様の事件を起こす事件が発覚している。終わりは見えない。

組織のトップ、ローマ教皇の辞任にまで発展

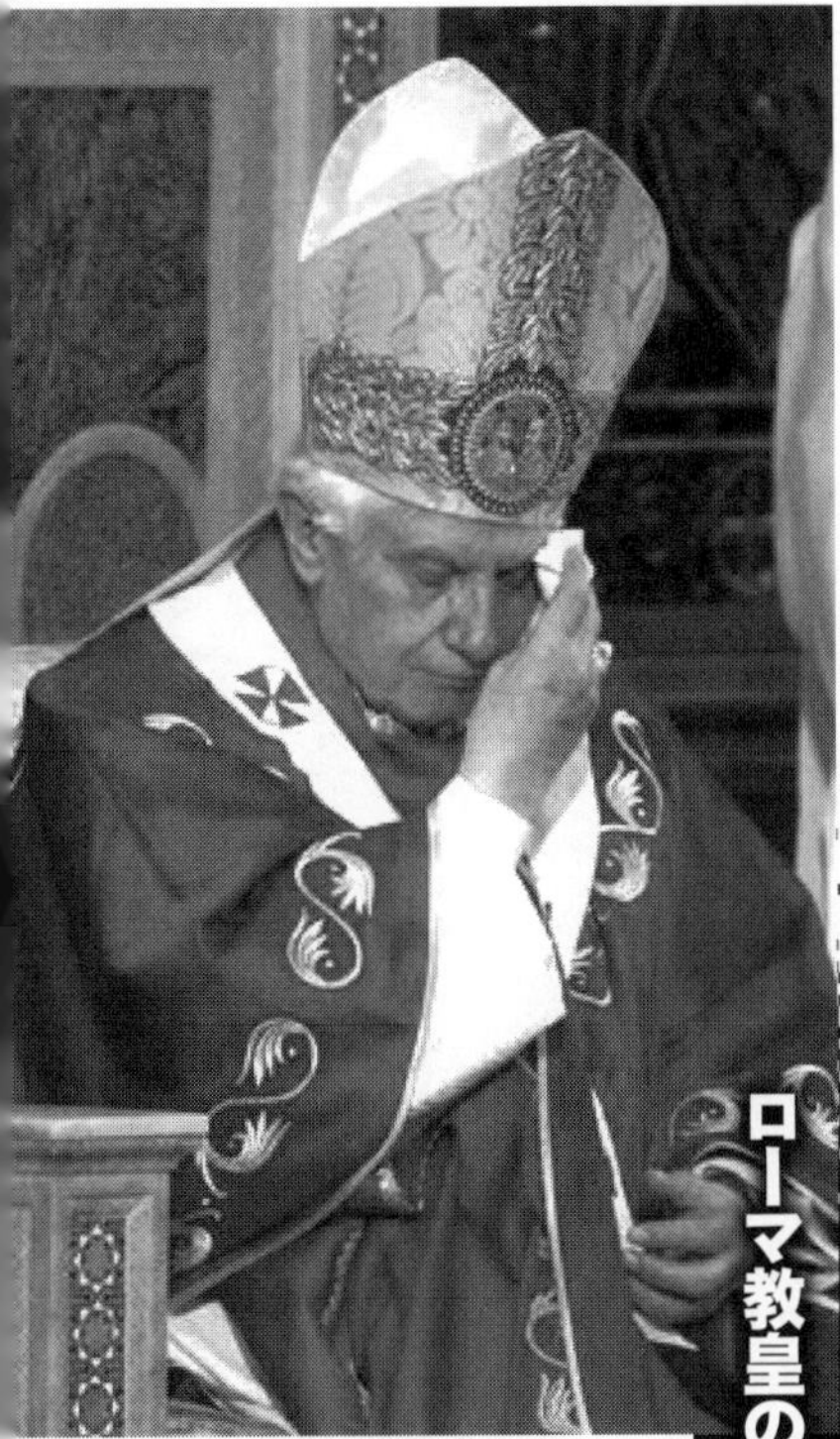

2010年、性的虐待の被害者と対面して謝罪する教皇ベネディクト16世

ミシシッピー・バーニング

秘密結社
KKKの凶行
FILMS

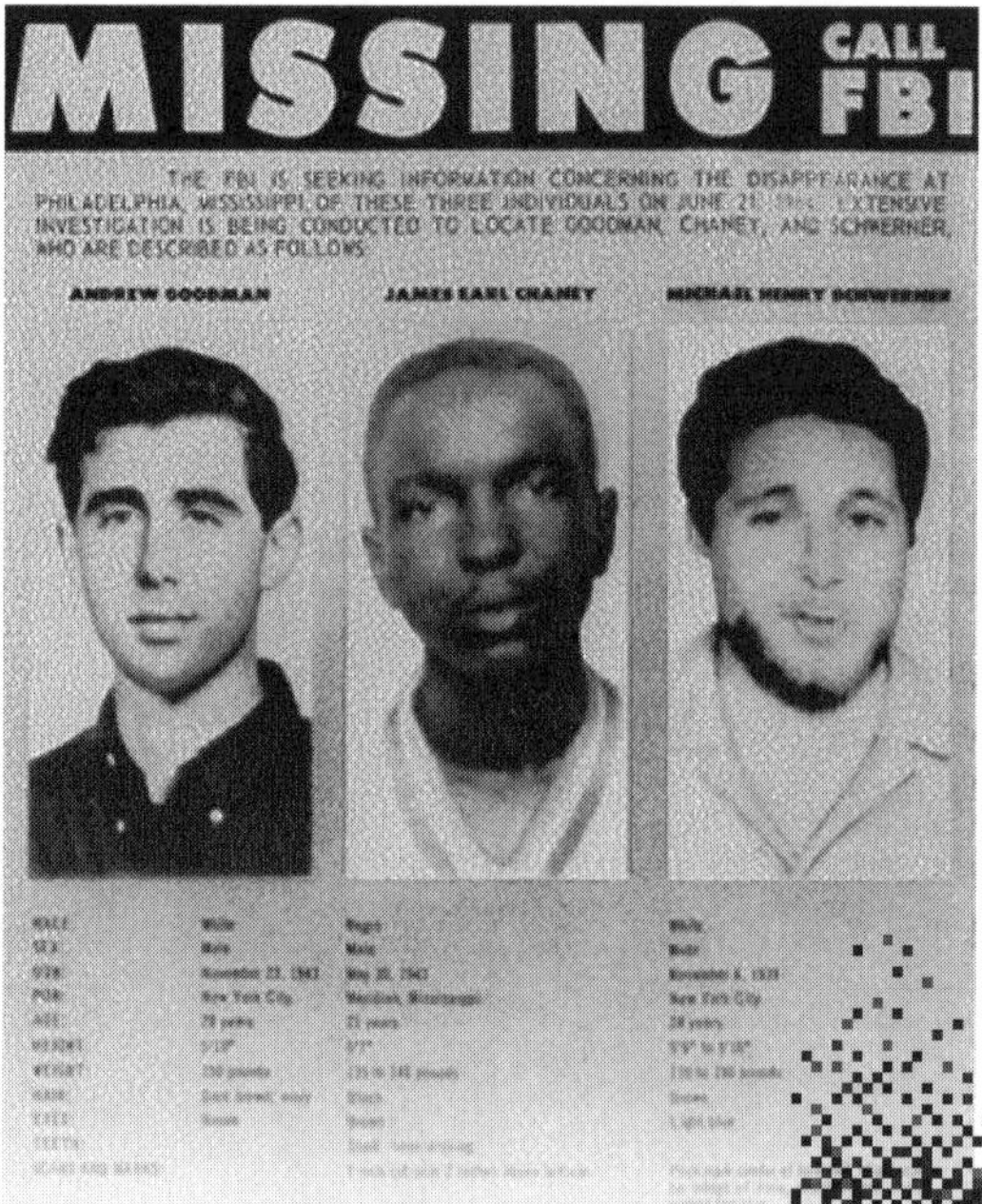

殺害された3人の運動家（全員学生）。
写真は遺体発見前、FBIが作成した行方不明の手配書

フィラデルフィア 公民権運動家 リンチ殺害事件

映画「ミシシッピー・バーニング」は、１９６４年、米ミシシッピー州フィラデルフィアで起きた公民権運動家３人の殺害と、事件解決に奔走するＦＢＩ捜査官の活躍を描いた社会派ドラマだ。事件は悪名高きＫＫＫ(白人至上主義の秘密結社)の犯行によるものだったが、彼らに下されたのはわずか数年の懲役刑。何とも納得しがたい事件の結末は、発生から40年後、大きな進展を見せる。

映画は、１９６４年6月21日深夜、ユダヤ人学生2人と黒人学生１人が乗ったワゴン車が、パトカーと2台のトラックに追われ停車を命じられる場面から始まる。３人は、黒人に選挙権を与える草の根運動を展開すべく現地を訪れた公民権活動家で、当時、特に人種差別の激しかった南部ミシシッピーでは忌み嫌われる存在だった。

停車させられる数時間前、彼らはスピード違反などの微罪で警察に逮捕されたものの、まもなく釈放され帰路を急ぐ途中だった。このとき、３人はすでに殺害される運命にあった。警察が地元のＫＫＫのメンバーに３人の情報を流し、彼ら

ミシシッピー・バーニング

1988／アメリカ／監督：アラン・パーカー
1964年、米ミシシッピーで起きた公民権運動家殺人事件を題材としたサスペンス。名匠アラン・パーカーの社会派ドラマとして評価の高い作品だが、史実と異なる部分も少なくない。

事件を追うFBI捜査官を演じたジーン・ハックマン（左）とウィレム・デフォー。映画「ミシシッピー・バーニング」より

の車を追尾させていたのである。

ＫＫＫの連中は3人を車から引きずり出し、容赦なく射殺する。映画では、このとき保安官が「このユダヤが、黒人好きめが」と罵るが、実は保安官もＫＫＫのメンバーだった。当時のミシシッピーは町全体が人種差別に覆われていたのだ。こんな組織ぐるみの犯行が表沙汰になるはずもなく、3人は〝行方不明者〟としてメディアに報じられる。

映画ではここからＦＢＩの軍団が現地を訪れ、調査に乗り出す。が、これは史実と全く異なる。実際に捜索活動を行ったのは海軍航空基地で研修中の水兵４００人で、ＦＢＩは再三の捜索願いにも聞く耳を持たなかったどころか、そのため、公民権運動自体にも非協力的だった。映画公開時には運動家、及び関係者から「史実の改竄《かいざん》」として大きな非難を浴びている。

大がかりな捜索にもかかわらず、３人の行方は杳《よう》として知れなかった。いや、彼らがすでに殺害され、犯行がＫＫＫによるものであることは捜査当局も把握していた。が、いくら追及しても彼らはシラを切り通す。口を割れば必ず殺す。犯行時、ＫＫＫの連中は互いに確認しあっていた。

しかし、事件は発生から44日後の８月３日、ようやく解決する。刑の免除を引き換えに、ＫＫＫの１人が自白したのだ（劇中ではＦＢＩが罠にはめ口を割らせることになっているが、事実と異なる）。

男の供述どおり、３人の死体は建設中の土手から発見される。そして犯行に加わったＫ

事件発生から44日後、建設中の土手の中から発見された3人の遺体

逮捕されたフィラデルフィアK.K.K.のメンバー

KK18人の逮捕。裁判は一審・二審を経て、ようやく3年後の1967年、連邦裁判所で最終決定が下された。

判決は信じられないものだった。罪名は「殺人」ではなく、被害者3人の人権を侵害した「公民権を覆す陰謀罪」で7人が有罪（2人が10年、5人が3～5年の懲役刑）、残り11人は全員が白人という陪審員団の〝評決不一致〟により無罪・釈放となったのである。

しかし、この結果は当時のアメリカで賞賛されたという。公判前の世論は「KKKの仕返しを恐れる陪審員たちが有罪を宣告するはずがない」という見方が大半。その中で下した判決はむしろ毅然としたものだったというのだ。ちなみに、ミシシッピー州で、白人が黒人を殺害して有罪が宣告されたのは、これが初めてのケースだった。

地元K.K.Kのリーダーで、事件の首謀者だった
エドガー・レイ・キレンは2005年に逮捕

事件から40年後の主犯逮捕

２００４年６月20日、フィラデルフィアの体育館で、事件から40年目の追悼式が行われた。この催しは、事件がフィラデルフィアの人々の心に残り続け、いまだに全米から〝恐ろしい人種差別の町〟と思われていることへの罪悪感から開かれたものだった。

こうした住民の声に後押しされたのか、同年末、連邦司法省は突然「３人の殺害事件は２００５年初めには決着を付ける」と発表。その言葉どおり、同年１月６日、フィラデルフィアのＫＫＫのリーダーだった牧師エドガー・レイ・キレン（当時80歳）を逮捕する。キレンは１９６７年の判決で無罪になった１人だったが、当局は彼を共謀殺人の主犯として起訴し、判決では懲役60年が下された。その後キレンは刑務所に収監され、２０１８年１月、92歳でこの世を去った。

八仙飯店之人肉饅頭

中華包丁で10人の首を切断！

犯人のウォン・チーハン（黄志恒）本人

マカオ八仙飯店一家殺害事件

FILMS

1993年の香港映画「八仙飯店之人肉饅頭《はっせんはんてんのじんにくまんじゅう》」は、残酷シーンが過激すぎるため日本で公開差し止めとなった作品だ。女性が生きたまま火であぶられ、子供の首も平気で切り落とす殺人描写の激しさは、歴代のホラーでもトップクラスだろう。

そんな〝いわくつき〟映画のベースとなったのが1985年に実際に起きた「八仙飯店一家殺害事件」だ。映画は、中国・マカオの中華料理屋で働く男が、金欲しさで店主の一家を殺し遺体を肉まんの具にして客に食わせてしまうという、いかにもB級ホラーじみた筋書きだが、実際の事件も大筋は変わらない。

犯人の名はウォン・チーハン（当時50歳）。10代の頃から札付きの悪党として知られたこの男は1973年、香港に住む資産家の家に押し入り、老夫婦を風呂桶で溺死させ金を奪う。捜査から逃れるべく、ウォンは指を火で焼いて指紋を消し、マカオへ逃走。数年ほど日雇い仕事を転々とした後、中華料理屋で働き始める。この店の数メートル先にあったのが、惨劇の舞台となる「八仙飯店」だ。

ウォンと八仙飯店の主人は、事件の直前までは定期的に賭け麻雀の卓を囲む仲だった。が、たびたび店主が負け金を支

八仙飯店之人肉饅頭

1993／香港／監督：ハーマン・ヤオ
1980年代にマカオで起きた猟奇殺人を元にした、超過激なスプラッター映画。欧米の大半で上映が禁止され、日本では2004年の東京国際ファンタスティック映画祭等で限定的に上映されただけだが、香港内は大評判を呼びシリーズ3作目まで作られた。

払わず、関係が悪化。路上でつかみ合う2人の姿が、頻繁に目撃されるようになる。

そして、1984年8月、怒り狂ったウォンが衝動的に八仙飯店へ押し入り、中華包丁で店主の首をはねて殺害。返す刀で、現場に居合わせた妻と5人の子供など、合わせて10名の首を切断した。遺体は厨房で細かく切り刻み、胴体から取った人肉はスープと肉まんの中へ。余った手足は、ビニール袋に詰めて海に投げ捨てた。

翌日、ウォンはさらに大胆な行動に出る。地元の役所を騙して八仙飯店の不動産を手に入れ、自ら店を切り盛りし始めたのだ。客には「博打のカタに権利を取り上げた」という言い訳を繰り返し、なんと1年半にわたって営業し続けたという。

事件が明るみに出たのは、1985年8月8日のこと。マカオ北部の海岸に老人の手首が2つ流れつき、続けて男女の足やカカトの一部が発見された。警察は当初、遺体を人食いザメの被害に遭ったものとして処理した。が、それから8ヶ月後、香港市警に一通の手紙が届く。

「親戚の一家が行方不明になり、商売敵だったはずの男が店を乗っ取っている」

鬼気迫る演技で犯人役を演じたアンソニー・ウォン。映画「八仙飯店之人肉饅頭」より

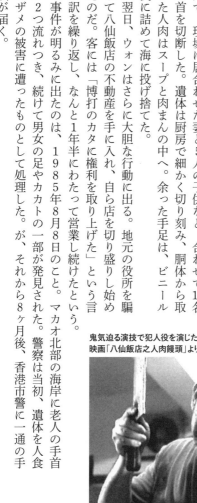

通報したのは、殺された八仙飯店のオーナーの弟だった。慌てて肉片を鑑識にかけた警察は、遺体が行方不明の一家のものだと断定し、すぐにウォンの身柄を確保した。

取り調べに対し、ウォンは「一家が引越したので、代わりに譲り受けた」と主張していたが、獄中暮らしが長引くうち言動がおかしくなっていく。真夜中に突如「やつらだ！」と悲鳴をあげて目覚め、なぜか糞便を漏らしながら床の上で大爆笑。精神のバランスを失ったウォンは、病院のベッドの上で、ほぼ独り言に近い形で全ての殺人を告白し、起訴を受けた直後に缶ジュースのプルトップで手首を切って自殺した。

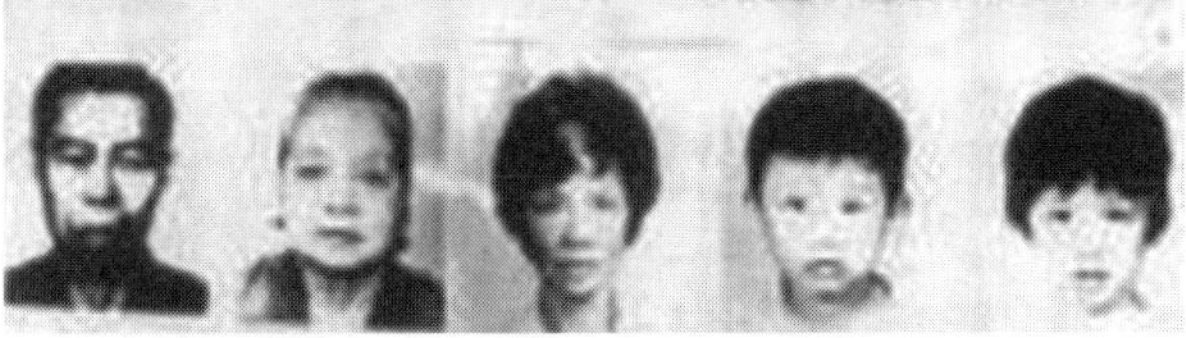

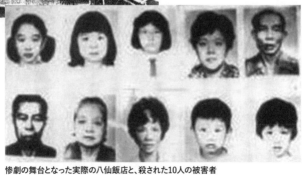

惨劇の舞台となった実際の八仙飯店と、殺された10人の被害者

密陽女子中学生集団レイプ事件

ハン・ゴンジュ　17歳の涙

男子高校生41人が1年にわたり少女を陵辱

主人公を演じたチョン・ウヒの芝居は高く評価され韓国最大の映画の祭典、青龍映画賞で主演女優賞に輝いた。

映画「ハン・ゴンジュ　17歳の涙」より

FILMS

２０１４年公開の韓国映画「ハン・ゴンジュ　17歳の涙」は、過去にレイプ事件に遭ったごく普通の女子高生ゴンジュが、新しい環境で人生を再スタートさせるものの、そこでもまた絶望の淵に突き落とされる、性的暴行被害者女性の底知れぬ怒りと悲しみを描いた人間ドラマだ。

題材となった事件がある。高校生41人が１人の少女を暴行し続けた「密陽《ミリャン》女子中学生集団レイプ事件」。その犯行は極めて悪質で、後の警察や加害者の親たちの酷い対応もあいまって、韓国社会の人権意識の低さを象徴する特筆すべき事件と言われている。

発端は２００４年1月、当時中学2年の女子生徒が間違い電話をかけたことだった。電話の相手は密陽市に住む男子高校生。すぐに切ろうとしたが、言葉巧みに誘われ、数日後、会うことになった。

男子高校生は、密陽市内の3校からなる不良集団「密陽連合」のリーダーに女子生徒を紹介する。と、リーダーは手下の高校生10人と共に、彼女を旅館に連れ込み集団で犯す。

以降、不良どもは強姦時の写真、実名、住所をネット上に暴露すると脅しては彼女を１ヶ月に2度3度と呼び出し、鉄パイプで殴り、

ハン・ゴンジュ　17歳の涙

2014／韓国／監督：イ・スジン
2004年に発覚した女子中学生暴行事件を題材に、深い心の傷を負った少女の終わりなき苦悩、韓国社会の深い闇を描く。

バイブレータでいたぶるなど、性奴隷として弄《もてあそ》び続ける。悪行は1年にも及び、加担する高校生も41人に増加した。

事実を誰にも言えず独りで苦しんでいた彼女は、何度も自殺を図った。さすがに娘の異常な様子に気づいた母親が事情を聞き出したうえ、警察に通報。結果、2004年12月に、犯行に加担した男子高校生全員が身柄を拘束されることになる。

問題は、この後の警察の対応だ。当初から女子生徒の立場、心情を軽んじていた当局は、捜査担当に男性警察官を当て、容疑確認の目的で加害者1人1人と彼女を対面させたうえで「挿入したか否か」などの露骨な質問を浴びせた他、「密陽の恥をさらした」などの暴言を口にした。さらに彼女は、加害者家族からも「このまま済むと思うな」「体をお大事に」等の脅迫を受け、恐怖のどん底に突き落とされてしまう。さらに、韓国国内の反応も極めて冷たかった。事件がマスコミで大々的に報道されたことで、好奇心丸出しの〝ネチズン〟が被害者女性の個人情報を突き止め、実名や顔写真をネットに晒したのだ。

事件発覚後、ソウルの病院へ入院していた彼女のもとへは、毎日加害者の親が訪れ、慰謝料支払いによる和解を迫っていた。むろん、合意する気持ちは毛頭ない。が、金欲しさに示談に応じるよう彼女を説得する父親と親類。最終的に彼女は折れ、賠償金5千万ウォンの和解書にサインする。これが、どんな結果をもたらすかも知らずに。

その後、彼女は退院して復学を希望したが地元の学校には通えず、転校先も見つからなかった。「問題のあった生徒」として、大半の学校が受け入れを拒否したからだ。

劇中で描かれるとおり、その後どうにかソウル市の公立校に転校できたものの、そこでも恐怖が待っていた。加害者の母親が学校を訪れ、「息子の処罰を減刑するために嘆願書を書いてほしい」とトイレにまで執拗に付きまとってきたのだ。

再び重度の鬱病を再発した彼女は、嘔吐するまで食べ続ける摂食障害を伴い、1ヶ月足らずで学校をやめ、そのまま家出してしまう。ちなみに、映画の主人公は最後、絶望の果て、川に飛び込み命を絶つが、実際の被害女性が現在どんな立場にあるかは定かではない。

一方、加害者は20人が処罰の対象となり、その内5人が少年院に送られた。が、すでに示談が成立していたことから全て前科が残らないような処置に。残り10人も半分が保護処分、半分には何のお咎めもなかった。加害者はその後、全員が事件前と変わらない学校生活を送ったという。性犯罪者がのうのうと復帰できる韓国社会。被害者が受けた苦痛を考えると、あまりに理不尽な結末と言えるだろう。

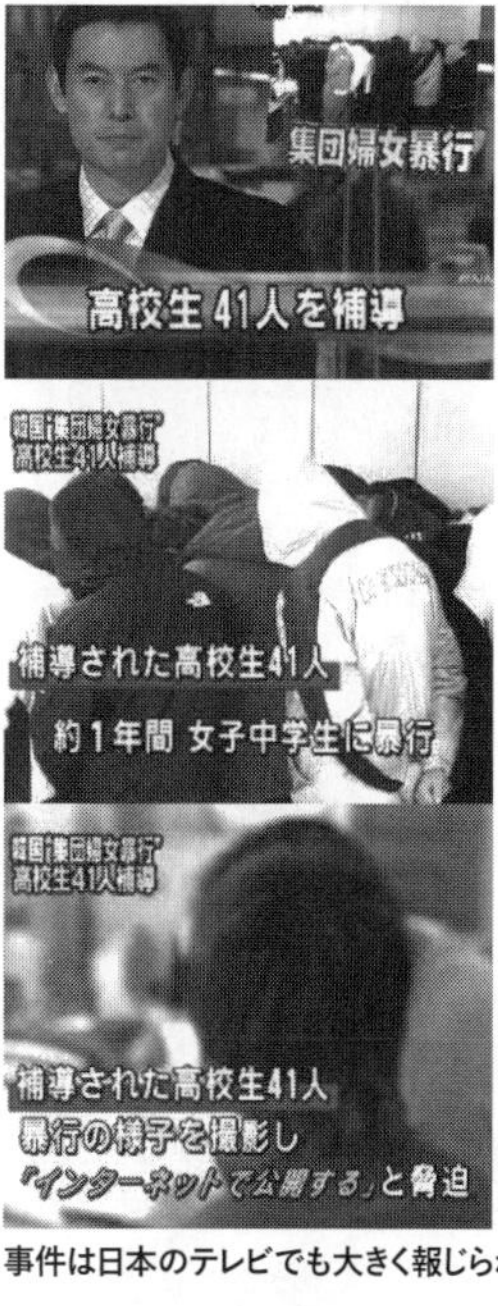

事件は日本のテレビでも大きく報じられた

劇中の乗組員は船長含め6人だが、実際は8人。
映画「海にかかる霧」より

海にかかる霧

中国からの密航者25人が窒息死

テチャン号事件の地獄

FILMS

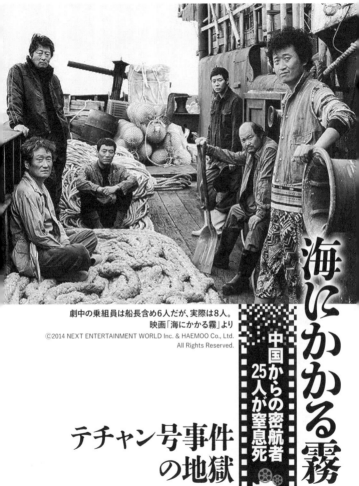

金儲けのため、密航者を乗せた韓国の漁船。事は当初、計画どおりに進んでいたが、監視から逃れるため船長、乗務員が取った行動から、取り返しの付かない惨事が——。

２０１４年公開の韓国映画「海にかかる霧」は、２００１年、中国の密航者が大量に死亡した「テチャン号事件」を題材とした戦慄のサスペンスである。劇中、船上で起きる出来事はまさに悪夢としか言いようがないが、映画と事実には大きな違いがある。

２００１年9月25日、韓国・峰山洞の喫茶店で、73トン級底引き網漁船「テチャン号」（劇中ではチョンジン号）の船長イ・バングン（当時43歳。映画でキム・ユンソクが演じたカン船長のモデル）が、小型漁船の漁師から一つの依頼を受けた。

内容は、中国からの密航者を麗水まで運んでほしいというもの。イ船長は３千万ウォン（約３００万円）の報酬を条件に、東シナ海での操業の帰り、密入国者を乗せる約束を結ぶ。船長は船員７人（映画では５人）に、それぞれ１００万ウォンを与える予定だった。

同月29日未明、テチャン号は麗水港を出港し、10月2日から5日まで通常どおり漁を行う。

一方、10月1日、１００トン級の中国漁船に乗って、漢族と朝鮮族の60人が出発す

海にかかる霧

2014／韓国／監督：シム・ソンボ
2001年に韓国で起きたテチャン号事件を基にした舞台「海霧」の映画化。2003年公開の傑作サスペンス「殺人の追憶」（本書290ページ参照）の監督ポン・ジュノが脚本、製作を担当している。

る。密航ブローカーは彼らに対し「3年韓国で頑張れば、余生は保障されたようなもの」と甘い言葉で騙し、1人あたり6万5千元（日本円で約100万円）を支払わせていた。これは、当時の中国農村で5年分の収入に当たる金額だったが、〝コリアンドリーム〟を夢見る彼らは、高利の借金をして金を用意したという。

10月6日深夜1時、2つの船は真っ暗な夜の海上で遭遇。密航者の乗り換えが首尾良く行われ、テチャン号は麗水へと向かう。が、翌7日、同船に危機が襲う。海洋警察の監視船に遭遇したのだ。密航者を乗せていることがバレたら一巻の終わり。映画では、これを回避するため、船長が密航者を魚倉に押し込め、全員を窒息死させてしまう。

が、実際は、25人が魚倉に、35人が水槽タンクに匿われ、前者は全員死亡、後者は全員が生き延びた。後の生存者によれば、「隣の魚倉から扉を開けてくれと懇願する声を聞いたが、一切無視した」という。ちなみに、死んだ密航者が隠された魚倉は通気口のない、縦横3メートル、高さ2メートル強の密閉空間だった。

また、その後の遺体処理も史実とは異なる。劇中の船長は遺体を甲板に上げた後、船員にこれを切断し海に遺棄させている。一方、実際のイ船長は密航者たちにも手伝わせ、遺体をいったん甲板に上げ布団で隠し、帰路を急いだ。8日午前3時30分過ぎ、麗水港に到着。船長は生存者を別の船舶に移した後、再び麗水の南10マイル沖へ向かい、同日午前6時、25名の遺体を海へ投げ捨てた。

事件が発覚したのは、その後、麗水の船着き場に下ろされた生存者のうち2人が食料を求め、民家に立ち寄ったからだ。住民がすぐに警察に通報したことは言うまでもない。

劇中では、密航者の遺体処理を終えた後、船員同士が殺し合い4人が死亡。船長は荒れ狂う海の中で溺死する。が、実際は船長を含む8人全員が生きて帰り、重過失致死と死体遺棄の罪で逮捕された。

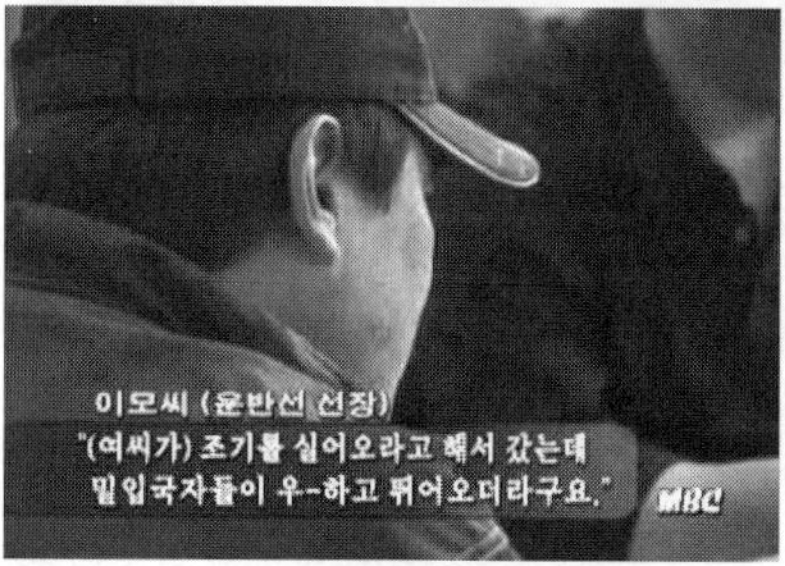
이모씨 (윤반선 선장)
"(여씨가) 조기를 실어오라고 해서 갔는데
밀입국자들이 우-하고 뛰어오더라구요."
MBC

逮捕・連行される船員たち（上）と、
テレビ局の取材に応じる船長のイ・バングン

BULLY ブリー

イジメられっ子が果たした陰惨な復讐劇

被害者のボビー・ケント

ボビー・ケント殺人事件

1993年、全米を震撼させる事件がフロリダで起きた。イジメっ子が友人ら7人に殺され、死体をワニの餌にされた「ボビー・ケント殺人事件」だ。事の顛末を克明に追った映画「BULLY　ブリー」（＝イジメっ子の意味）は大反響を呼んだが、事件はまだ終わっていない。死刑や終身刑の判決を受けた加害者たちが、いまだ塀の中から減刑を求めて訴え続けているのだ。

事件の主役は、イジメられっ子のマーティ・プッチオと、イジメっ子のボビー・ケントである。貧しくも家族仲良く暮らすマーティ家の近所に、裕福で頭の良くスポーツ万能なボビーが越してきたのは小3のときだ。同じ歳の2人はすぐに仲良くなり、傍目には親友と思えるような付き合いが始まる。が、彼らは対等の関係ではなかった。厳格で何でも一方的に決めつける父親に頭の上がらないボビーが、そのストレス発散のため、マーティに暴力を振るっていたのだ。

2人でバカ話をして笑い合っていても、一瞬後にはボビーがマーティを血が出るほど殴りつけることもしばしば。気の弱いマー

BULLY ブリー

2001／アメリカ・フランス／監督：ラリー・クラーク
1993年、アメリカで実際に起こった少年少女7人によるボビー・ケント殺人事件を描いた衝撃作。事件のルポルタージュ『なぜ、いじめっ子は殺されたのか?』が原作。

ティは、「引っ越したい」と両親に口にするのがせいぜいで、理由を質《ただ》されても決して本当のことを言わなかった。

ボビーの行動はどんどんエスカレートし、器用に学校の勉強をこなしながら、要領の悪いマーティを夜遊びに引きずり回し、ついには高校中退に追い込む。

それでもマーティにはサーフィンがあった。子供時代から自由自在にボードを操る彼は地元でも一目置かれる存在で、学校など行かずともサーファーとしての将来が約束されていた。が、ボビーはそれさえ奪ってしまう。体重が重くなればサーフィンに不利なことを知り、強引にプロテインを勧めたのだ。結果、筋肉が付き体が重くなったマーティは、サーフィンを辞め、地元仲間から孤立することになってしまう。

事件の主犯マーティ。ボビーに小3時から10年以上イジメられていた。写真は裁判出廷時に撮られたもの

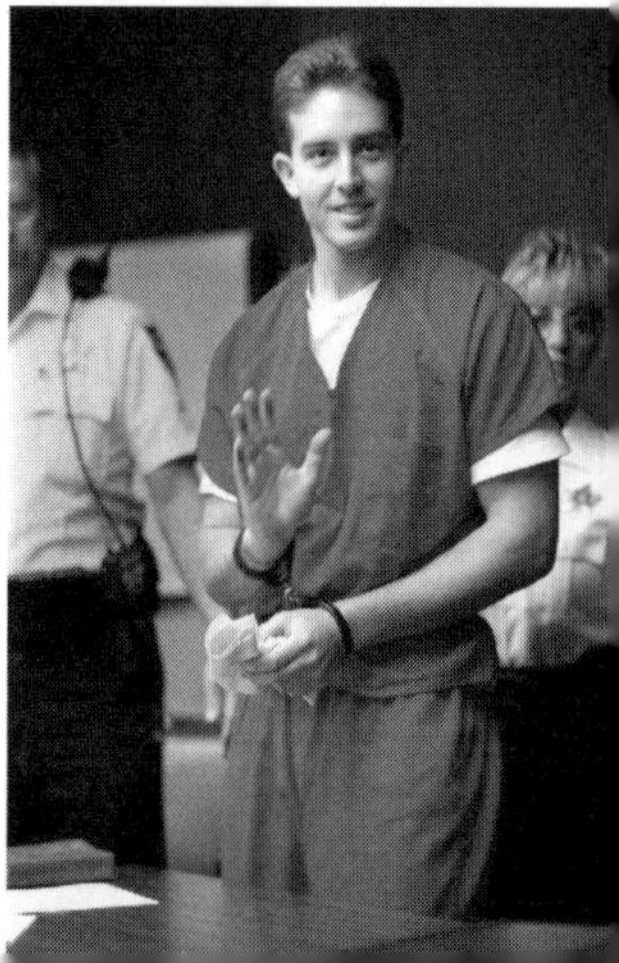

ボビーとマーティの関係に変化が生じるのは、彼らがアルバイト先で2人の少女、アリとリサに出会ってからだ。Wデートでマーティとリサはすぐに意気投合し、恋仲に。交際が深まるにつれ、リサがマーティとボビーの異常な関係に気づく。当時、ボビーのマーティに対

復讐を果たした若者たち。映画「BULLY ブリー」より

する暴力はより過剰さを増しており、時にそれはアリやリサにまで及ぶこともあった。

リサがマーティの子供を妊娠するのはこの頃で、それを機に、マーティは今までのボビーとの関係を全て打ち明ける。自分の愛する人があまりに理不尽な扱いを受けていることを知ったリサは怒り、やがてボビーの殺害を口にするようになる。マーティも最初は冗談として聞き流していたが、リサからアリ、アリからボーイフレンドのドナルド、アリの友人のヘザー、そして、リサの従兄弟のデレクと広まるうちに徐々に現実味を帯び、ついにはギャングのカーフマンを雇うまでに至る。

ボビーもマーティも20歳になったばかりの1993年7月15日、「アリを抱ける」

上段左からマーティ（事件当時20歳）、アリ（同17歳）、ドナルド（同18歳）、ヘザー（同18歳）。下段左からデレク（同19歳）、カーフマン（20歳）、リサ（18歳）

と言葉巧みにボビーをドライブに誘い出し、計画は実行される。もっとも、7人の犯行プランはしっかりと練られたものではなく、誰が殺人の実行犯となるか口論を始めるほどであった。最終的に手を下したのは3人。薬でラリったドナルドがボビーの背中にナイフを突き立て、マーティが腹や喉に切りつけ、カーフマンがバットでトドメを。死体は、ワニの餌にしようと川へ投げ捨てた。

7人はあっさり捕まり、ボビーの父親が腕利きの弁護士を雇ったことで、実行犯の3人には日本では考えられない重い刑が言い渡される。

映画は、マーティに死刑判決が言い渡されたところで終わるが、実際はその後も係争が続いた。マーティとドナルドが判決に不服を申し立てたのである。最初は事件の悲惨さに気を奪われていた陪審員たちも、徐々に明らかになっていくイジメの実態に着目。1997年、控訴審でマーティは終身刑となったが、現在もなお、さらなる減刑を求め続けている。

加害者7人はその後こうなった

	第一審	控訴審	罪状	備考
マーティ	死刑	30年間仮釈放なしの終身刑	第一級謀殺及び共謀罪	フロリダ州の矯正施設に収監中。武装した刑務官に監視されながら服役生活を送っている
アリ	懲役40年	懲役15年	第二級謀殺及び共謀罪	保護観察付きで２００１年９月に仮釈放され、フロリダ州に在住。現在、夫、４人の子供とフロリダ州に在住。保護観察が終わるのは２０４１年の予定
ドニー	終身刑	終身刑	第二級謀殺及び共謀罪	武器や薬物、酒類の持ち込みなど20件の違反行為が加算され、現在もフロリダ州の矯正施設に収監中
ヘザー	懲役7年	懲役7年	第二級謀殺及び共謀罪	１９９８年に出所して２０００年に結婚。現在もフロリダ州に住んでいる
デレク	懲役11年	懲役11年	第二級謀殺及び共謀罪	１９９９年10月に出所。トラック運転手となり、現在ミズーリ州に在住
カーフマン	終身刑	終身刑	第一級謀殺及び第二級共謀罪	ギャング団のリーダーとして盗品の売買に関わっていた事件の刑罰も含め、現在も30年間仮釈放のない終身刑に服している。これまで刑務所内で18回の違反行為が報告されている
リサ	終身刑	懲役22年	第二級謀殺及び共謀罪	事件直前、恋人マーティの子供を妊娠。１９９４年、刑務所内で女の子を出産した。２００４年に仮釈放後、眼鏡師となり、現在ペンシルベニア州に在住

フォーリング・ダウン

“模範的なアメリカの好青年”が犯した大殺戮

犯人のチャールズ・ホイットマン（右）と、彼が立て籠もったテキサス大学オースティン校の時計台。時計の文字盤下の白い硝煙は、ホイットマンが狙撃した瞬間を捉えたもの

テキサスタワー乱射事件

マイケル・ダグラス主演の「フォーリング・ダウン」は、日常のストレスを晴らすため、妻子や通行人にライフル銃をぶっ放すサラリーマンの狂気を描いたアメリカ映画だ。

異常としか言いようのないこの男には、実在のモデルがいる。１９６６年の夏、大学の時計台から銃をぶっ放し15人を殺害した、いわゆる「テキサスタワー乱射事件」の犯人、チャールズ・ホイットマン（当時25歳）だ。

「５００ヤード離れた柱の陰の男を撃ち抜いたチャールズ・ホイットマンはどこで射撃を習った？　もちろん海兵隊だ！」

スタンリー・キューブリック監督の名作「フルメタル・ジャケット」（１９８７）で、海兵隊の軍曹が新人隊員に講義する際の台詞にあるように、もともとホイットマンは優秀なエリート海兵隊員だった。

入隊して2年目の１９６１年、将来の幹部候補としてテキサス大学に特待生として入学を許され、翌年には大学で出会ったキャシーと結婚。前途洋々の未来が広がっているかに思えた。が、翌年になると学業不振で隊に呼び戻され、年末に

フォーリング・ダウン

1993／アメリカ・イギリス・フランス
監督：ジョエル・シュマッカー
平凡な中年男（マイケル・ダグラス）が、些細なきっかけと偶然の積み重ねからストレスを爆発させ暴走する様を描く。1966年に起きたテキサスタワー乱射事件をモチーフに製作された。

は兵長から兵士に格下げされてしまう。

1964年、隊を辞めて大学に復帰。数多くのバイトをこなしながら余暇にはボーイスカウト活動に精を出し始める。性格は快活で冗談がうまく、誰にでも愛想の良い〝模範的

1962年、大学でホイットマンと知り合い結婚したキャシーは、その4年後、「殺人犯の妻になるのは可哀相だ」と事件前夜、夫に刺殺された（享年23）

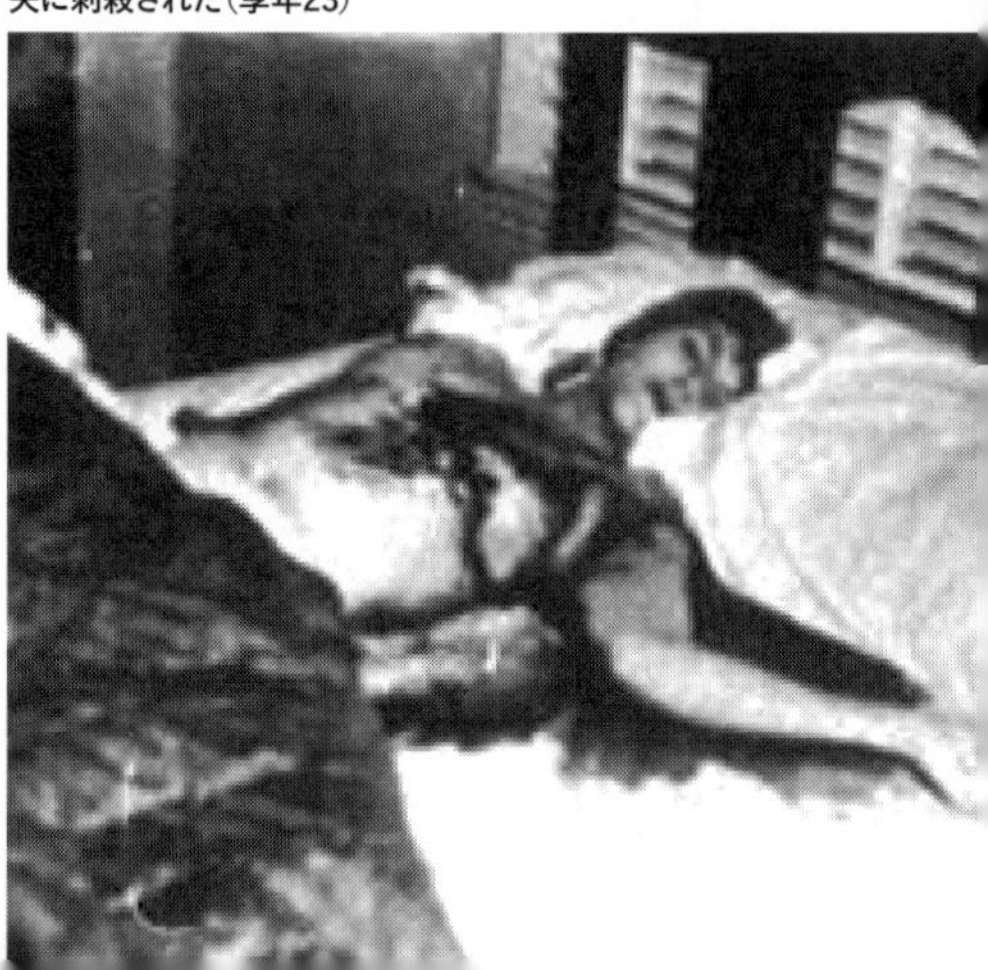

なアメリカの好青年〟というのが周囲のホイットマン評だった。が、海兵隊も全うできず、学校の先生となった妻より稼げず、大学の成績も芳しくない。ホイットマンの心は劣等感にさいなまれていた。

　そこに家族の問題が追い打ちをかける。両親の別居だ。実は父親は、母や子供たちを暴力で押さえつけるDV男で、ホイットマンが海兵隊に入ったのも父親の暴力から逃れるのが第一の理由だった。

　ちょうどその頃から発作的な暴力衝動や激しい頭痛に悩まされるようになり、心配する妻に促されカウンセリングを受ける。が、症状は一向に改善されないまま、1966年の夏を迎える。

　7月31日夜、ホイットマンは手紙をしたためる。苦労をかけないために妻と母親を殺すこと。父への憎しみ。そして精神的な病気があるのか検死解剖してほしいことを理路整然と書き綴った。この後、母親のアパートに出向いて後頭部を撃ち、寝ている妻の胸にナイフを3度突き立てる。

　明けて8月1日。何軒かの銃砲店でライフルや拳銃、約700発の銃弾を買い揃えた後、飲食物や双眼鏡、ラジオ、トイレットペーパーなど籠城に備えた生活必需品を車に積み込み、母校のテキサス大学オースティン校へ向かう。

被弾した15人が死亡

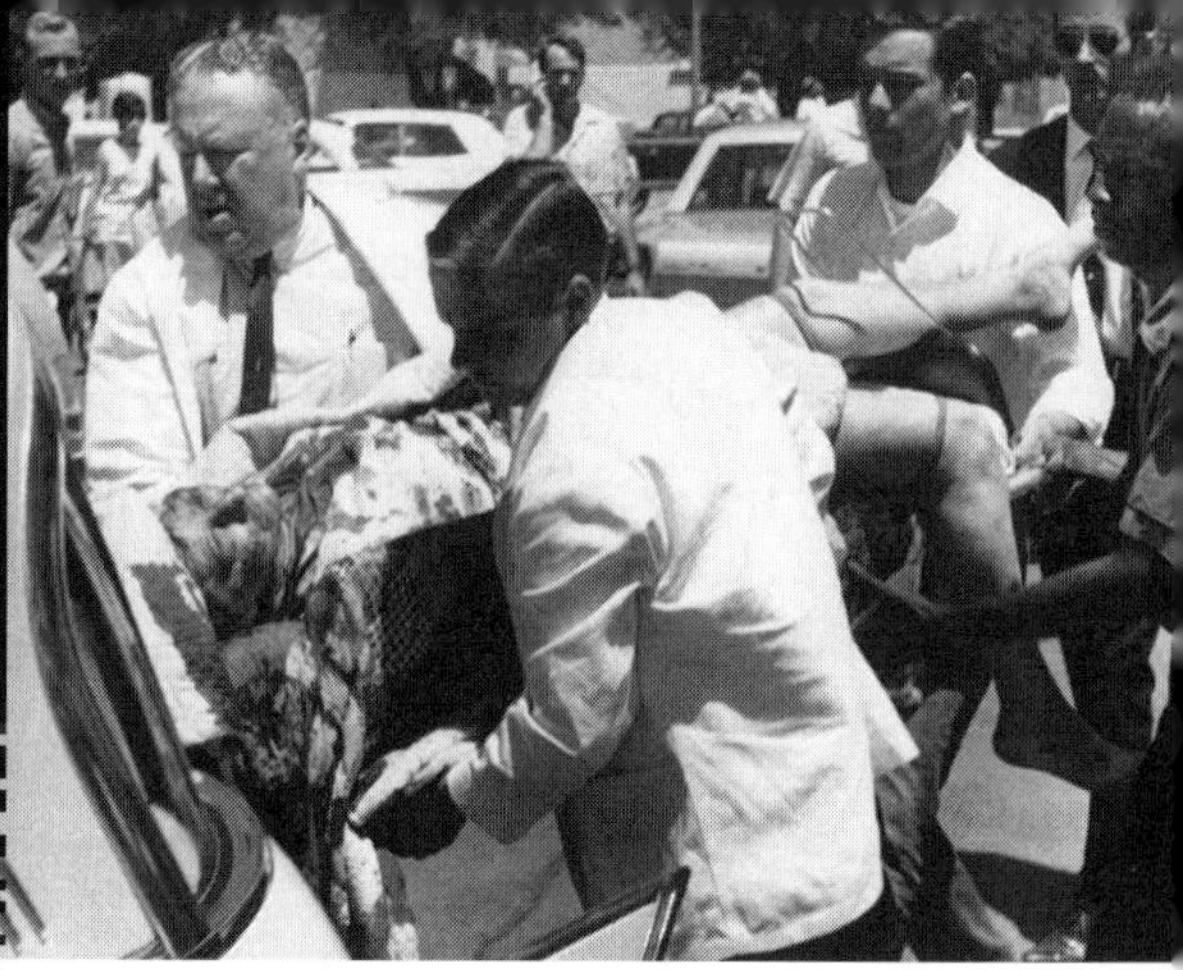
地獄絵図と化した現場。頭上90メートルから無差別に乱射される銃弾により15人が犠牲に。1999年4月にコロンバイン高校銃乱射事件（本書2ページ参照）が起きるまで最悪の学校銃乱射事件となった

荷物を台車に載せ、地上90メートルの時計台の展望台に着いたのは午前11時45分。受付の女性と居合わせた観光客を撃ち殺した後、本格的な〝狩り〟が始まった。

ホイットマンの銃弾は新聞配達員（当時17歳）、3人の学生に続き妊娠8ヶ月の女子学生の腹部に命中した。幸い彼女は一命を取り留めたが胎児は死亡。女子学生を助けようと走り寄った男性も亡くなった。

続いて数学講師や平和部隊訓練生が射殺され、柱の陰で様子を窺っていた警官も被弾し死亡。さらには、電気修理工、プールの男性監視員とそのガールフレンド、近所の公立校の先生に生徒2人が殺された。

まるで要塞のような時計台に近寄れな

い警察は、ヘリコプターから狙撃を試みるもあえなく退散。最終的に3名の狙撃者を時計台に潜入させ、挟み撃ちの格好でホイットマンを射殺する。13時24分。最初の銃撃から96分が経過していた。

後にホイットマンを解剖した検死官は、脳幹上部にクルミ大の腫瘍を発見した。これが攻撃中枢の扁桃体《へんとうたい》を刺激した可能性は大きいが、犯行との因果関係は認められていない。

ホイットマンが射殺され、96分の殺戮は幕を閉じた

犯行の動機を探るため
解剖されたホイットマンの脳幹

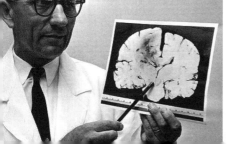

青春の殺人者

犯人の死刑囚は現在も獄中から再審開始を訴える

市原両親殺害事件

主人公を演じた水谷豊と、母親役の市原悦子。
映画「青春の殺人者」より

©1976今村プロ　東宝

若き日の水谷豊が主人公を演じた「青春の殺人者」は、千葉県市原市で実際に起きた両親殺害事件を下敷きにした中上健次の短編小説『蛇淫』を原作に、長谷川和彦が監督した青春映画の傑作である。

映画は、両親の死体を海に捨てた青年が家に火を放ち、１人走るトラックの荷台に飛び乗るところで終わるが、実際の犯人は殺人と死体遺棄罪で死刑が確定しながら、いまなお塀の中から無罪を訴えている。

千葉県警市原署に、「両親（当時父親60歳、母親48歳）が行方不明になっている」と連絡があったのは１９７４年11月２日のこと。届け出たのは夫婦の長男でドライブイン経営（名義は父親）の佐々木哲也（同22歳）だった。警察がタイヤ販売業を営む佐々木さん宅を捜査すると、多量のルミノール反応が検出された。殺人事件と断定した警察は、すぐさま捜査本部を設置する。

警察の調べで、哲也がソープ嬢に入れあげ、それを両親に叱責されていたこと。また、ドライブインの経営が思わしくなく姉夫婦に任せると言われ車を取り上げられたことなどが判明。さらには、哲也の腕時計

青春の殺人者

1976／日本／監督：長谷川和彦
1974年、千葉県市原市で実際に起きた親殺し事件をベースに、深い理由もなく、行きがかりから両親を殺してしまった青年とその恋人の末路を描く。1976年度キネマ旬報ベスト・テン第1位。主演の水谷豊、恋人役の原田美枝子もそれぞれ最優秀主演男優・女優賞を受賞した。DVD販売元・キングレコード

からルミノール反応が出たことで容疑が固まり、10日に逮捕となった。

このとき哲也は、父親を殺したのは母親で、母が一緒に死のうと迫ってきたのでやむなく殺して両親の死体を捨てたと供述している。が、9日の午後になり東京湾の五井海岸沖で足をグルグル巻きにされた父親の遺体が、続いて10日朝に母親も近くの岸壁に漂着しているのが見つかると、観念したように犯行を自白した。

父親はゴミ回収や海苔販売などで事業を興し、敷地300坪のタイヤ工場にまで広げたヤリ手で、その稼業を息子に継がせようと早稲田大学の理工学部を目指していた哲也の受験票を隠匿。怒った哲也は家出をしたり麻雀などの遊びに耽るようになる。やりたいことを無理矢理取り上げられ拗ねる息子に、自宅を抵当に入れてまで開いてやったのが京葉道路沿いのドライブインだった。

劇中では、青年が付き合っていたのは幼なじみの少女（演：原田美枝子）だったが、実際に哲也が追いかけていたのはソープ嬢。しかも、彼女にはバンドマンの同棲相手がいた。にもかかわらず、哲也はドライブインの金を持ち出しては洋服や現金をプレゼントし続ける。恋人と思っていたのは哲也だけで、女性は単なる金づるとしか思っていなかったようだ。

しかし、女性にぞっこんの哲也に、両親の助言は耳に入らない。犯行当日の10月30日の夕方、まずは、女性関係のことを叱責した父親を登山ナイフで刺殺。その後、2階から降りてきた母親をめった刺しにして殺害。翌未明、ライトバンに2人の遺体を積み込み、重りのホイールと一緒に五井海岸に遺棄した。

しかし、別の情報もある。裁判では記憶違いではないかと採用されていないが、近くの食堂の主人が、殺害推定時刻を過ぎた当日午後8時に母親がライスを2人分注文して持ち帰ったと証言しているのだ。息子を溺愛していた母親は、映画で役を演じた市原悦子のように「知らない土地で時効まで母子でひっそり暮らそう」と説得していたのだろうか。

哲也はその夜、「いま市川から電話してる」などと6本のアリバイ電話をかけた後、父親の金庫から50万円を持ち出し、ソープ嬢とともに夜を過ごしたという。

「父親を殺したのは母で、母は自分の知っている第三者に殺された」

裁判が始まると、哲也は自供を否認し、無罪を主張し始めた。映画「青春の殺人者」については、自分が両親を殺害するシーンが描かれており、世間に誤解を与えると非難しているという。第三者が介在した証拠は一切ないが、1992年の死刑確定後も一貫して無罪を主張。現在も再審開始を請求し続けている。

犯人の佐々木哲也死刑囚（逮捕当時22歳）

被害者の少女を演じたイ・レ。映画「ソウォン／願い」より

ソウォン／願い

8歳の少女を性の餌食にした鬼畜

チョ・ドゥスン児童強姦事件

雨の朝、８歳の少女キム・ソウォンちゃん（仮名）が登校途中で中年男に「傘に入れて欲しい」と声をかけられる。可哀想に思い足を止めた少女は、近くの教会のトイレに引きずり込まれ、鬼畜の暴行をうけ瀕死の状態で放り出されてしまう——。

２０１３年に公開された映画「ソウォン／願い」は、２００８年、韓国・京畿道安山《けいきどうあんざん》で実際に起こった「チョ・ドゥスン児童強姦事件」（被害少女に付けられた仮名から、一般にはナヨン事件と呼ばれる）を題材とした戦慄の１本である。

チョ・ドゥスンとは、鬼畜の犯行を働いた男の名前である。逮捕当時56歳。映画で詳細は省略されているが、前科17犯の強姦鬼で、その所業は驚くほど残忍で惨い。

事件が起きたのは２００８年12月11日午前８時30分。言葉巧みに少女を教会のトイレに誘い込んだチョは、最初に彼女に自分で下半身を洗うよう命令。少女が拒否すると、頭と顔を集中的に殴り、首を絞めて気を失わせた。そのうえで、蓋を閉めた便器の上にうつ伏せにさせ、肛門と膣にペニスを挿入して射精。さらには右

ソウォン／願い

2013／韓国／監督イ・ジュニイク
2008年に韓国で発生した少女傷害暴行事件とその裁判に基づき、悲劇に見舞われた家族3人の葛藤を描く社会派ドラマ。韓国で280万人を動員するヒット作となり、第34回青龍映画賞では最優秀作品賞をはじめ3冠を受賞した。少女の父親を名優ソル・ギョングが演じている。

耳にも挿入して欲望を満たす。

この後、チョは証拠隠滅を図る。まず精液が付着した少女の頭を便器の水で洗った後、便器が詰まった際に使うスッポンで肛門から精液を吸い出そうと、少女の体内から大腸自体を吸引。さらに、その大腸を水道水で洗うと、器具の棒の部分で肛門に詰め込み元に戻す。このときに乱暴な扱いで少女の肛門括約筋と会陰が破裂。肛門と膣の境がなくなってしまったという。

男はこの部分に水道のホースを突っ込み洗浄すると、腸が落ちないよう少女のお尻を上にして便器に立てかけ、さらに2回射精。再度水道水で少女の体内を洗った後、現場から逃げ去った。

発見当初、担当医が見立てた少女の蘇生率は10％だった。が、幸いにも彼女は意識を取り戻し一命を取り留める。が、大腸と内臓の一部、性器の大部分が壊死《えし》しており、身体に深刻な障害が残る。言うまでもなく、心に負った傷も計り知れないほど重かった。

犯行現場に残っていた指紋などから、ほどなく逮捕されたチョは2009年1月9日、初公判で「酒に酔っていて覚えていない」とシラを切った。3月4日、検察側が無期懲役を求刑。しかし、同月24日に下された一審判決は心身耗弱《しんしんこうじゃく》が酌量され懲役12年だった（9月24日の上告審で刑確定）。

犯行現場となった教会のトイレ

映画はここで終わるが、この後、事件の全容を知った国民から怒りの声が上がる。犯行の残忍さに対し犯人が裁判で見せた無反省な態度、刑量の軽さ。国民の怒りは、やがて児童への性暴力犯罪の処罰強化と公訴時効廃止の運動へと発展していく。

結果、韓国政府は同年12月、児童性犯罪に対する刑量を最大50年まで引き上げるとともに、公訴時効も廃止することを決定。また、児童性犯罪疑惑で処罰を受けない最小年齢を現行14歳未満から13歳未満に引き下げ、児童保護区域内の監視カメラ設置拡大、重大児童性犯罪者に対して薬品投与による化学的去勢治療法導入、顔写真公開、居場所追跡のための電子ブレスレット着用最大期限を30年まで延長するなど児童性犯罪に対する様々な対策を設置した。

事件から3年後、被害少女が人工肛門を付けた自身の姿を公開した際のTVニュース。現在、少女は妊娠・排泄が可能になるまでに回復。2017年に大学に進学した

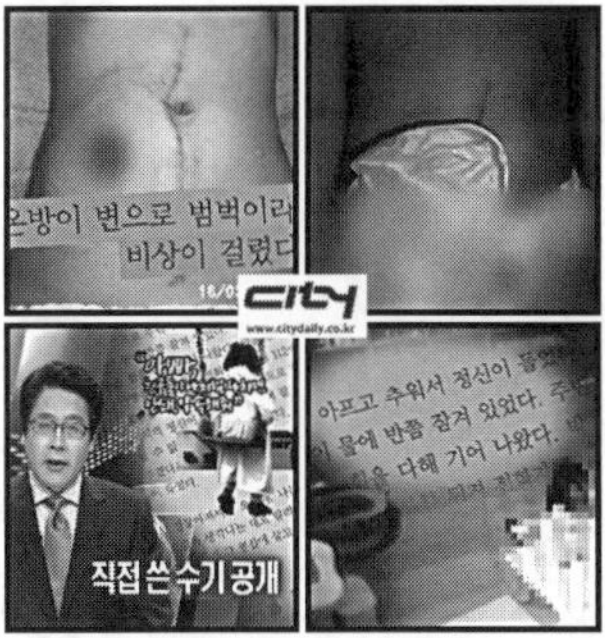

犯人のチョ・ドゥスン。2017年9月、約62万人が署名した出所反対の嘆願書が提出されたが、2020年12月に出所。現在は保護観察下にある

俺たちに明日はない

映画のイメージとは異なる素顔

1932年頃のボニー（右）＆クライド。写真を撮って、自分たちの記事を掲載した新聞社に送りつけていた

伝説の強盗カップル ボニー＆クライド

FILMS

映画「俺たちに明日はない」は、1930年代に実在した強盗カップル、ボニー・パーカーとクライド・バロウの生き様を描いたアメリカン・ニューシネマの金字塔である。禁酒法と世界恐慌真っ只中のアメリカで、連日、銀行や当局にタテをつく2人は、当時〝アンチ・ヒーロー〟として世間にもてはやされたが、その実像は映画のイメージとかなりかけ離れている。

ボニーがクライドと出会ったのは1930年、彼女が19歳のときだ。ボニーは16歳で高校の同級生と結婚したものの、翌年夫が銀行強盗を働き刑務所送りとなり、このときカフェでウェイトレスをしていた。2つ年上の〝危険な香り〟を持ったクライドに彼女は一目惚れし、ほどなく2人は恋仲となる。

一方、テキサス州ダラス近郊の貧しい農家の6男（8人兄弟）として生まれたクラウドは、親から躾らしい躾を受けずに育ち、17歳で兄も所属していたギャング団に加入。窃盗を繰り返していた。

映画と違い、2人は出会ってすぐに一緒に強盗を始めたわけではない。クライ

俺たちに明日はない

1967／アメリカ／監督：アーサー・ペン
1930年代前半、アメリカ中西部で銀行強盗や殺人を繰り返したボニー&クライドのカップルを題材にしたアメリカン・ニューシネマの代表作。ボニーをフェイ・ダナウェイ、クライドをウォーレン・ベイティが演じている。

銃でじゃれ合う実際のボニー&クライドの姿（左）が映画でも再現されている

ドが自動車強盗の罪で2年間刑務所に入り、その間、ボニーは別の仲間と銀行強盗に手を染め、逮捕されている（証拠不十分で不起訴）。

出所したクライドとボニーが再会し、ここから2人は愛車「フォードV8」で移動しながら強盗に明け暮れる。手口は、クライドが店内に入ってピストルで店主を脅して金を奪い、ボニーが待機させた車でひたすら逃げるという単純なもの。当時は警察が犯罪者を追跡できるのは自州内と制限されていたため、隣の州まで走り切ってしまえば逃げ仰せたのである。

調子づいた2人は、クライドの兄夫婦バックとブランシェらと「バロウ・ギャング」を名乗って派手に銀行や商店を襲い、犯行の過程で店主や保安官、警察官を容赦なく殺害していく。そんな彼らを新聞がヒーローのように扱い、世間がもてはやしたのも映画のとおりだ。

しかし、ボニーとクライドの素顔は、劇中で描かれる、強い愛と絆で結ばれた恋人同士のイメージとは異なっている。クライドは刑務所に入っている間、囚人たちに連日レイプされた結果、同性愛者に。一方、ボニーはウェイトレス時代からチップをくれた客と簡単に寝る女性で、２人して気に入ったガソリンスタンドの男性店員を誘惑し、大人のオモチャを使い複数プレイを楽しんだこともあったそうだ。

１９３４年、彼らに最後のときが迫る。この頃、２人は常に逃げ回る日々で、ボニーは逃走中の自動車事故で火傷をし、クライドと兄のバックも警察との銃撃戦で重傷を負っていた。また、ブランシェは警察に捕まり、バックは傷が元で逃亡中に死亡。バロウ・ギャングの他メンバーも逮捕者が相次いでいた。

そして同年5月23日。２人の行方の情報をつかんだ警察は、ルイジアナ州ビヤンヴィル郡アーケディアの寂れた道路脇に機関銃を設置して待ち伏せ、ほどなくやってきたフォード車に１５０発の銃弾を浴びせる。運転をしていたクラウド、助手席のボニーともに即死だった。映画史に刻まれるラストシーン同様、その最後は無惨に尽きる。

1934年5月23日、2人が乗るフォードV8が警察から150発の銃弾を浴びた際の実際の写真。助手席でボニーが蜂の巣にされている

映画で主人公を演じた内田裕也。映画「水のないプール」より

©若松プロ

水のないプール

5年間で73人の女性が被害に

FILMS

仙台クロロホルム連続暴行魔事件

1982年公開の「水のないプール」は、内田裕也扮する中年駅員が、狙った独身女性の部屋にクロロホルムを捲き、意識を失った相手を犯しまくる犯罪映画だ。作品の題材となったのは、1981年に発覚した連続暴行魔事件。映画では短期間の話に思えるが、実際は5年以上にわたり73人を超える被害者が判明した凶悪な犯行である。

事件は杜の都・宮城県仙台市で起きた。犯人の加藤正範（逮捕当時46歳）は、映画と違い建設メーカーの営業マンだった。工業高校を卒業後、建設業界に飛び込み1978年に独立を果たすも失敗。それを機に妻と2人の子供を残し、愛人の家へ転がり込んでいた。

犯行に手を染めるのは、家庭がゴタゴタしていた1977年頃から。手口は独特だった。まず、福島県の薬局へ出向き、実在する中学校の理科教諭の名を騙って500cc入りのクロロホルムの瓶を3本ずつ2ヶ月に一度購入。マイカーの三菱ギャランで市内を走らせ、空き巣を働きながら独身女性の住んでいそうなアパートを見て回った。深夜、カーテンの柄やインテリアで1人暮らしと見当をつけると、ドアの鍵穴や窓の隙間から注射器でクロロホルムを室内に散布して4～5分待機の後、工業用防塵マスクを着用し中へ侵入した。

水のないプール

1982／日本／監督：若松孝二
鬱屈した日々を過ごす中年地下鉄職員がマスクを付けて女性の部屋に侵入、クロロホルムで意識を失った相手をレイプする様を描く。主役の内田裕也自身が、実際の事件に着想を得て企画した1本。

クロロホルムを吸った女性が気を失っているのを確認したところで、下着を取り除き、携帯用スポット・ライトで局部を照らして鑑賞し、持参したポラロイドカメラで記念撮影。それからコトに及ぶ。

加藤の供述によれば「相手が妊娠しては気の毒だったから」必ずコンドームを装着したそうで、この気遣いが捜査を遅らせた。被害者が翌朝、何か変だと思っても体液などの証拠が残ってないため、強姦されたことに気づかないケースが多かったのだ。

加藤は用心深い性格で、部屋に侵入する隙間がなかった場合のことを考え、常に業務用の小型ドリルまで持ち歩いていたという。ターゲットを選ぶ眼力も正確で、本人が記憶していた被害者73人は、18歳から27歳までの独身女性で、既婚者はたった1人だけだったそうだ。

それほど用心深い加藤が捕まったのは1981年4月30日。予備校生A子さんのアパートに忍び込んだのが運の尽きとなる。部屋には高校時代の女友達が泊まりに来ており、2人はおしゃべりに夢中。やっと寝込んだのは深夜3時過ぎだった。

しびれを切らした加藤が部屋のドアを回すと難なく開く。そのまま中に入り、2人が眠る枕元に200ccほどのクロロホルムを散布した。

頃合いを見てズボンとパンツを脱ぎ捨てコンドームを装着、2人の下着を脱がせにかかる。が、加藤は防塵マスクを被るのを忘れていた。そして、なんと自分自身もベッド脇で寝入ってしまったのだ。そのうちトイレに起きたA子さんは見知らぬ男がいるのに仰天。慌ててアパートの住人に助けを求めた。

加藤は瞬時に逃走したが、部屋に置き忘れたバッグの中には注射器やクロロホルムの瓶、カメラなどの七つ道具の他、免許証までが入っていた。さすがに逃げ切れないと思ったのだろう。翌日、加藤は弁護士に伴われ警察に出頭し、あっさり逮捕された（判決は懲役13年）。

劇中では、中村れい子演じるウェイトレスが強姦魔を心待ちにし、男も朝食を用意するなど両者の間に気持ちの交流があったかのように描かれている。

この事件でも、1年間に3度襲われた25歳のOLがいたらしい。が、彼女は男の姿を見て悲鳴を上げ、シーツに染みができていたため気味が悪くて引っ越している。にもかかわらず、加藤はさらに女性を追いかけ、新居に局部を撮ったポラ写真を送りつけたそうだ。

鬼畜な強姦魔に心を寄せる女性など、現実にはいないのだ。

事件は週刊誌をはじめワイドショーなどで大々的に報じられた
（『週刊女性』1981年6月15日号の誌面より）

アメリカン・クライム

事実は映画より数倍残酷！

FILMS

インディアナ少女虐待事件

主犯のガートルード・バニシェフスキー（右）と被害者の少女、シルヴィア・ライケンス

１９６５年10月26日、当時16歳の美少女シルヴィア・ライケンスが、地下室に閉じこめられ虐待の限りを受けた挙げ句、ショックと脳内出血、栄養失調で死亡した。犯人は、下宿先の女主人と、まだ10代の子供たちだった。２００７年公開の映画「アメリカン・クライム」は、この痛ましい事件を題材とした衝撃作である。

惨劇の舞台になったのは、アメリカ中西部に位置する、インディアナ州の州都、インディアナポリスだ。主犯の女性、ガートルード・バニシェフスキー（逮捕当時36歳）は、16歳で２つ年上の元保安官と結婚して４人の子を授かるも、夫のＤＶが原因で離婚。その後ヨリを戻してさらに２人の子を出産したが１９６３年にはまたも別れることに。事件当時は、11歳年下の交際男性に、彼の子供を産んだ直後に捨てられ、喘息と鬱病で薬が手放せない状態だったという。

一方、被害者の少女、シルヴィア・ライケンスは、５人兄姉の真ん中で、父親がサーカス団の従業員ということもあり、引っ越しばかりの暮らし。両親は喧嘩が絶えず、子供たちは事あるごとに親戚や祖母に預けられる生

アメリカン・クライム

2007／アメリカ／監督：トミー・オヘイヴァー
事件を忠実に映画化した力作。「JUNO／ジュノ」でアカデミー主演女優賞にノミネートされたエレン・ペイジがシルヴィアを、「マルコヴィッチの穴」「カポーティ」でアカデミー助演女優賞にノミネートされたキャサリン・キーナーがガートルードを演じた。

活を送っていた。

1965年7月。頼りの祖母が万引きで捕まり、子供を持て余していたライケンス夫婦に、知り合ったばかりのガートルードが申し出る。週20ドルでシルヴィアと妹ジェニーを預かりますよ、と。夫妻はこの話に二つ返事で飛びついた。

最初の1週間は問題なく過ぎる。姉妹は、ガートルードの長女のポーラ（同18歳）や次女ステファニー（同15歳）と一緒に学校や教会に通うほど仲良くなった。が、翌週には早くも事態が急変。姉妹の父親からの小切手が遅れたことにガートルードが怒り、彼女らの尻を酷く叩いたのだ。

翌日、お金は無事に届いたものの、ガートルードの理性はすっ飛んでしまう。8月に入ると自分だけではなく、長男ジョン（同14歳）やポーラ、さらには近所の子供たちにも体罰を強要。子供たちは戸惑っていたが、しだいに異常な悦びを覚え、自ら進んで姉妹をいじめ出す。彼らの根底には、若く可愛いシルヴィアへの妬みがあり、以後、彼女が虐待の中心的対象となっていく。

10月、虐待はさらに激しさを増し、ガートルードはシルヴィアの登校を禁じ、タバコの火を押しつけるのを日課に加えた。そして、ほどなくシルヴィアは地下室に閉じ込められる。食べ物も満足に与えられず、トイレも禁じられた生活。そして、夕方になると子供たちが集まり〝ショー〟が始まった。

殴る蹴るは当たり前で、階段から突き落とすこともしばしば。ときにガートルードは、年頃の子供たちの前で、シルヴィアにストリップをさせたこともあった。泣く泣く彼女が全裸になると、局部にコーラ瓶を挿入しろと命令。さらには、シルヴィアの妹ジェニーにも、言うことをきかないと同じ目に遭わせると脅し姉を叩かせた。

虐待には下宿先の子供や近所のティーンエイジャーが加わっていた。映画「アメリカン・クライム」より

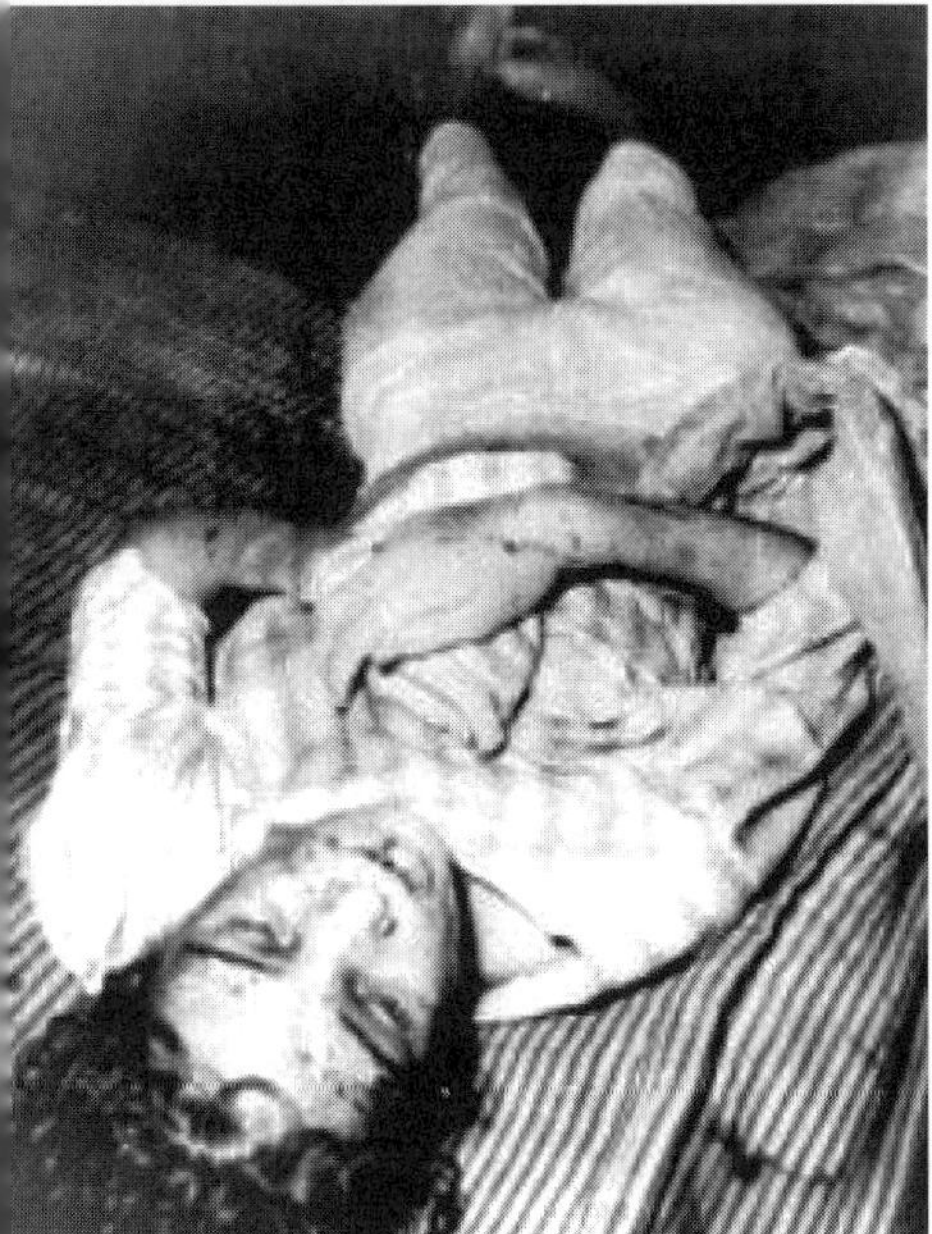

警察が家宅捜索で発見したシルヴィアの遺体

右から、当時14歳だった長男のジョンは、2年で出所後クリスチャンになりジョン・ブレイクと改名した。長女ポーラ。2年で出所後、結婚。現在はアイオワ州の農場で暮らしている。シルヴィアの妹ジェニー。後に教師となり結婚したが、2004年に54歳で病死

映画「アメリカン・クライム」はこうした虐待の様子を忠実に描いているが、実際はもっと惨い。排泄物を食べさせたり、〝洗い清め〟と称し、熱湯が入ったバスタブにシルヴィアを押し込めた挙げ句、赤くただれた肌に塩をすり込むなどの暴行も行われていた。

10月21日、シルヴィアの人生最後の1週間は「オネショ訓練」で始まる。ベッドに縛り付けられ、失禁するとストリップと局部へのコーラ瓶挿入。さらには、ポーラとステファニーを中傷した罰として〝焼き印〟が入れられた。裸で動けないよう押さえつけ、シルヴィアの腹部に、熱した縫い針で「私は売春婦」と刻みつけたのだ。

シルヴィアが動けなくなると、街角のゴミ箱に棄てようと画策した挙げ句、失敗すると地下室に突き落とし殴打した。そして26日夕方、ステファニーがお風呂に入れている間にシルヴィアは息絶える。

この事態にパニックに陥った近所の子供の通報で警察が駆けつけると、ガートルードは1枚の手紙を差し出した。

その内容は、

「少年グループから金銭をもらう代わりにセックスすることに合意したが、少年たちの車で連れ回されたうえ、幾度も殴られ、煙草の火で火傷させられた」

ガートルードが己の犯行を隠すため。シルヴィアに無理矢理書かせていた文章だった。が、妹ジェニーが警官の１人に「ここから私を連れ出して。何だって話しますから」と囁き、保護されたことで事が明らかとなる。


1985年12月4日、19年間の模範的態度が認められて仮釈放されたガートルード。刑務所内では若い女性受刑者たちに"マム（ママ）"と慕われていたというから皮肉なもの。1990年6月、60歳で肺癌のため死去

主犯の母親は服役19年で釈放

裁判でガートルードは精神異常を理由に無罪を主張したが、もちろん通るはずもない。第１級殺人で有罪となり、終身刑が確定する。また、娘のポーラと息子のジョン、他近所の子供２人には故殺罪で２年から21年の不定期刑が言い渡され、ステファニーら５人は不起訴となった。

事故に見舞われる主人公を
ジェームズ・フランコが演じた。
映画「127時間」より

127時間

生き残るため自ら腕を切断！

FILMS

登山家ラルストンの悪夢のような脱出劇

巨大な岩に右腕を挟まれ身動き不能、食料も水もない状態で5日以上を過ごし、最終的に究極の決断を下す——。２０１０年公開の「１２７時間」は、アメリカの登山家アーロン・ラルストンがユタ州の渓谷で体験した悪夢のような遭難事故をほぼ史実どおりに映画化した作品である。

ラルストンは１９７５年、コロラド州に生まれた。大学卒業後、世界的に有名な半導体メーカー「インテル」に入社するが、趣味の登山が高じて２００２年に退社。スポーツ用品店で働きながら、全米の高峰に挑戦していた。

事故は翌２００３年4月26日に起きる。この日、ラルストンはユタ州の渓谷の狭い道をハイキングしていた。彼にとっては何でもない行程。手慣れた様子で巨大な岩から滑り降りようとしたとき岩が突然崩れ落ち、渓谷内の壁の間に右上腕を挟まれてしまう。

なんとか腕を抜き出そうと岩の移動や破壊を試みるが、無駄な努力だった。岩の重量は３６０キロ。人間一人の力でどうなるものでもない。

旅の行き先は誰にも告げておらず、救助隊を期待するのも難しい。食料もペットボトルに入った１リットルの水のみ。まさに絶体絶命である。

127時間

2010／アメリカ・イギリス／監督：ダニー・ボイル
事故に遭難したアーロン・ラルストン自身が著した『奇跡の6日間』を原作に、「スラムドッグ$ミリオネア」などの監督で知られるダニー・ボイルが撮った九死に一生の脱出ドラマ。

2日目。ラルストンに悲壮なアイデアが浮かぶ。右腕にかかる重量や痛みから推察するに、すでに末期状態にあることは明らか。ならば、腕を切断したらどうか。それが唯一、脱出できる道ではないか。

しかし、腕の切断は、イコール骨を切ること。現実的には、骨を折らなければならないが、携帯していたナイフでは到底不可能。さらには、作業中に出血多量で死ぬことも十分に考えられる。彼にはそれが自殺行為とも思え、実行に移すには大きなためらいを覚えた。冷えた外気にさらされた体はどんどん衰弱していく。意識は薄れ、幻覚も見るようになった。ラルストンは死を覚悟し、自らをビデオに撮影して家族に向けて遺言ともいえるメッセージを残す。

いつ死んでもおかしくない状態の中で4日目を迎えた。水はすでになくなっており、代わりにペットボトルに入れた自分の尿を口にした。

6日目、挟まった手はすでに腐敗が始まり、壊死状態にあった。もはや肉体の一部ではなく生ゴミ。ならば切断してしまえ！　覚悟ができたと同時に、岩塊に挟み込まれた右腕が不自然に曲がっているのに気づいた。もしかすると、腕を十分に捻れば前腕部の二本の骨を折ることができるのではないか。

思うが早いか実行に移した。ナイフで筋肉を切っても、すでに痛みはない。が、神経を切断する際は失神しそうな激痛が走り、さらには骨を砕くときには「バーン」と拳銃のような音が渓谷に響いた。アーロンが脱出作業を終えたのは5月1日午前11時32分。事故発生から127時間が過ぎていた。

渓谷を脱出したラルストンが、垂直の壁を片手で懸垂下降し、駐車していた自分の車まで戻る途中、オランダから休暇で訪れていた家族に遭遇し、命からがら助けを求めるのも映画で描かれているとおりだ。その後、彼はレスキュー隊のヘリコプターに救助され、病院に運ばれる。このとき、体重は事故前に比べ18キロも減少していた。

ちなみに、切断され渓谷に残ったままの腕は後日取り出され、結合も検討されたが叶わなかったらしい。

一命を取り留めたラルストンは、現在、片腕のアルピニストとしてキャニオニングに挑戦しながら講演、執筆と活動中。私生活では2009年に結婚し子供にも恵まれている。

遭難時のラルストン本人。ビデオカメラで自分の置かれた状況を撮影、遺書代わりに家族へメッセージを残していた

Column この映画が殺人を引き起こした ②

燃えよドラゴン

1973年の映画「燃えよドラゴン」は、世界にカンフーブームを巻き起こした傑作である。主演のブルース・リーは本作の公開直後に世を去り、ハリウッドの伝説と化した。

そんなカリスマに憧れたあまり、殺人にまで手を染めてしまった男がいる。イギリスのピーター・ディンスデールだ。

1960年に生まれたピーターは、先天的に右腕がねじれて動かず、周囲から〝フリークス〟と呼ばれながら育った。唯一の慰めは、無名時代のブルース・リーが出演した1966年のアクションドラマ「グリーン・ホーネット」だった。派手なアクションで敵を倒すリーの姿に少年は心をときめかす。が、一方で満足に動かぬ我が身を呪い、鬱屈も膨らんでいった。

1969年夏、ピーターは衝動的に近所のショッピングモールへ火をつけてしまう。炎は建物の3分の1を焼き尽くしたが、幸いにも死傷者はなかった。

これに味をしめ、彼はほどなく放火殺人鬼に生まれ変わる。1973年に

1973／香港・アメリカ／監督：ロバート・クローズ。カンフーの達人が犯罪組織に挑むストーリーで、世にブルース・リーの名を知らしめた伝説の一作。

26人を焼き殺した イギリスのブルース・リー

FILMS

町外れの民家を燃やして6歳の少年を殺し、その翌年にも近隣の老婆に灯油を浴びせて着火。さらに1977年1月には、養護施設で暮らす11人を焼き殺した。

当時の心理を、後にピーターはこう答えている。

「炎で世の中を支配するんだ」

放火が生んだ全能感はエスカレートし、やがて自分とブルース・リーを混同するレベルにまで行き着く。1978年にリーの遺作である「死亡遊戯」を観た直後には、戸籍名を「ブルース・リー」と変え、自らをカンフースターだと名乗り始めたから尋常じゃない。

しかし、この奇行がキッカケとなり、1979年12月、警察に任意同行を求められ、その場で過去に26名を焼き殺したことを自白したのだ。

逮捕後、ピーターは精神障害が認められ犯罪者用の特別病棟へ送られた。その中で、彼は今も自分をブルース・リーだと思い込みながら暮らしているという。

ブルース・リーに憧れ改名した放火殺人鬼、ピーター・ディンスデール。逮捕時19歳

第3章 悲劇

映画「エレファント・マン」より ©1980 Brooksfilms LtdReserved.

映画「ボーイズ・ドント・クライ」より

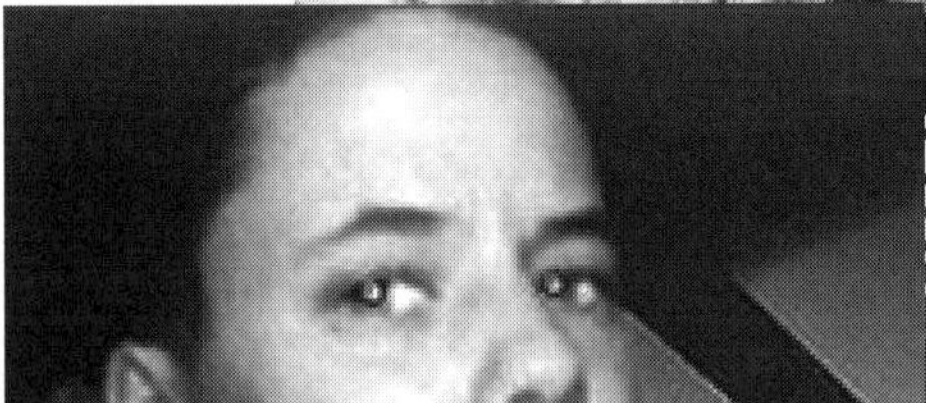

ブランドン・ティーナ本人（下）と、彼女と瓜二つの外見で役に挑んだヒラリー・スワンク（右）。

ボーイズ・ドント・クライ

性同一性障害の女性を襲った悲劇

FILMS

ブランドン・ティーナ惨殺事件

「ボーイズ・ドント・クライ」は、1993年の大晦日、米ネブラスカ州で性同一性障害の女性ブランドン・ティーナを含む3人が惨殺された実際の事件を描いた映画である。悲劇のヒロイン、ブランドンを演じたヒラリー・スワンクがアカデミー賞主演女優賞に輝いたこの作品、エンドロールで「1人が死刑。もう1人は終身刑が確定した」と、加害者2人のその後が示されるが、実は事件から25年が経った2018年9月現在も、本当に引き金を引いたのはどちらだったのか、わかっていない。

全米に一大センセーショナルを巻き起こした衝撃的な事件の背景には、同性愛者に対する根強い排他感情があった。

ブランドン・ティーナ（本名はティーナ・ブランドンだが、男性と思われるよう、後に姓と名を入れ替え自称していた）は1972年12月、住民の大半が白人で、マイノリティを排除する気質が強いネブラスカ州のリンカーン町で生まれた。家族は母1人姉1人。父親はすでに交通事故で他界していた。

女の子っぽい姉と対照的に、ブランドンは幼い頃からお転婆で、成長するにつれ問題児

ボーイズ・ドント・クライ

1999／アメリカ／監督：キンバリー・ピアース
1993年、米ネブラスカ州で惨殺された性同一性障害の女性ブランドン・ティーナの悲劇的半生を描いた傑作。主役ヒラリー・スワンクの演技が高く評価され、アカデミー賞主演女優賞をはじめ、1999年度の映画賞を総なめにした。

恋人関係にあったブランドンとラナ(右)。ラナは映画公開後、無断で自分をモデルにしたうえ、不正確な事実が描かれているとして映画会社を訴えた(後に和解)。2001年に結婚、現在は夫、子供たちとカンザス州在住

扱いされるようになる。男が着る服装に身を包み女の子とデートを重ねたり、男として陸軍への入隊まで試みたからだ。

心配した母親がカウンセリングを受けさせると、幼児期に男性の親戚に強姦されたことが発覚する。診断結果は「性同一性障害」。医師はその場で、性転換手術を薦めた。

1993年、21歳になったブランドンは家を出て、隣町のフォールズシティに移り住む。誰も知らない場所で男性として生きるためだ。

最初にできた友人がシングルマザーのリサ（当時24歳）

で､家に泊めてもらっている間に彼女の仲間とも仲良くなる。刑務所帰りのジョン（22歳）、トム（22歳）の男性2人と、マドンナ的存在のラナ（19歳）だ。

一緒に酒を飲み､時には喧嘩をし交流を深めるうち､ブランドンはラナと恋に落ちる。が、幸せは長く続かない。ブランドンが実は女性であることがわかるや、周囲が豹変したのだ。映画では仲間とドライブ中、スピード違反で捕まったため素性が発覚したことになっているが、実際は10代の頃に手を染めた小切手の偽造による逮捕がきっかけだった。

警察に保釈金を払いに行ったラナは、留置所の女性区にいるブランドンを見て大きなショックを受ける。対し、ブランドンは「自分は性転換手術を待つ両性具有者だ」と説明し、ラナの理解を得るが、ジョンとトムは怒りが収まらなかった。気の置けない男友達として親しく付き合っていた分、逆に裏切られた思いを強くしたらしい。

そして、事件は起きる。クリスマスの夜、2人がブランドンを捕まえ、町外れの精肉工場でレイプしたのだ。

「黙っていれば友情は続く。誰かに言えば永遠に話せなくしてやる」

脅す2人からやっとのことで逃げ帰ったブランドンを見て、ラナは彼女を病院に連れて行き、警察に被害を訴える。が、対応した保安官はブランドンを変態扱いし屈辱的な質問を重ねたばかりか、ジョンとトムに電話をかけ、ブランドンが警察にいることを話してしまう。

言いつけを破ったブランドンを、ジョンとトムはどうしても許せず、ついに殺害を決意。1993年12月31日、酒とクスリでハイになった状態で、リサの家にいたブランドンを銃殺、さらにはリサと、ラナの姉のボーイフレンドまで射殺してしまう。

翌日、2人は逮捕され、ほどなく裁判が始まる。争点は、3人をジョンとトムのどちらが直接、殺害したかだった。

劇中では、ジョンがブランドンを撃ち、その後でトムがリサを射殺したように描かれている。が、実際の公判では、トムが司法取引で死刑にならないことを条件に、3人を撃ったのはジョンだと証言している。

判決は、現場にジョンのナイフがあったこと、殺害計画をジョンから直接聞いた証人がいたこ

事件に巻き込まれ殺されたリサと、現場にいた彼女の8ヶ月の息子

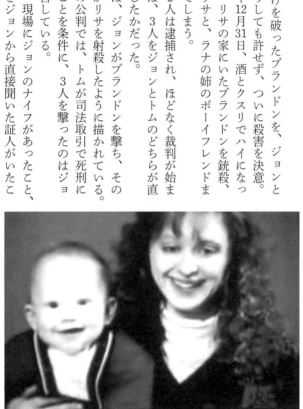

と、何よりトムの証言が決め手となり、ジョンに死刑、トムには終身刑が言い渡された。

映画公開から8年後の2007年9月、トムはそれまでの供述を翻《ひるがえ》し、ジョンはブランドンを1回撃っただけと宣誓証言。これを受けて、ジョンは再審を請求したが、ネブラスカ州の最高裁は却下、法的には誰が撃ったのかは刑罰に関係ないと結論づける。

ところが2015年になり、ネブラスカ州議会は死刑の廃止を決定。これがジョンに適用されるかどうか論議が分かれているが、どうやら終身刑に減刑される見込みだ。

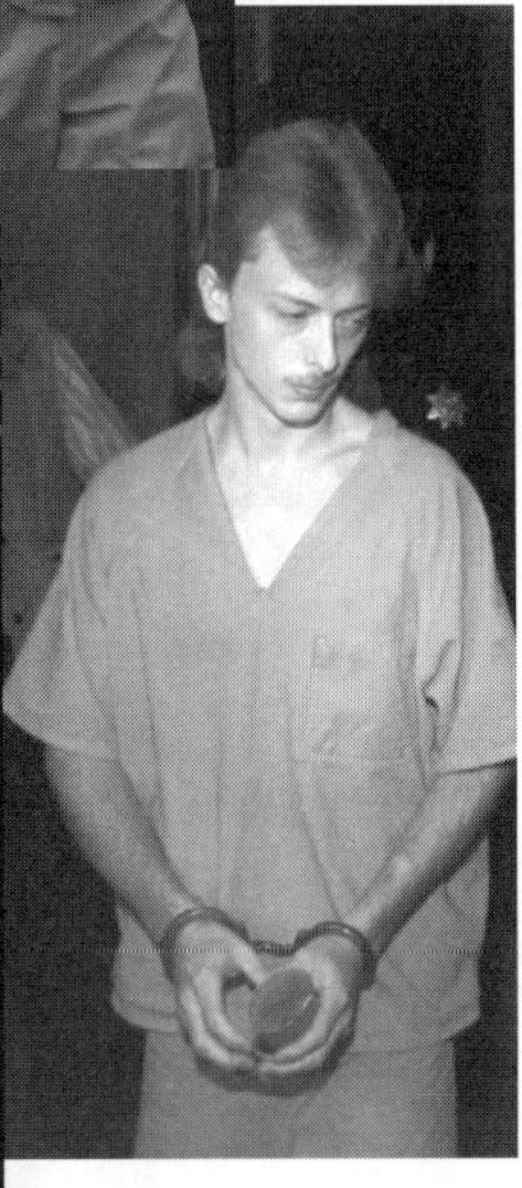

犯人のジョン・ロッカー（左）とトム・ニッセン（下）

撃ったのはどっちだ？

誤認逮捕で投獄される主人公を演じた
ダニエル・デイ=ルイス(左)と、父役の
ピート・ポスルスウェイト。映画「父の祈りを」より

父の祈りを

バーミンガム・パブ爆破事件

FILMS

冤罪被害者ジェリー・コンロンの闘い

１９９３年公開の「父の祈りを」は、１９７４年11月21日、英バーミンガムで起きた爆弾テロ事件の犯人として捕まったジェリー・コンロン（当時20歳）の悲劇を描いた社会派ドラマだ。彼が無実の罪で獄中に囚われていた18年の間には、息子の冤罪を訴えたあまりに誤認逮捕された父親の悲劇をも生み出した。

事件は、バーミンガム中心部の2軒のパブに仕掛けられていた時限爆弾が相次いで爆発し、計21人が死亡、１８２人が負傷するという凶悪極まるものだった。折しもＩＲＡ（アイルランド共和軍）によるテロ事件が頻発していたこの時期、警察は、現場近くにいたという理由だけでアイルランド人の若者6人を逮捕する。その1人がジェリーだった。

勾留先で初めて自分の容疑を知ったジェリーは殴る蹴るの暴行を受けたうえ、犯行を認めなければ家族も投獄するとまで脅される。当然ながら濡れ衣を主張するジェリーだったが、連日の監禁暴行で、しだいに意識が不鮮明に。最後には自白剤まで投与され、ついに白紙の供述書にサインしてしまう。

裁判は不当の極みだった。検察が物的証拠はおろか状況証拠すら提出できない一方、弁護側が事件の日にジェリーを見たという男性を証人に呼んだにもかかわらず、これを黙殺。

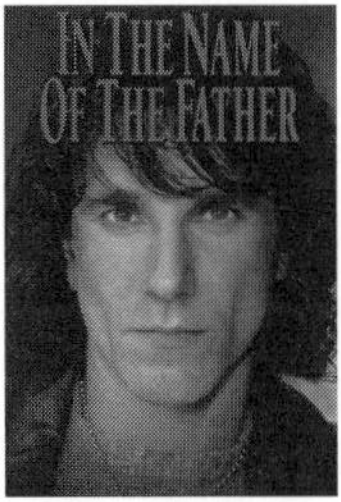

父の祈りを

1993／イギリス・アイルランド・アメリカ
監督：ジム・シェリダン
イギリス司法最大の汚点と呼ばれるバーミンガム・パブ爆破事件を題材に、無実の罪で捕まった青年と彼の父親の、再審への長い闘いを描く。

ジェリーにドラッグと窃盗の前歴があったことだけを問題視し、1975年に終身刑の判決を出す。

　不運は続く。ジェリーの逮捕を知った父ジュゼッペが、息子を救うべくロンドン市警を尋ねたところ、逆にIRA関係者の疑いをかけられ、テロ幇助《ほうじょ》罪で捕まってしまったのだ。息子とは異なる刑務所に送られたジュゼッペは、塀の中から息子の再審請求を出し続けたが受け入れられず、肺炎をこじらせ死亡。獄中で父の死を知ったジェリーは、ただ泣き崩れるしかなかったそうだ。

　逮捕から3年が過ぎた1977年、事件は新たな局面を迎える。別件で裁判にかけられていたIRAのメンバー4人が、爆破事件は自分たちの犯行だと認め、「無実の罪で捕まった若者を救ってほしい」と裁判所に要求したのだ。が、それでも警察は動かない。どころか、面子が失われるのを恐れて裁判記録を抹消、IRAの発言自体をなかったことにしたというから恐ろしい。

　獄中で真犯人の噂を聞いたジェリーは、父の意志を継

200人以上の死傷者を出した爆破現場。テロ防止法が制定されるきっかけとなったこの事件はIRAの犯行と見られているが、犯人はいまだ捕まっていない

1989年10月、無罪判決を勝ち取り釈放されたジェリー(中央)。右は母親

ぐ形で再審を請求するも認められず、その後15年間、絶望的な闘いを続けることになる。

映画では、ここから人権派の弁護士が司法の不正を暴き、再審請求を認めさせていく展開になる。しかし、現実にはロンドン市警の刑事の1人が、たまたまジェリーの尋問記録に書き換えがあったことに気づき、上層部へたれ込んだのが真相らしい。

事態を重く見た警察本部は、すぐさま再捜査を指示。新たな証拠をもとに1989年9月に裁判が再開され、その1ヶ月後に逆転無罪の判決が出た。

塀を出たジェリーは1991年に事件の顛末を著したノンフィクション『無罪証明』を出版。同時にイギリス政府へ訴訟を起こし、約1億2千万円の補償金を勝ち取った。その後は北アイルランドの田舎町でPTSD(心的外傷後ストレス障害)に苦しみながら暮らし、2014年6月、がんで死亡した。享年60。

私は死にたくない

無罪を主張したまま ガス室で処刑!

FILMS

バーバラ・グレアム本人。ハリウッド女優と比べても見劣りしないほどの美貌も注目を集めた

バーバラ・グレアム事件

１９５０年代を代表するハリウッド女優、スーザン・ヘイワードがアカデミー賞主演女優賞に輝いた映画「私は死にたくない」。彼女が演じたバーバラ・グレアムという女性は、１９５３年に起きた殺人事件の容疑者として逮捕され、ガス室で処刑された実在の元死刑囚である。

バーバラが犯人であるという物証はなく、本人も無罪を主張し続けたままの死刑執行。映画は、事件が冤罪の可能性が高いという視点から、予断と偏見に満ちた司法の在り方と、死刑制度の矛盾を強烈に批判している。

64歳の未亡人が米カリフォルニア州の自宅で頭を鈍器で殴られ死亡したのは１９５３年3月9日のこと。金品類は奪われていなかったが、荒らされた部屋の状況から、警察は、犯人は複数で強盗目的で押し入ったものと断定、捜査を開始する。

最初に容疑者として逮捕されたのが、窃盗や詐欺の常習犯だったバクスター・ショーターとジョン・トゥルーの男2人。次いで事件から2ヶ月後、ジャック・サント、エメット・パーキンス、そして当時29歳の主婦バーバラ・

私は死にたくない

1958／アメリカ／監督：ロバート・ワイズ
殺人罪でガス室送りとなるまで無罪を主張した実在の女性死刑囚バーバラ・グレアムの手記を様々なレポートや記録などと照合、映画化した社会派ドラマ。全編に流れるモダンジャズが、死刑制度の矛盾と冤罪の恐怖をより際立たせている。

グレアムの3人が潜伏先のモーテルで警察に拘束される。

劇中で詳細は説明されないが、バーバラの半生は波乱に満ちていた。2歳のとき母親が感化院に入れられたことで、彼女は隣人や親類宅をたらい回しにされ、自身も素行不良により10代前半で母親と同じ感化院に。以後、窃盗や売春、偽小切手の振り出しなど様々な犯罪に手を染める。私生活では、18歳のとき初めて結婚して子供を出産したが、すぐに破綻。その後2回再婚と離婚を繰り返す間に2人目の子供を産み、事件発生時は4人目の夫ヘンリーと結婚、3番目の子供トミーを授かっていた。

ジャックとエメットは、もともと夫ヘンリーの犯罪者仲間で、バーバラも自然とグループに加わるようになった。が、事件のあった3月9日の夜、彼女は自宅におり、ギャンブル狂の夫

新聞、雑誌は読者の歓心を買うため、バーバラを格好の餌食にした

と激しく口論していたという。

逮捕された際、ジャック、エメットと一緒にモーテルにいたのも通常の付き合いの一環で、まさか殺人の容疑がかかっているとは夢にも思っていなかった。が、夫ヘンリーは口喧嘩した日に家を出て、その後行方がわからない。事件当日の彼女のアリバイを証明してくれる人間は誰もいなかった。

身に覚えのないバーバラは当然、裁判で無罪を主張するが、過去の素行から陪審員に与える印象が良いわけがない。メディアが、彼女の美貌をネタに、〝血まみれバブス〟などと名づけ偏向報道を行ったことも、イメージをより悪くさせた。

さらに、バーバラにとって最悪の事態が起きる。公判の最中、彼女にアリバイのないことを

法廷に立つ被告の3人。犯行はジャック・サント（左）とエメット・パーキンス（中央）によるもので、バーバラは関与していないと言われている

知った1人の女囚が、2万5千ドルを払えば事件の夜、自分のボーイフレンドと一緒にいたことにしてやると持ちかけてきた。藁にもすがるつもりで話に乗ったバーバラは、そのボーイフレンドと拘置所内で面会し、法廷での証言の打ち合わせを行う。

しかし、これは全て検察側のワナだった。女囚は自ら起こした自動車過失致死罪の軽減を条件に雇われたオトリで、ボーイフレンドの正体は捜査官。会話は録音されており、そのテープが法廷で流された。有罪の決め手のない検察が無理矢理作った〝証拠〟だった。

死刑確定後、愛息トミーと面会した際の1枚

バーバラは、ハメられたことを必死に訴えたが、陪審員は、犯人でなければそんな偽装工作をするわけがないと判断。彼女を有罪と評決する。

裁判所は、バーバラと共犯の2人に強盗及び殺人罪で死刑を下す。控訴も却下され、刑は確定。その後、映画は、処刑執行日の1955年6月3日に30分以上を費やし、彼女が過ごした恐怖の時間を描いていく。

サン・クエンティン州立刑務所において、当初午前10時に予定されていた処刑執行は、最後のバーバラの嘆願を受け入れるか否かの最高裁の判断を待ち、2度も延期される。ガス室の前まで行っては戻り、また刑場へと向かう地獄。最終的に彼女は11時45分にガス室に入れられ、映画の描写どおり、悶絶しながら死を迎えることになる。享年31。

検察のオトリとワナで有罪・死刑に

「立会人の姿を見たくない」という理由で、刑執行時、バーバラがアイマスクを付けた劇中シーンは史実に基づいている。映画「私は死にたくない」より

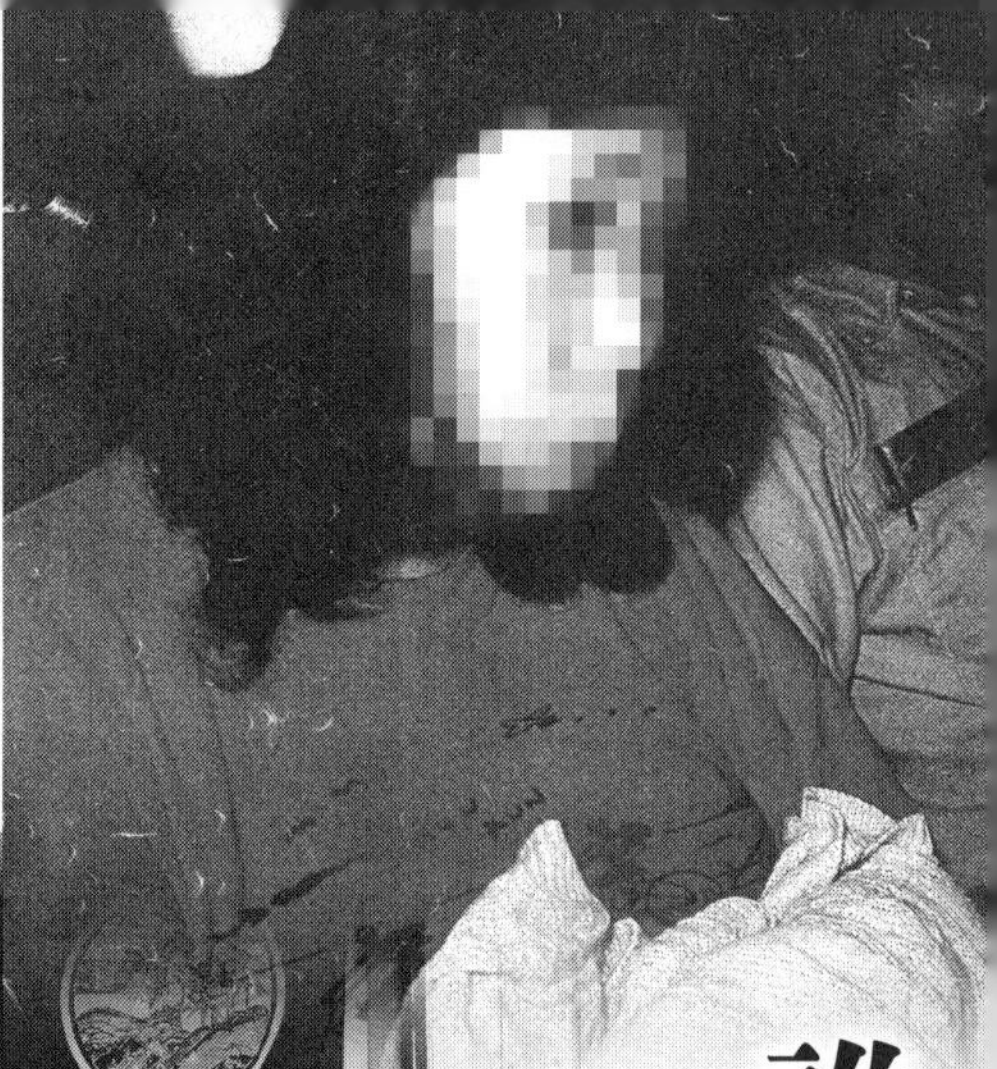

逮捕された母親。当時40歳（右）。子供たちが暮らしていた実際の部屋（下）

誰も知らない

ネグレクトの果ての悲劇

巣鴨子供置き去り事件

２００４年公開の映画「誰も知らない」は、第71回カンヌ国際映画祭で最高賞であるパルム・ドールを受賞した「万引き家族」（２０１８年公開）の監督、是枝裕和《これえだひろかず》初期の傑作である。

映画は、子供を置き去りにしたまま母が失踪、ガスや電話が止められたアパートの一室で幼い弟妹の面倒をみる長男を主人公に、彼らの生活を淡々と描写していくが、作品のモチーフとなった「巣鴨子供置き去り事件」の内容は、映画とは比べものにならないほど悲惨である。

１９８８年7月17日、東京・西巣鴨のマンション経営者が、4ヶ月分の家賃を滞納している２０３号室の借り主の姿が見えないと巣鴨警察署に連絡した。

通報を受け部屋に入った捜査員は、汗と埃と糞尿が交じったような強烈な悪臭に吐き気を催す。見れば部屋中に汚れた衣服や食べ残しの食器が散乱し、電気洗濯機には腐って真っ黒になった衣類が詰まっていた。何より驚いたのは、床に敷いた毛布に6歳と3歳の姉妹がくるまっていたことだった。衰弱するほどやせ細り自力で立つこともできない。2人は捜査員を見るとパンを

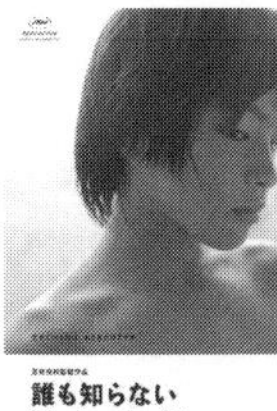

誰も知らない

2004／日本／監督：是枝裕和
1988年に発覚した巣鴨子供置き去り事件を題材に是枝監督が15年の構想を経て映像化した1本。主演の柳楽優弥が第57回カンヌ国際映画祭で史上最年少の14歳で最優秀主演男優賞を受賞、同年キネマ旬報ベスト・テン第1位に選出された。

ねだったという。

警察と一緒に部屋に入ったマンション経営者は、その状況に愕然としながらも首をかしげる。部屋の住人は40代のシングルマザーで、入居の際、彼女から中学に通う14歳の息子との2人暮らしと聞いていたからだ。

と、そこへパジャマ姿の息子が出てきた。捜査員の問いかけに彼は答える。

「この2人は預かっている子で、母親は大阪の洋服会社に勤めていたけど、いまは入院しているんです」

仕方なく、この日は姉妹だけを保護したが、数日後に息子は児童相談所を訪れ、2人が自分の妹であることを明かす。

ここまでなら母親の「保護責任者遺棄」の範囲だが、ほどなく押し入れから乳児の遺体が見つかり、事件は「死体遺棄」に発展（映画には出てこない）。同月23日、警察が母親（当時40歳）を千葉県浦安市の愛人宅で逮捕する。乳児の死体は、彼女が1983年に産んだ次男だった。自供によれば、「仕事から帰ったら死んでいたので引っ越し先のマンションに押し入れにそのまま放置した」のだという。

母親はデパートの派遣社員として働いていたが、自営業者の男性と知り合うと、長男に月3、4万円を現金書留で送りつけるだけで半年以上も自宅に帰っていなかった。

さらに、彼女は驚くべきことを口にする。自分が家を出た時点では、3人の子供以外にもう1人、2歳の3女がいたはずだというのだ。

さっそく警察が長男に問いただしたところ、またまた耳を疑う答えが返ってきた。

――一番下の妹は、4月に友人2人とともに折檻して死なせてしまった。お腹をすかせた妹がカップ麺を黙って食べたことにカッとなり、まず自分が殴り蹴り、次に友人たちが押し入れの上段から10回ほど落とすとグッタリとなった。心臓マッサージをしたが息は戻らず、遺体をボストンバッグに入れて西武池袋線で秩父まで埋めに行った――

友人が長男に聞いた話によると、母親はテーブルの足のような棒にガムテープをぐるぐる巻きにし、子供たちをよく殴っていたという。長男の3女への暴力も、母親の行為を真似てのことだったのだろうか。

劇中ではここも詳細は描かれてないが、少なくとも、長男は映画のような兄弟思いの優しい少年ではなかったようだ。全ての原因が母親のネグレクトにあるとはいえ、あまりに惨《むご》い結末である。

傷害致死、死体遺棄罪で逮捕された長男は、少年鑑別所に送られた後、養護施設に引き取られた。また、母親は1998年に懲役3年、執行猶予4年を言い渡されたが、これは同棲相手と結婚し、子供を引き取ると誓約したうえでの温情判決だった。その後、2人の妹は誓約どおり母親に引き取られたそうだが、長男の消息は明らかになっていない。

子宮に沈める

我が子を死に追いやったシングルマザーの大罪

FILMS

エアコンの効かない部屋で息絶えた
姉（右。当時3歳）と弟（同1歳）。実際の写真

大阪2児餓死事件

２０１３年、「子宮に沈める」という衝撃的なタイトルの映画が公開された。夫や２人の子供のため完璧に家事をこなしていた若い母親が、仕事を口実に家に寄りつかなくなった夫と離婚。友人に誘われるまま夜の仕事に就き、やがて好きな男を家に連れ込み、邪魔になった我が子を餓死させるという内容だ。

本作が題材とした事件がある。２０１０年7月に発覚した「大阪2児餓死事件」。当時23歳だった母親が、３歳女児と1歳9ヶ月男児をネグレクトの末、死に追いやった悲惨きわまりない事件である。

実際の事件と映画は少々経緯が異なる。まず離婚の原因が、母親の浮気が原因だったこと。さらに育児放棄は離婚直後から始まり、事件現場になった大阪市西区のマンションに引っ越した２０１０年の年明け頃には、すでに子供たちに食事を満足に与えず、風呂にも入れていなかった。ファッションヘルスで働いていた母親はホストにハマり、時間さえあれば遊びに出かけ外泊ばかり。部屋に戻るのはコンビニで買った食料を子供に渡すときだけだった。

同年6月9日、１週間ぶりに家に戻った母親は、子供たちが衰弱しているのを知る。後の裁判の証言によれば「帰ったときいつもの

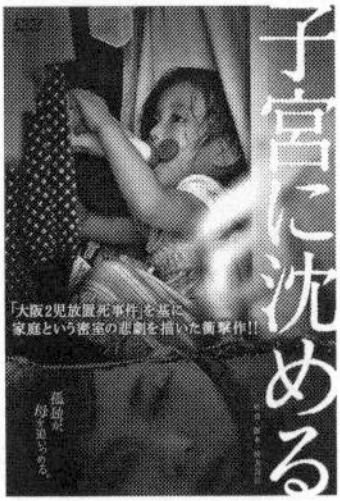

子宮に沈める

2013／日本／監督：緒方貴臣
2010年に発覚した大阪２児餓死事件を題材に、若くして2児の母親となったシングルマザーが、次第に社会から孤立し追い詰められていく悲劇を淡々と描く。

ように子供とハイタッチしようとしたが、返してこなかった」そうだ。が、彼女は、帰りを待ちわびていた姉弟に、ジュースとおにぎり4つ、パンケーキ2つを与えると、弟のオムツを取り替えもせず家を出てしまう。

育児放棄の果てに我が子2人を死に追いやった23歳の母親。本人が勤めていたファッションヘルスの画像より

映画では、母親に置き去りにされた子供たちが、弟用の粉ミルクを奪い合うように口にしたり、姉が水を飲んで必死に飢餓感と闘う様子が描かれる。しかし現実はさらに酷い。以前、長女が台所の水を出しっ放しにしたことがあったため、母親は居間のドアをガムテープで開かないように細工。子供たちはトイレにも行けない状態だった。

大阪府警の調べによると、2人は調味料で飢えをしのぎ、冷凍庫の霜まで舐めていたらしい。さらには、汗を舐め、尿を飲み、糞を食べ、母親が1月から出していなかった部屋のゴミから食べカスのついた容器を拾い出し舐めていた痕跡もあったという。姉はそれが原因で食中毒を起こして死亡。弟はその毒素が含まれた姉の糞を食べ、姉より10時間以上

子供たちの死後、母親がSNSに投稿した画像。男友達と海水浴に出かけ、ブブゼラを吹きながらW杯南アフリカ大会を観戦している

後に息を引き取ったそうだ。

6月下旬、母親はいったん部屋に戻り、2人が死んでいる姿を見たものの、そのまま放置して外出。7月19日には大勢の友人と神戸・須磨海岸へ出かけ、〈今年初海なう　たーのーしー〉とSNSに書き込んだ。次に母親が戻ったのは7月29日。異臭がするとの住民からの苦情で仕方なく土足で部屋に上がり、2人の遺体が腐敗しているのを確認している。裁判記録によると、この後、母親は知人男性の車で夜景を見に出かけ、ホテルでセックスしたらしい。警察が姉弟のミイラ化した遺体を発見するのは、翌30日のことだ。

逮捕された母親には、死亡すると知りながら2ヶ月近く放置したことに明確な殺意が認められるとして、2012年3月、大阪地裁が懲役30年の実刑判決を下した（最高裁まで争ったが、2013年3月に刑確定）。

ルース・エリス（右）と、彼女が殺した恋人の
デビッド・ブレイクリー

ダンス・ウィズ・ア・ストレンジャー

イギリスで絞首刑になった最後の女性

ルース・エリスの哀しい犯罪

「ダンス・ウィズ・ア・ストレンジャー」は、1955年、イギリスで死刑が執行された最後の女性ルース・エリスが起こした事件を、ほぼ忠実に描いた映画である。ロンドンの酒場でホステスをしていた彼女は、運命の相手と思い込んだ男性をなぜ殺害することになったのか？

映画は、ルースが当時23歳のカーレーサー、デビッド・ブレイクリーと出会った1953年9月から始まる。このときルース27歳。劇中では描かれないが、すでに一通りの苦労は味わっていた。14歳でウェイトレスとして働き始め、17歳のとき既婚のカナダ人兵士と関係し、息子を出産。第二次世界大戦後はモデルの仕事に就きながらナイトクラブのホステスになり、金のためなら売春も辞さなかった。

1950年11月、24歳で17歳年上の歯科医と結婚。夫は嫉妬深く独占欲の強いアル中で、暴力を振るうこともしばしば。娘を授かったものの、夫がルースの浮気を疑い認知を拒み離婚することになる。

1951年、ルースはその美貌を買われ、後に活躍する若手女優が多数出演し

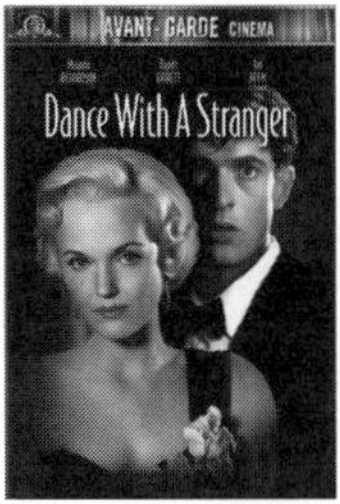

ダンス・ウィズ・ア・ストレンジャー

1985／イギリス／監督：マイク・ニューウェル
殺人罪で有罪判決を受け、1955年、イギリスで最後の絞首刑となった女性、ルース・エリスの半生をリアルに描いた作品。ルースの役のミランダ・リチャードソンの演技が高く評価された。

ていた「Lady Godiva Rides Again」という映画に端役《はやく》で出演する。ここから明るいキャリアが開けるかに思えたが、女優業ではとても生活できなかった。金のため、ルースはまたもホステス業に舞い戻る。

デビッドが店に客としてやって来たとき、ルースはマネージャーに昇格していた。社交界で多くの名士と知り合い、ひいきの客も大勢いたが、彼女は自分より3歳下の、このイケメン男に一目惚れしてしまう。

ほどなくデビッドは、店の上階で息子と暮らすルースの家に転がり込み、毎日のようにタダ酒を飲み、彼女に暴力を振るうようになる。

厄介な恋人を持つルースはオーナーからクビを言い渡され、デビッドとアパートで同棲生活を始める。家賃を出したのは、一際彼女を気に入っていた金持ちの常連客だった。

やがて、ルースは妊娠する。しかし、デビッドは、お腹の子供は常連客との間に出来たのではないかと疑い、彼女の腹部を蹴る。結果、子供は流産。その後、デビッドはルースを避けるようになる。

これで彼女が別れを決意したら悲劇は起こらなかった。が、ルースは相手が背中を見せた途端、激しく執着してしまう。

そして事件は起こる。1955年4月10日、復活祭のこの日、イギリスでは家族でご馳走を食べるのが慣わしだが、夜になってもデビッドは帰ってこなかった。心当たりのある彼の友人宅を訪ねると、案の定、デビッドの車が停めてある。中から乱痴気騒ぎの様子が漏れ、甲高い女たちの声も聞こえる。

21時頃、デビッドが友人と酒の買い出しに外へ出てきたところに、ルースは背後から呼びかけた。

「デビッド！」

デビッドが振り返るやルースはハンドバッグから取り出した拳銃の引き金を続けざまに2回。そして車の背後に逃げたデビッドを追ってさらに弾がなくなるまで撃ち続けた。

集まった野次馬に向かって、ルースは落ち着いて言った。

「警察を呼んでちょうだい」

裁判では、衝動的殺人を主張する弁護士に対し、ルースは自ら殺意を認め、死刑が確定。１９５５年7月13日、絞首刑に処せられた。わずか28年の人生だった。

Daily Mirror
FORWARD WITH THE PEOPLE
NO REPRIEVE
RUTH ELLIS TO HANG TOMORROW
The price of a broken heart —£200
DAILY MIRROR REPORTER
She Had Seven Visitors
Going abroad this year?
PETER MAY TO THE RESCUE OF ENGLAND...
MIDLAND BANK LIMITED

ルースの死刑執行を報じる新聞

女優フランシス

元ハリウッドスターの転落劇

FILMS

フランシス・ファーマはこうして廃人になった

全盛期のフランシス・ファーマー。誰もが認める才色兼備の若手女優だった

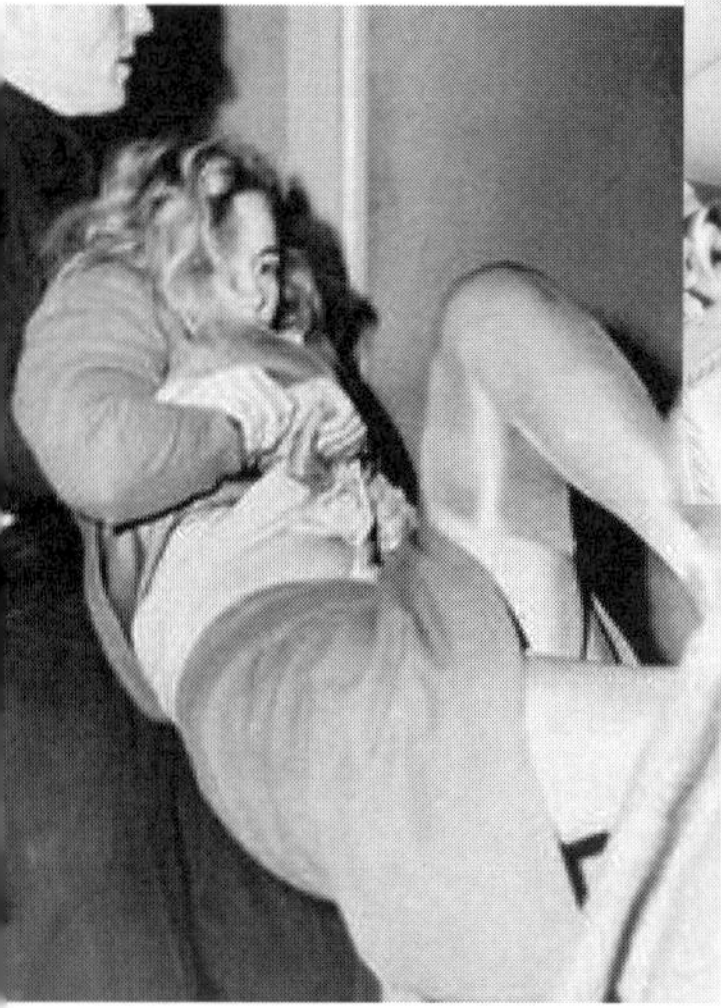

1942年、飲酒運転で捕まり大暴れした際に撮られた1枚

１９８２年のアメリカ映画「女優フランシス」は、１９３０年代のハリウッド黄金期に実在した女優、フランシス・ファーマーの悲劇的な半生を描いた作品である。演技派として将来を期待された美人女優が周囲から狂人扱いされ、最後は廃人同様にまで転落した理由は何だったのか。

１９１３年、米ワシントン州の裕福な家庭に生まれたフランシスは、地元では神童として知られた存在だった。幼少期にニーチェの全著作を読破し、高校のときに『神は死んだ』なる論文を執筆。哲学雑誌のコンテストで全国優勝に輝き、名門ワシントン大学への入学とモスクワ留学を決めた。

もっとも、周囲からの評判は、決して良いものではなかった。まだ保守的だった時代に平然と神を否定し、仮想敵であるソ連にまで入国する大胆な行動により、警察から危険思想の持ち主としてブラックリストに載せられてしまったのだ。

両親は娘にワシントンから出ないよう忠告していたが、勝ち気なフランシスは聞く耳を持たない。大学卒業と同時に単身ハリウッドへ乗り込み、幼い頃からの夢だった舞台女優となる。

女優フランシス

1982／アメリカ／監督：グレーム・クリフォード
1930年代に活躍した女優・フランシス・ファーマーの悲劇的な人生を描く。主演はジェシカ・ラング。実話を基にしているが脚色が多く、凋落の末にロボトミーを受けたというのは事実ではない。

ハリウッドでの活躍は目覚しかった。最初の数年こそB級映画の脇役しか出番がなかったが、1936年にハワード・ホークス監督の「大自然の凱歌」のヒロインに抜擢され評判に。続くビング・クロスビーと共演した「愉快なリズム」も大ヒットを飛ばし〝第二のグレタ・ガルボ〟と呼ばれるほどのブレイクを果たす。

しかし、前途洋々に思えたキャリアは、しだいに陰りを見せ始める。演技派の道を進みたいフランシスと、セクシー路線で売りたい映画会社との折り合いがつかず、望む役が回って来なくなったのだ。

契約が打ち切られたのは1939年。失意のままハリウッドを去り、ニューヨーク州のウェチェスターの劇団で舞台女優としてキャリアを再スタートさせたものの、芸能誌からの評判はさんざんだった。

私生活も不遇で、若い俳優、劇作家との2度の結婚は、どちらも相手の浮気が原因で破綻。深い傷を追った彼女は酒に溺れ、やがて重度のアルコール依存症になる。

そして1942年、決定的な事件が起きる。サンタモニカの路上を酩酊状態のまま車で走り逮捕された際、取り調べで警官に殴りかかり、法廷で自分の職業を「売春婦」と答えてしまう。結果、暴行罪と法廷侮辱罪で180日の実刑判決を受けるのだが、家族の名声に傷がつくのを恐れた母は、フランシスが精神疾患だったと主張。減刑処分を勝ち取り、娘をワイオミング州立精神科病院に送り込む。

当時、精神科病院の環境は最悪だった。室内にはネズミが這い回り、患者は拘束着で四肢を固められた。食事は1日1食のみで、夜は治療と称して氷風呂への入浴を強制される。そんな状況下、フランシスは自らの正気を訴え続けたが、医師は母親の言い分を鵜呑みに「妄想分裂病」の診断を下す。

この後、映画では母親が医師にロボトミー手術を依頼し、フランシスは廃人も同然の状態になってしまう。だが、これは脚本家が作り上げたフィクションで、実際に行われたのは強化インスリン療法だ。患者を慢性的な低血糖状態に持ち込む治療で、繰り返すうちに痴呆に似た症状が現れるため、現代では厳重なガイドラインの下でしか処方が許されていない。

フランシスは、この危険な治療を10年にわたって受け続けた。やがて記憶喪失や感情の欠落といった症状が現れると、担当医はこれを完治の証拠とみなし1958年に退院を許可。すっかり従順な性格に変わった娘の姿に、両親は涙を流して喜んだという。

退院後、フランシスは数本のテレビドラマに出演したが、感情表現ができなくなった人間に女優業が務まるはずもない。ほどなくショービジネスの世界からお払い箱になると、シアトルのホテルでクリーニングの仕事に従事。再びアルコール依存に陥り、食道ガンでこの世を去る。享年56。かつての美人女優を看取る者は、誰もいなかった。

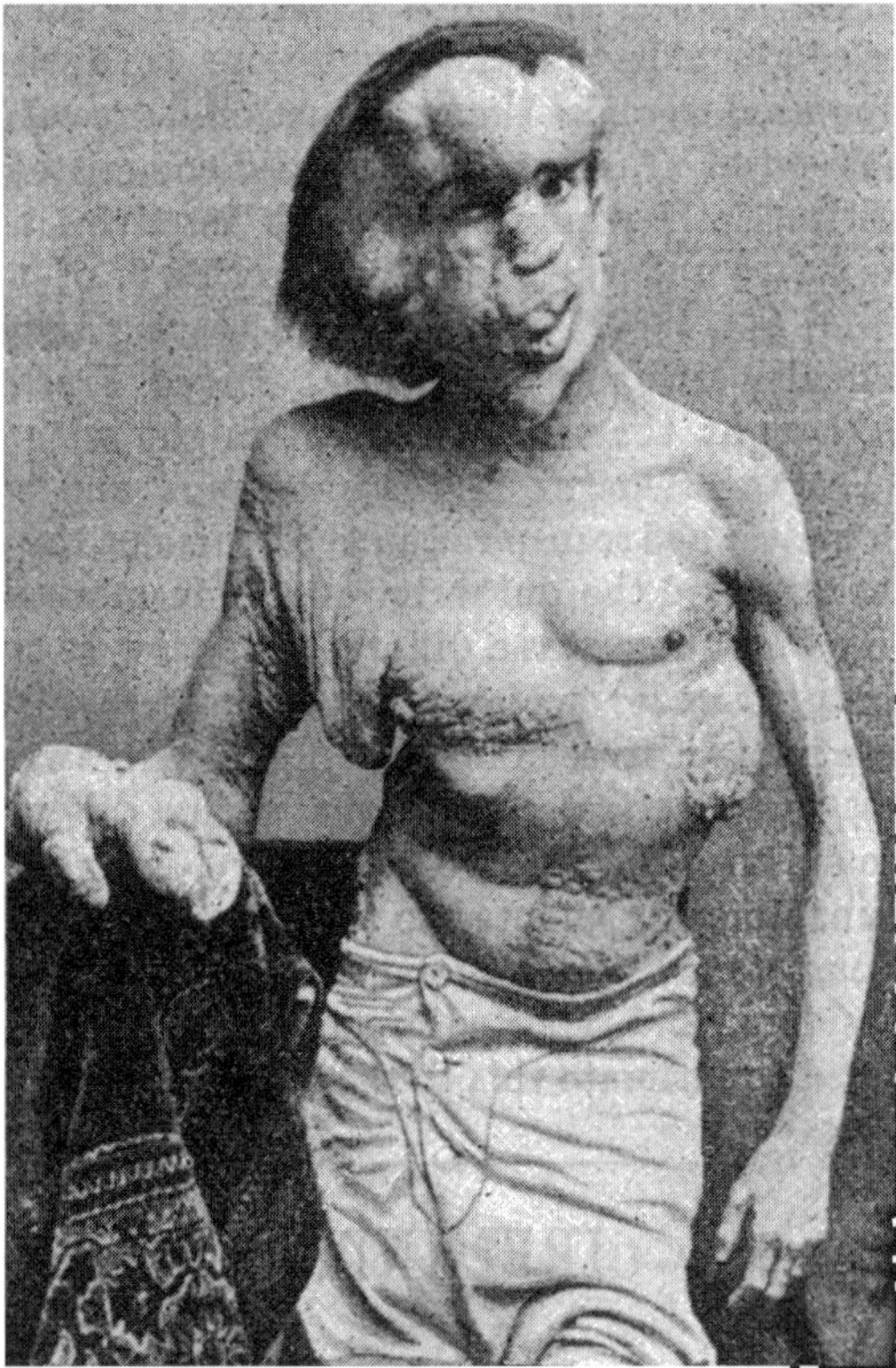

死の前年の1889年、記録用に撮影された「エレファント・マン」こと、ジョゼフ・メリックの正面像。体の極度の変形や膨張は、今日では主にプロテウス症候群が原因と推測されている

エレファント・マン

19世紀のイギリスで「見世物」に

奇形の青年ジョゼフ・メリックが生きた27年

１９８０年公開の映画「エレファント・マン」は、19世紀に実在した奇形病男性患者の生涯を感動的に描き、日本でもその年の興収ナンバー１に輝いた大ヒット作だ。醜い外見ゆえに人間ではなく見世物として扱われた映画のモデル、ジョゼフ・メリックはどんな人生を歩んだのか。

メリックは１８６２年、英レスターで生まれた。映画では描かれないが、誕生時ごく普通の健康時だった彼に異常が起きるのは１歳の頃だ。まず腕と足の皮膚が少しずつ硬くなり、同時に唇が巨大化。次に頭と腹がボコボコとふくれ始め、やがて全身が古い樹木のように節くれ立った。当時の医学では説明がつかない病気だったため、メリックは「かつて母親が動物園で象に脅かされたのが原因だ」という父の言葉を死ぬまで信じ続けたという。

11歳で優しかった母が死ぬと、人生はさらに過酷さを増す。父の再婚相手がメリックを嫌がり、彼をさんざんイジメ抜いた挙げ句に家から追い出したのだ。行く当てもないメリックは救護院で靴磨きの仕事を始めるが、行く先々で群集から石やレンガを投げつけられ、食費すら稼ぐことができなかった。

エレファント・マン

1980／イギリス・アメリカ／監督：デヴィッド・リンチ
鬼才デヴィッド・リンチが、19世紀のイギリスで「エレファント・マン」と呼ばれた男の半生を描き、1980年のアカデミー賞8部門にノミネートされた傑作。脚本は、担当医師だったフレデリック・トレヴェスの手記がベースになっている。

食うや食わずの生活は、その後7年にわたって続く。もはや人並みの暮らしなど望むべくもない。そう悟ったメリックは、22歳で救護院を飛び出し、地元の興行師に手紙を書く。自らを「見世物」として雇うように願い出るためだ。

メリックの外見に衝撃を受けた興行師は、彼を「エレファント・マン」と名付け、〝象と人の間に生まれた男〟なる触れ込みで各地を回った。その反響は凄まじく、巡業用の小屋にはイギリス全土から客が殺到。メリックは一躍時の人となる。

映画では、この後、興行師にムチで打たれながら家畜のように暮らすメリックを、医師のトレヴェスが金と引き換えに救出。ロンドンの病院で治療を続けるうち、2人の間に友情が芽生え始める。

が、実際の経緯は微妙に異なる。まず、現実の興行師は優しい性格で、雇った者には必ず清潔な寝床や十分な食料を提供していた。中でもメリックは別格で、労働者の平均月給が50ポンドの時代に、月200ポンドを支払っていたという。

一方、トレヴェス医師がメリックに目を付けたのは、純粋に医学標本としての興味からだった。実際、検査の多くは治療よりもデータ収集がメインで、学者たちの前で何度も裸にされるのを嫌がったメリックは、ほどなく自らの意志で通院を打ち切っている。

しかし、病院を飛び出た彼に、戻れる場所はなかった。19世紀のイギリスは人権意識が高まりつつあった時代で、多くの見せ物小屋が廃業に追い込まれていた。

食いぶちを稼ぐには、まだ人権意識がゆるい国へ行くしかない。考えた末、メリックはベルギーへ渡り現地の興行師と契約する。が、その途中で不運にも強盗に遭遇し、無一文で路上に置き去りにされてしまう。

ベルギー警察は、事件の発生から2週間後に、ようやく街をふらつくメリックを保護。衣服からトレヴェス医師の名刺を見つけ、強制的にロンドンへ送り返した。

ここからの展開は劇中で描かれるとおりだ。治療を始めたトレヴェスは、やがてメリックが常人と変わらぬ知性の持ち主だと気づき、特別室への入院を許可。彼が快適に暮らせるように、最大限の配慮を行った。

そして、1890年4月11日の朝、メリックはベッドの上で遺体となって発見される。検視を担当した医師によれば、普段のメリックは、肥大した頭の重みで呼吸が止まらないように、背中に大量のクッションを当てていたが、その夜に限っては、なぜか普通にベッドに横たわって寝ようとしたらしい。享年27だった。

主人公を演じたジョン・ハートは、1980年の英国アカデミー賞主演男優賞を受賞。映画「エレファント・マン」より　

ミッドナイト・エクスプレス

麻薬所持で懲役30年の重刑に

FILMS

ビリー・ヘイズの脱獄劇、本当はこうだった

主人公を演じたブラッド・デイヴィス（中央）。
映画「ミッドナイト・エクスプレス」より

言葉も通じぬ中東の地で30年の懲役刑を受け、獄中で看守から拷問を受け続ける――。そんな悪夢の実話を描いた作品が、1978年のアメリカ映画「ミッドナイト・エクスプレス」だ。政府の都合で簡単に量刑が左右され、何人ものアメリカ人が中東で拷問を受けていた衝撃の事実が、世界中に人権議論を巻き起こした。

1970年10月、トルコのイスタンブール空港。軽い気持ちで2キロの大麻をアメリカへ持ち帰ろうとした当時23歳のビリー・ヘイズが警備員に拘束された。現在なら、人権協定に基づきアメリカへ強制送還されるが、当時は囚人に関する法律がなかったうえ、トルコがドラッグ対策を強化したばかりだった。

麻薬所持で捕まったビリーは、裁判で「トルコの文化を害した不法外国人」として懲役4年2ヶ月の判決を受け、イスタンブール近郊のバイラムパシャ刑務所へ送られる。

ここから映画では、不衛生で荒れ果てた監獄の中で、ビリーが看守から拷問を受け続ける悲惨な場面が展開する。しかし現実の刑務所は、新築で設備の整った環境だったらしい。1971年にビリーと同じ房に入ったスウェーデン人のべ

ミッドナイト・エクスプレス

1978年／アメリカ／監督：アラン・パーカー
1970年、トルコにて麻薬所持・密輸の罪で逮捕、獄中に囚われたアメリカ人青年の実話を映画化。本人の手記を原作としているが、実際は一人旅だったのがガールフレンドと一緒だったことになっていたり、看守に性的暴行を受けそうになって思わず殺害してしまう点など、事実と全く異なる脚色が随所に見られる。

ンクト・ビョルクルンは、２００６年のテレビインタビューで、こう答えている。

「もちろん嫌な体験もしましたが、刑務所では絵を描き、ギターを弾き、本も読めました。映画はいくつかの事件を大げさに描いているだけです。私が『ミッドナイト・エクスプレス』の脚本を書いていたら、退屈なものになっていたでしょうね」

満期出所を6ヶ月後に控えた１９７４年6月、ビリーが想像もしない事態が起きる。トルコ政府が唐突に判決を覆し、麻薬密輸容疑で懲役30年を言い渡したのだ。後に判明したところでは、この時期、イスタンブールから諸外国へコカインを持ち出す密輸組織が横行。対応に追われた政府は、都合よく獄中にいたアメリカ人を、反ドラッグキャンペーンの道具に使ったらしい。

ビリーは米国領事館に助けを願い出たが、当時のニクソン政権は中東諸国と折り合いが悪く、アメリカ政府は何の対応策も講じなかった。絶望にあえぐビリーに、仲間の受刑者が語りかける。

「ここで半病人になるか、深夜特急（ミッドナイト・エクスプレス）に乗るか」

深夜特急は「脱獄」を意味する刑務所の隠語だ。

以降の展開は、映画と現実で大きく異なる。劇中では、脱獄を決めたビリーが看守長を殺害。何食わぬ顔で表門から抜け出し、徒歩でギリシャに入国する。一方、現実のビリーは殺人など犯しておらず、いったんトルコ海岸沖の孤島に建つイムラリ監獄へ移送された後、刑務作業のスキをついて施設を脱出。漁師から盗んだボートでエーゲ海を抜け、27キロ先のギリシャで軍に身柄を確保された。本来なら監獄への強制送還が当然の状況だが、ギリシャはトルコと歴史的に敵対関係にあったため、運良くアメリカのケネディ空港まで送り届けられる。１９７５年10月のことだ。

国へ帰ったビリーは、１９７７年に体験の一部始終を著した『ミッドナイト・エクスプレス』を出版。映画はその翌年に公開され、トルコとアメリカが囚人交換の協定を結ぶきっかけとなった。

その後ビリーは脚本家、俳優に転身、現在もエンタメ業界で活躍中である。

1975年、アメリカに無事生還を果たし、取材に応えるビリー本人

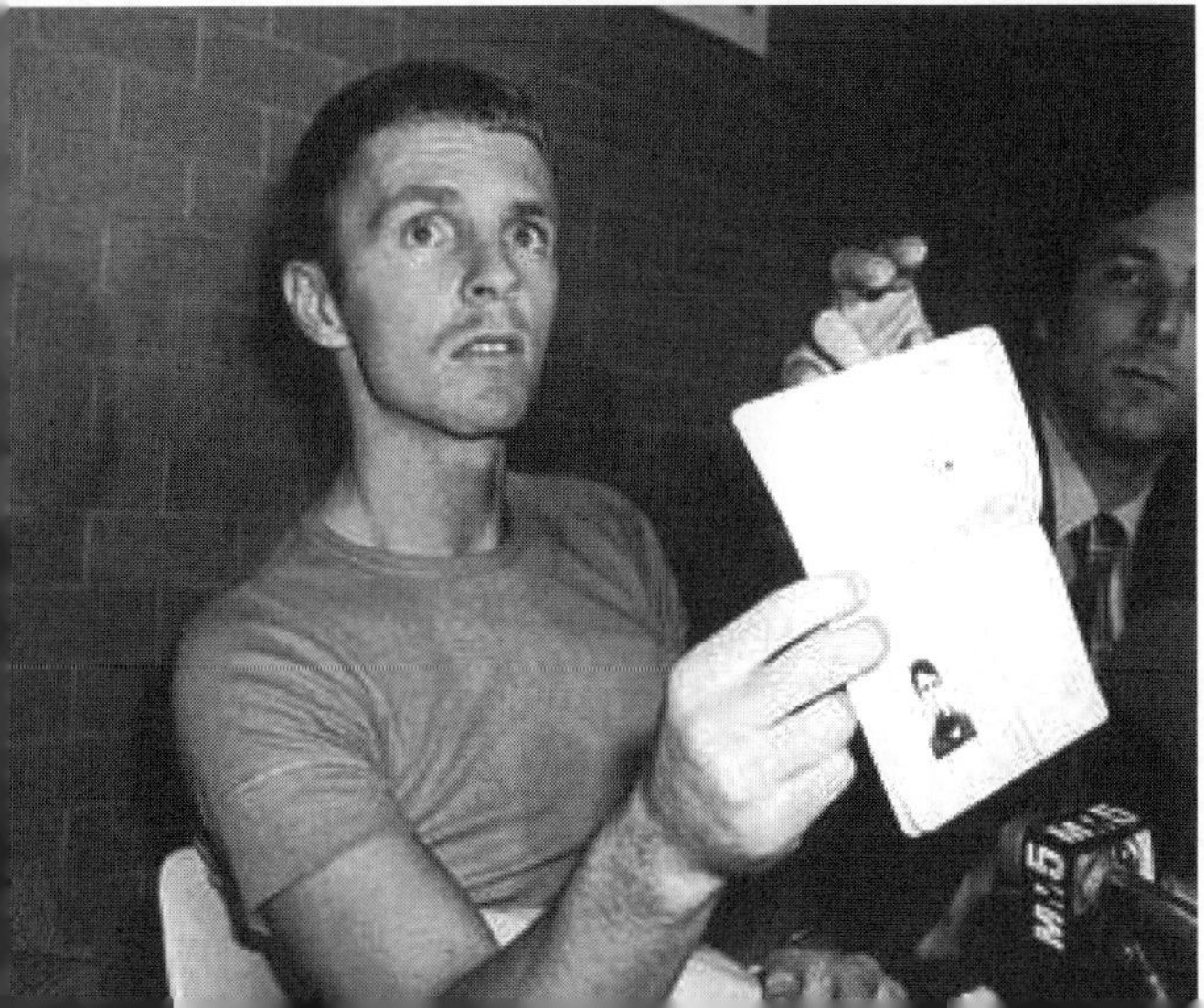

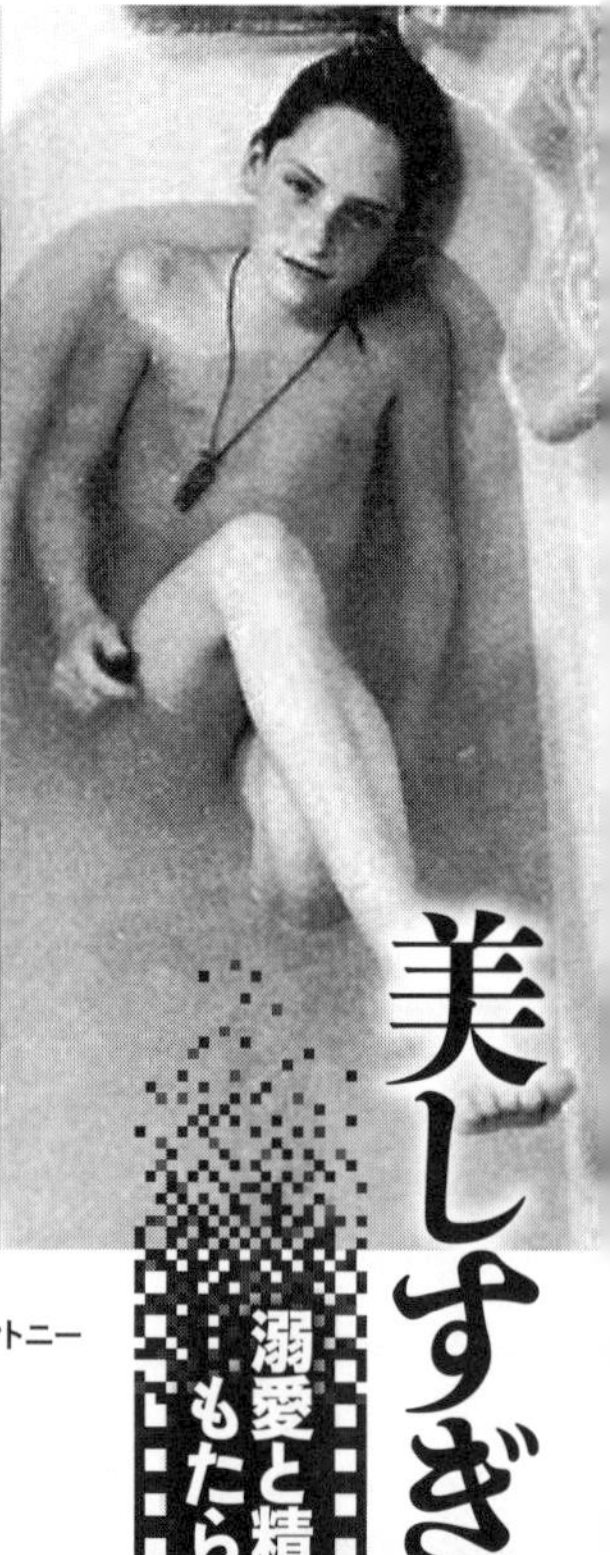

『ヴォーグ』誌などでモデルとして活躍していた
若き日のバーバラ(左)と、彼女の美しすぎる息子アントニー

美しすぎる母

溺愛と精神崩壊がもたらした惨劇

FILMS

バーバラ・ベークランド 近親相姦殺人事件

大富豪と結婚した女性が、溺愛する息子の同性愛を自らの身体で治そうとし、結果、息子に刺殺され、息子本人も獄中で自殺——。オスカー女優のジュリアン・ムーア主演による２００７年の映画「美しすぎる母」は、１９７２年、イギリスで実際に起きた「バーバラ・ベークランド近親相姦殺人事件」に基づいている。

バーバラは１９２２年、米ボストンで生まれた。10歳のとき、父が借金を苦に車の排気ガスによる一酸化炭素中毒自殺を図ったものの、これが事故だと判断され、多額の生命保険金がおりる。精神疾患を患っていた母親は、この金を頼りにニューヨークへ移住。娘とともに高級ホテルで暮らすようになる。

何不自由なく育ったバーバラは、その類い稀な美貌で10代後半からモデルとして活躍、有名ファッション誌『ヴォーグ』にも採用され、社交界で引っ張りだことなる。やがて、ハリウッド女優を目指し受けたオーディションで、同じく女優志願だった女性と知り合い、彼女の兄ブルックス・ベークランドと出

美しすぎる母

2007／スペイン・フランス・アメリカ／監督：トム・ケイリン
1972年11月17日にロンドンで起こった「バーバラ・ベークランド近親相姦殺人事件」に至るまでの母と息子の関係を描いた作品。2014年のアカデミー賞主演賞コンビ、ジュリアン・ムーア（「アリスのままで」）とエディ・レッドメイン（「博士と彼女のセオリー」）が母子を演じている。

会う。ブルックスは、プラスチックを発明した科学者を祖父に持つイケメンの資産家だった。

野心家のバーバラは、すぐさま彼と肉体関係を結び、出会って数週間後には「妊娠した」と嘘をつき結婚を迫り、夫婦になった。実はこのとき、すでに彼女は母親同様、精神疾患を発症していた。

夫婦は、ニューヨークの超高級マンションに居を構え、パーティ三昧の日々を送る。画家のサルバドール・ダリや、詩人のディラン・トマスら著名人と交流したり、時には下半身を露出した男性客を並ばせ、妻やパートナーに当てさせる猥褻なゲームなどに興じた。が、この間にもバーバラの精神は蝕《むしば》み続け、映画

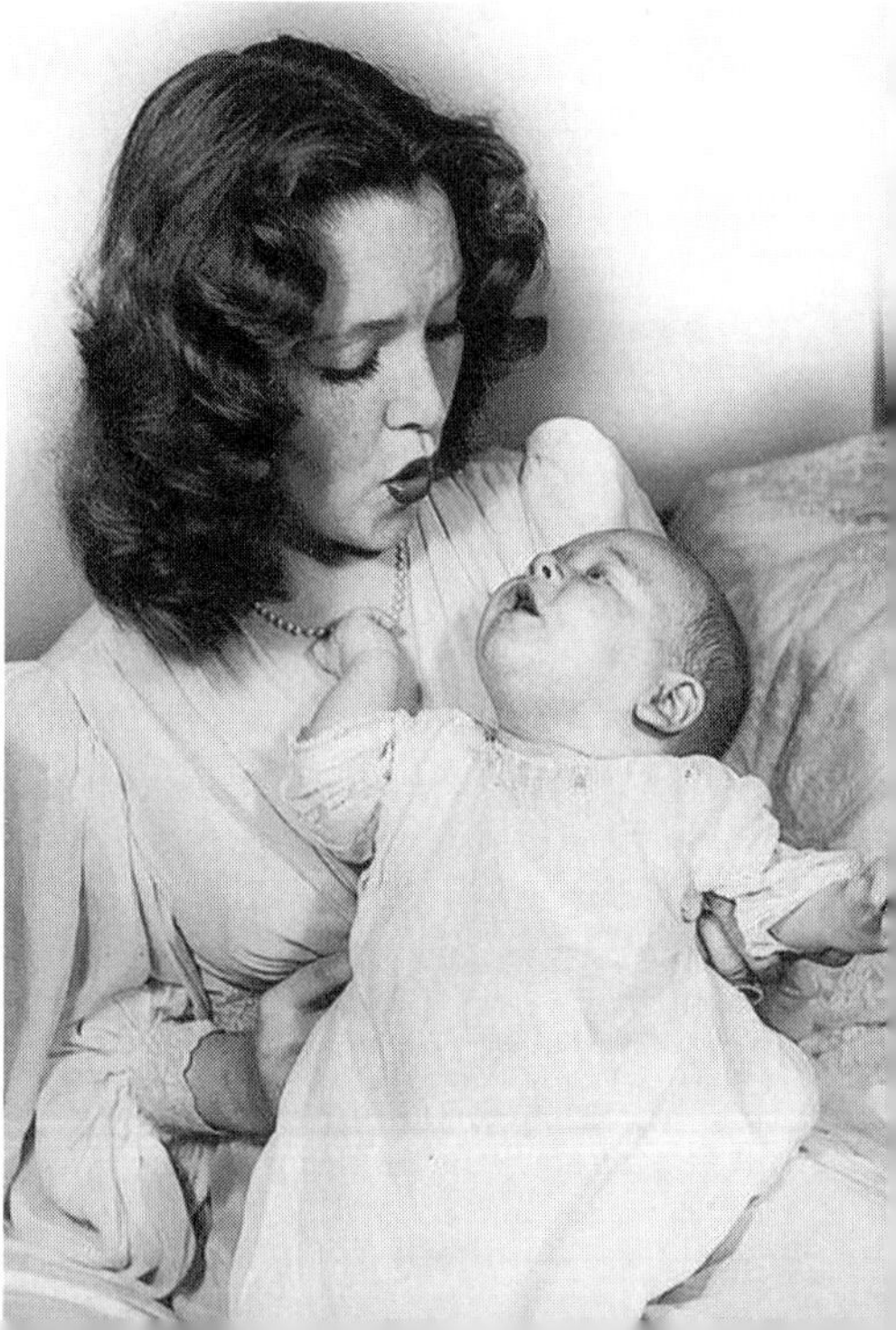
アントニーを授かった頃のバーバラ。当時24歳

で描かれるように、やがて夫が言った冗談を真に受け見知らぬ男と浮気するようになる。そんな〝普通ではない暮らし〟が続いていた1946年8月、息子アントニーが産まれる。バーバラ24歳のときだった。

バーバラは息子を溺愛する。夫ブルックスも過剰な期待を寄せ、夫婦はいかに我が子が天才かを披露するため、来客の前でマルキ・ド・サドの文章を朗読させることもあった。が、彼らは期待するだけで、息子に本当の愛情を抱いていなかった。夫婦にとってアントニーはアクセサリーに過ぎず、そのことは息子が一番よくわかっていた。

成人したアントニー（左）。一見ごく普通の青年だが、心は荒《すさ》みきっていた

アントニーが8歳のとき、夫婦は〝よりハイクラスな環境〟を求め、ヨーロッパを転々とする。この間、息子は寄宿学校に入れ、親としての教育の義務、責任を一切放棄した。両親からの愛情を知らず育ったアントニーが心を病むのは当然だった。しだいに奇行が目立つようになり、後に彼を診断した精神科医はアントニーから驚くべき告白を受ける。「最初に性的虐待を受けたのは寄宿学校にいた8歳のときで、それから男性と関係を持つようになった」

実際、彼は14歳のころから、親が外出するたび、年上の男娼を連れ込みセックスに耽っていた。この事実を父ブルックスは知っていたが、さして関心を示さず若い女性に夢中になり、やがて離婚。一方、バーバラはアントニーの同性愛を断固認めなかったばかりか、異常な行動に出る。

映画では、アントニーの愛人男性とバーバラが関係を持ち、さらには3人でベッドインしたかのように描かれているが、現実はもっと倒錯していた。なんとバーバラは「私とセックスすれば同性愛は治る」と吹聴、実際に1969年頃からアントニーにマリファナと酒を飲ませ、近親相姦を繰り返していた。

夜な夜なベッドにやってくる母に、アントニーの精神は崩壊する。幻聴や幻覚に怯《おび》え、そのうちバーバラが失神するまで棒で殴ったり骨折させたりなど暴力を振るい出した。

そして、悲劇の日はやってくる。1972年11月17日、アントニーはロンドンの自宅で母親バーバラをナイフで刺殺する。即死だった。

劇中にアントニーが母親を殺害後、中華レストランに出前を頼むシーンがあるが、これも事実のとおりだ。通報により駆けつけた警察官の目にも、彼の異常は明らかだった。

アントニーは7年間、病院で治療を受けた後、1980年に釈放。バーバラの母（当時87歳）に引き取られたが、退院した6日後に祖母をナイフで切りつけ再度、逮捕され監獄へ。彼が刑務所内で命を絶つのは、それから1年後の1981年3月。皮肉にも、祖父が開発したプラスチック製の袋を顔にぐるぐるに巻いての窒息による自殺だった。享年34。

釈放から1年後、アントニーは祖母を殺し自らも命を絶った

劇中では母子の近親相姦は曖昧に、ファンタジックに描かれている。映画「美しすぎる母」より

©Lace Curtain, Monfort Producciones and Celluloid Dreams Production

オーストラリアに向かう船上での少年少女たち。
よもや送られた地に過酷な運命が待っていようとは
想像もしていなかったに違いない

オレンジと太陽

オーストラリアに送られ聖職者の性奴隷に！

FILMS

大英帝国“児童移民制度”の世にも忌まわしき実態

「オレンジと太陽」。暖かい南国のパラダイスを思わせるこの映画は、タイトルのイメージとは裏腹、17世紀に端を発し１９７０年代まで続いた忌まわしいイギリスの「児童移民」を主題にした作品である。

本作の原作者でもあるイギリスの社会福祉士、マーガレット・ハンフリーズの調査により明るみに出るまで、長きにわたって人知れず眠っていたその実態はまさに戦慄すべき内容である。

児童移民とは、イギリスが子供たちをカナダやオーストラリア、ニュージーランドなどへ強制的に移送した制度で、対象となった子供は13万人にのぼるとされる。

映画が描くオーストラリアへの児童移民は、１９５０年代から１９６０年代にかけて、社会福祉のコスト削減を目論むイギリス政府と、白豪主義により白人種の入植を必要としていたオーストラリア政府の間で頻繁に行われ、貧困や虐待などで施設に一時的に預けられたり、未婚女性の子供たちが大半を占めた。

オレンジと太陽

2011／イギリス・オーストラリア／監督：ジム・ローチ
イギリスが秘かに1970年まで行っていた、強制児童移民という恐るべき真実を明らかにした社会派ドラマ。原作はマーガレット・ハンフリーズ著作の『からのゆりかご 大英帝国の迷い子たち』。

生活再建のめどを立てた親たちが我が子を取り戻そうとしても、当局の担当者は「すでに養子縁組をされ幸せに暮らしている」と取り合わず、子供たちに対しては、実の親が存命でも、「親は死んで、もういないから、太陽がさんさんと輝き、いつでもオレンジをもいで食べられる素晴らしい新天地へ行こう」と納得させ、親子の縁を断ち切った。

それでも、移送された子供たちが幸福な暮らしを送っていたのならまだ納得もできよう。が、旅先で子供たちを待っていたのは、過酷を極める生活だった。

彼らは教会や慈善団体が運営する施設に収容されると、旅立ちの前に与えられた豪華な洋服は剥ぎ取られ、粗末な服に着替えさせられた。男児は肉体労働、女児は家事奉公を強いられ、賃金を与えられるどころか生活費を請求される例もあった。学校へ通うことも許されず文字も読めないまま成長した彼らは、施設を出た後も限られた仕事に就くしか生きる術がなかったという。

児童移民の実態を世に公表したイギリスの社会福祉士
マーガレット・ハンフリーズ

こうした子供たちの中で最も過酷な環境に身を置いたとされるのが、「クリスチャン・

ビンドゥーンの修道院の建設作業に携わった少年たち

ブラザーズ」というカトリック教会によって運営されていたビンドゥーンの施設に送り込まれた少年たちだ。劇中では逆境の中で実業家として成功した男性レンを中心に、多くのビンドゥーン出身者の話が盛り込まれているが、彼らの証言どおり、そこでは神父たちによって残虐の極みともいえるありとあらゆる暴力が繰り広げられる。

まず、修道院の建設そのものに、収容された10歳前後の少年たちが従事していた。西オーストラリアの灼熱の太陽の下で、来る日も来る日も罵声を浴び、大きな石を素手で運び積み上げ、自分の体ほども大きなツルハシを手に大人並みの労働を強いられた。満足な食事も与えられず、少年たちはガリガリに痩せ、手のひらはすぐに血まみれになった。

さらに神父たちは、食事が遅い、祈禱の言葉を間違えたなど、些細な理由を付けては子供たちを鞭で打つ、杖で殴るなど激しい暴力をふるった。結果、耳が聞こえなくなったり、吃音になるなど障害を抱えた者も少なくない。耐えきれなくなった少年たちは逃亡を企てることもあったが、延々と続く荒野の中ではすぐに連れ戻され、また激しい折檻を受けた。

そして、何よりも少年たちに大きな傷を与えたのは、功労者として銅像が建てられている大司教をはじめとした神父たちの性的虐待である。複数の男たちに犯された少年、労働後の疲れ切った体を毎日弄《もてあそ》ばれた少年、木に縛られてレイプされた少年。彼らは何年も続いた奴隷のような生活の中で、自尊心を破壊されていった。


1986年、マーガレットの調査で大英帝国の黒い歴史とも言われる児童移民が社会問題化すると「過ぎ去ったことを蒸し返すな」「教会を誹謗するのか」といった非難が彼女に寄せられた。社会の対応に危機感を抱いたマーガレットは、自らの著作の映画化を承諾。その撮影が始まった2009年11月にオーストラリア政府が、2010年2月にイギリス政府が相次いで児童移民への関与を認め、正式に謝罪する。が、悪夢のような体験がトラウマとなり、いまだPTSDに悩まされている〝被害者〟は少なくない。

被害者はいまだPTSD症状に苦しんでいる

元児童移民の1人レンを演じたデビッド・ウェナム。彼が手にしているのは、実際に強制的にオーストラリアへ送られてきた子供たちの写真

あなたを抱きしめる日まで

アイルランドの戦慄すべき歴史の闇

FILMS

1950年代、アイルランドの「マグダレン洗濯所」では、未婚で子供を産んだ女性らが強制労働を強いられていた

「マグダレン洗濯所」で何が起きたか?

50年前に生き別れた最愛の息子を探す旅。２０１３年に公開された映画「あなたを抱きしめる日まで」は、そのキャッチコピーや邦題から、最後に母子が涙の再会を果たす感動の物語を想像してしまう。が、その背景には、アイルランドの戦慄すべき歴史の闇が隠されていた。

そもそもの始まりは１９５２年。18歳で未婚の母となったフィロミーナ・リーは、問答無用でカトリックの女子修道院に入れられる。

修道院とは聞こえが良いが、そこで待っていたのは過酷な労働だ。当時、婚姻関係なく子供を身ごもった女性は「堕落した罪深き女」として施設に閉じ込められ、大量の洗濯物を処理する作業を無報酬で強要された。洗濯には罪を洗い流すという意味が込められ、施設は「マグダレン（罪深き女性）洗濯所」と呼ばれる。

彼女たちに課せられたのは労働だけではない。産んだ子供についての権利を永久的に放棄するという宣誓書に、問答無用でサインさせられた。

目的は教会の金儲けである。信じられないことに、当時の修道院は女性たちが産み落とした子供を、養子縁組と称し、主にアメリカ人の里子とし

あなたを抱きしめる日まで

2013／イギリス・アメリカ・フランス／監督：スティーヴン・フリアーズ
かつてアイルランドの修道院で行われていた信じがたい人身売買の実態を描いた社会派ドラマ。主人公のフィロミーナ（映画の原題にもなっている）をオスカー女優、ジュディ・デンチが熱演。

て売り飛ばしていたのだ。

　劇中で描かれるとおり、若い母親たちは労働の合間にのみ我が子に会うことを許され、その絆が深まった頃、事前に何の連絡も受けないまま、里子となる子供と引き離された。

　フィロミーナも例外ではなく、1955年夏、彼女はアンソニーと名付けた3歳半の息子と生き別れとなる。


　母親たちは、修道院を出る際、自分の子供とその身の上に起こったことは忘れ、決して口外してはならないと釘を刺された。フィロミーナも後に結婚した新しい家族に息子の存在を打ち明けることはなかったが、時が経つに連れ想いは深まり、ついに息子の行方を捜し始める。

　映画では、アンソニーが50歳の誕生日を迎えたとき、映画の原作者であるBBCの元ジャーナリスト、マーティン・シックススミスと共に捜索に動き出したことになっているが、実際には息子が26歳だった1977年、か

未婚の母として子供を身籠もった頃のフィロミーナ本人

洗濯所に収容された者は〝貞節を失った女性たち〟とみなされていた

って過ごした修道院を一人で訪れている。が、情報は一切得られない。

驚くべきは、なんとその3週間前、息子もまた、かすかな母の記憶を追いかけ修道院を訪ねていた事実だ。しかし、母親に会いたい一心で、せめて手紙の転送をと申し出た彼の願いもまた聞き届けられない。修道院は、同じ年の同じ月に、母親と息子が互いの情報を探し求めて訪れたにもかかわらず、その再会を一切取り持たなかったのだ。

ちなみに、フィロミーナの息子は、映画の中で描かれるとおり、法律のスペシャリストとして成功し、歴代大統領の法律顧問にまで上り詰めていた。同性愛者だったことも事実だ。が、実際は映画の印象のように幸せな生活を満喫していたわけではない。決まったパートナーがありながら不特定多数の男性とSMプレイにのめり込み、結果、若くしてエイズに感染した。

最初の訪問から16年後の1993年、アンソニーは死を前に修道院を再訪する。が、ここに至っても修道院は何の情報も与えなかった。そこで、母親が自分を捜した際の手掛かりになるようにと、敷地に自分の亡骸《なきがら》を埋葬してほしいと懇願。修道院へ多額の寄付を行うことでその願いは聞き入れられたが、その2年後、彼は病状を悪化させ世を去る。

２００４年、フィロミーナもまた、ジャーナリストのシックススミスと修道院を再訪する。事ここに至ってもなお、教会からの情報提供はなかったが、取材のために撮った墓地の写真に息子の墓標が写り込んでいた。

劇中では、シックススミスが移民局の記事からアンソニーの消息にたどり着くことになっているが、実際にフィロミーナがアンソニーの最初の手掛かりを得たのは、この墓標写真だった。マイケル・A・ヘスという新しい名前の墓に刻印されていた生年月日がアンソニーと一致していたことから、その存在に気づいたのだ。

アメリカで養子になったアンソニーが1993年、実母を探して修道院を訪れたときの1枚。アンソニーは2年後の1995年、エイズで死去。享年43

マグダレン洗濯所と呼ばれた収容施設はアイルランドに10ヶ所あった。悲劇としか言いようのない「養子縁組」は１９７０年代には廃止されていたが、その実態が明らかになったのは１９９３年。同国のエンダ・ケニー首相は、この非人道的行為に国家も関与していたとして、２０１３年、正式に謝罪した。

幼き日のアンソニー（上写真内左）と、息子が改名後の「Michael A. Hess」を刻んだ墓標の前に立つ母、フィロミーナ

修道院が子供を売買

第4章 闇

映画「ゴーン・ガール」より　©2014 Twentieth Century Fox

疑惑の夫を演じたベン・アフレック。
映画「ゴーン・ガール」より

ゴーン・ガール

映画の元ネタになった妻殺し

FILMS

スコット・ピーターソン事件

ベン・アフレックとロザムンド・パイク演じる幸福そうな夫婦。結婚5周年目の記念日、妻が突然姿を消す。夫に浮気相手がいたことなどから警察やメディアは夫による妻殺害を疑うが、事の真相は全て妻が仕掛けた恐るべき復讐劇だった――。

鬼才デヴィッド・フィンチャー監督作「ゴーン・ガール」は、誰もが予想だにしない結末を迎えるサイコスリラーだ。こんな映画が実話のわけがないと思いきや、モデルとなった現実の事件があった。映画の原作である同名小説が題材に扱った殺人事件（作者のギリアン・フリンは映画の脚本も担当）。映画と違い、失踪した妻は無残な姿で発見され、それは夫による犯行が濃厚だった。

2002年12月24日。クリスマス・イブ。米カリフォルニア州モデスト。化学肥料のセールスマン、スコット・ピーターソン（当時30歳）から地元の警察に電話が入る。夕方、釣りから自宅に戻ったところ、妊娠8ヶ月の妻レイシー（同27歳）の姿がどこにも見当たらないというのだ。

スコットは、サンディエゴの裕福な実業家を父に持つ美男子。一方、レイシー

ゴーン・ガール

2014／アメリカ／監督：デヴィッド・フィンチャー「セブン」「ファイト・クラブ」「ゾディアック」「ソーシャル・ネットワーク」などで知られるフィンチャー監督が手がけたサイコスリラー。幸福だと思われていた夫婦の破綻と、夫に復讐を果たす妻の狂気が描かれる。

は高校時代にはチアリーダーを務めた性格の明るい料理好きの女性で、2人は近所でも評判の〝理想の夫婦〟だった。

通報を受けた警察や、地元のボランティアが報奨金を付けてまで懸命に捜索したものの、レイシーの行方は杳として知れない。世間は、しだいに夫スコットに同情の声を寄せるようになる。

失踪から4ヶ月後、事態は大きく動く。2003年4月13日、サンフランシスコ湾東側に首のない女性の遺体とへその緒が付いた胎児の遺体が発見されたのだ。そして、それはDNA鑑定の結果、スコットの妻レイシーと子供のものと判明する。

驚きはさらに続く。遺体発見からまもなく、警察が妻殺害容疑で夫のスコ

モデルになった事件の主役、スコット(左)とレイシーのピーターソン夫妻。
誰もがうらやむ"理想のカップル"だった

妻役ロザムンド・パイク（左）の背筋も凍る演技が話題に。映画「ゴーン・ガール」より

ットを、実家のあるサンディエゴで逮捕したのだ。1万5千ドルもの大金や複数の携帯電話を所持していたことから、逃走を企てていたと見られる。

実は警察は、妊娠中の妻が姿を消してもあまり悲しむ様子のない彼に、早い時点で疑いの目を向けていた。捜査段階で175人の容疑者をリストアップしていると発表していたが、実際はスコット1人が疑惑の対象だった。

そんななか、警察はスコットの電話を秘かに盗聴し、彼にアンバー・フレイ（1975年生）なる愛人女性がいて、妻失踪後も頻繁に彼女と連絡を取り合っていることを把握。さらにスコットがアンバーと出会う以前にも不倫経験があり、その相手に対して、レイシー生存中から「妻は亡くなっている」と話していた事実も摑んでいた。

スコットの愛人、アンバー・フレイも法廷に立った。事件後結婚し、2人の子供を授かった

美男美女の夫婦にいったい何があったのか。事件が明るみになりスコットの裁判が始まると、映画同様、メディアの報道は過熱。連日ワイドショーが事件を扱い、全米の注目を集めることになる。

検察はスコットがレイシー失踪の２日前にボートを購入していることから、２００２年12月23日、自宅で妻を殺害し、遺体を海に遺棄したと主張。動機は、スコットが自分の仕事や父親としての責任に不安を抱いていたため、子供の養育費や離婚に掛かる費用のことを考え離婚以外の方法を選んだと述べた。

法廷には、スコットの不倫相手であるアンバーも証人として呼ばれ、「スコットは羊の皮を被った狼のような人間」と証言。スコットの心証を限りなく黒く染めていく。一方、被告スコット側は、不倫は認めたものの、事件には一切関与していないとして無罪を主張。

犯行は変質者によるものと反論したが、根拠に乏しく、確たる証拠の提示にも至らなかった。

片や検察もレイシーの殺害方法や殺害時間を明らかにできず、判決は陪審員に委ねられることになる。判決は、レイシー・ピーターソンに対する第一級殺人罪及び、胎児に対する第二級殺人で有罪、死刑。スコットは無罪を主張したまま、2022年12月現在もサン・クエンティン州立刑務所に収監されている。

夫は妻殺害を否認したまま現在も収監中

公判中の被告、スコット・ピーターソン（左）

あいつの声

犯人がかけてきた電話の肉声を劇中で公開

イ・ヒョンホくん身代金誘拐殺人事件

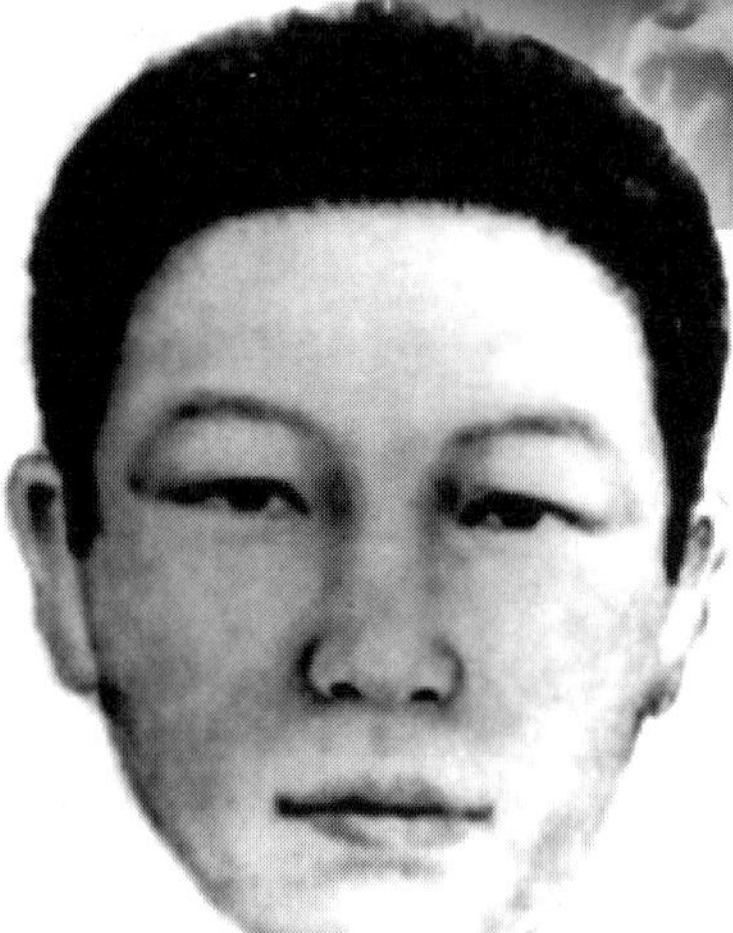

誘拐・殺害されたイ・ヒョンホくんと、公開された犯人の似顔絵

２００７年の韓国映画「あいつの声」は、１９９１年に起きた「イ・ヒョンホくん誘拐殺害事件」を題材としたサスペンス・ミステリーである。事件から16年後に公開された本作は、事の顛末を忠実に伝えると共に、犯人が唯一残した証拠＝肉声を公開し、観客に情報提供を呼びかけた。

１９９１年１月29日、ソウル。小学校３年のイ・ヒョンホくん（当時９歳）が17時20分頃、自宅近くのアパートで友だちと別れて以降、行方がわからなくなった。心配した両親が夜になって警察に連絡したところ、23時30分、男の声で電話が入る。

「息子を預かっている。２日以内に７千万ウォン（当時のレートで約１千３００万円）を用意しろ」

父親（当時34歳）が会社の社長であることを知っての身代金誘拐だった。以後犯人は合計60回以上も両親に電話をかけてきたが、いつも公衆電話で通話は４分以内。逆探知は成功しない。身代金の受け渡し場所についても、車載電話を用意するよう指示し、約束の場所を随時変更する。さらに警察の存在に気づいてからは、電話ではなく約束した場所にメモを貼り付け、次の指示を出すという周到さ。非常に計画的で、頭のい

あいつの声

2007／韓国／監督：パク・チョンピョ
1991年にソウルで起こった誘拐事件をもとに作られたサスペンス映画。犯人に翻弄される父親を名優ソル・ギョングが演じている。

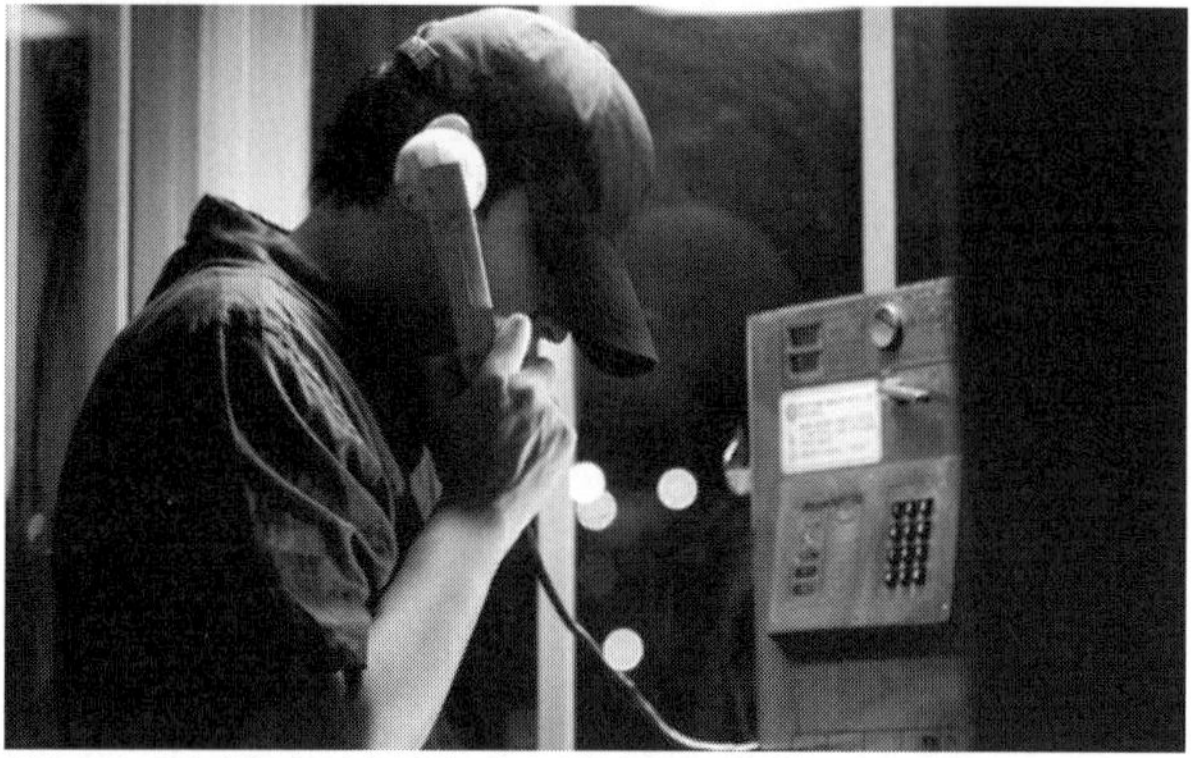

劇中では、犯人がかけてきた電話の肉声が流される。映画「あいつの声」より

い犯人と想像された。

犯人逮捕の機会は3度あった。1度目は2月1日、最初の接触時だ。深夜2時20分、犯人が指定した場所にニセの札束を載せた車を停め、母親が下車したところ、まもなく、車の様子を窺《うかが》うジャンパー姿の20〜30代の男が現れた。が、待機していた警官がためらう間に男は逃走してしまう。

2度目は2月13日。犯人は、2千万ウォンを銀行口座に入金し、残りの5千万ウォンを父親に持参するよう指示を出した。父親が、指定の配電盤の上に札束を詰めたバッグを置いて立ち去る。辺りには、待機した大勢の警官。しかし、なんと警察は別の配電盤を警戒しており、犯人は走る車から手を伸ばし悠々バッグを持ち去った。

3度目は、犯人を捕らえる千載一遇のチャンスだった。2月19日、「商業銀行」の支店で犯人が指定した口座から７００万ウォンを引き出そうとする男が現れたのだ。警察の申し入れで口座は凍結されていた。が、職員の慌てる様子に気づくや、犯人は逃走。警察は追いかけるヒマもなかった。そして、この日以来、犯人は一切の連絡を断つ。

両親や警察が焦れる中、3月13日昼頃、漢江《はんがん》の大橋付近の下水道でヒョンホくんの遺体が見つかる。スカーフと紐で後ろ手に縛られ、口と目はテープで塞がれていた。解剖の結果、胃に玄米、五《ご》穀《こく》ご飯、モヤシなどが残っており、誘拐当日に友人家で食べたお昼と判明する。ヒョンホくんは、誘拐直後20分ほどで殺害されていたのである。

ここにきて警察はようやく公開捜査に踏み切り、目撃証言を基に作成した犯人のモンタージュ写真を28万枚配布。さらに、録音に成功した46回の通話記録を分析し、犯人はソウル言葉を使う30代、高卒以上の同一人物と推定。音声、ビデオテープ各1千本を作り市中にバラまいた。結果、市民からは年間３００件以上の情報が寄せられたが、いずれも空振り。２００６年に公訴時効となった。

ヒョンホくんの遺影の前で悲しみにくれる父親のイさん

映画「カエル少年失踪殺人事件」より

FILMS

カエル少年失踪殺人事件

現在も様々な憶測が流れる未解決ミステリー

「カエル少年」は誰に殺されたか?

2011年に公開された韓国映画「カエル少年失踪殺人事件」。作品の題材となった不可解な事件の顛末はこうだ。

1991年3月26日、韓国・大邱《てぐ》の城西《ソンソ》小学校に通う9～13歳の少年5人が「オオサンショウウオを捕まえに行く」と、近所の臥龍山《がりゅうざん》に登る姿を最後に消息を絶った（当時、韓国内でカエルが主人公のTVアニメが流行っており、後に彼らは〝カエル少年〟と呼ばれる）。

5人もの子供が突然いなくなるという前代未聞の事件に、警察当局と軍はその後、延べ50万人を動員して彼らを捜したが、行方は杳として知れなかった。いったい少年たちはどこに消えたのか？　事件が一向に進展しないなか、警察は内々に妙な情報を流す。

——子供たちは誰かに捕まり物売りをさせられている——

この根も葉もない話にすがるように、少年らの親は全員が職を辞め、3年間、全国を捜し回る。

我が子の消息を必死に追い求める彼らの姿がテレビや新聞で報じられると、事件は国民の大きな関心事となる。700万枚もの捜索チラシが配られ、テレホンカード、ハガキ、アドバルーン、タバコ、子供向けの漫画誌等々、ありとあらゆる物に少年たちの顔写真が印刷

カエル少年失踪殺人事件

2011／韓国／監督イ・ギュマン
1991年、突如として行方不明になった5人の小学生の失踪事件を題材に、マスコミや警察が犯人追跡に奔走する様子を描く。原題は「子供たち」。

行方不明になった少年5人と、彼らが向かった臥龍山での捜索の様子

された。が、手がかりは全く見つからなかった。

この間、マスコミは世間の好奇心を煽るように、無責任な報道を行う。

殺人犯を見たという目撃者がいる、少年たちの身体の皮膚が発見された、ハンセン病患者たちが病を治すため子供を誘拐して殺した等々。焦った警察が最後の話を頼りに全国のハンセン病患者たちの町を弾圧的に捜査し、猛抗議を受けるという事態まで起きた。

中でも悪質なのは、映画にも登場する人騒がせな大学教授の一件だ。1996年、失踪した子供の1人、ジョンシキ君の父親が少年たちを殺害して家の敷地内に遺体を埋めたと主張したのである。心理学が専門の教授の提言だけに、その言葉はまことしやかに広まり、無視できなくなった警察がついに敷地内を隈なく掘り返す。が、遺体は出てこない。映画では描かれないが、これに怒った遺

親たちは我が子の消息を求めて全国を飛び回った

族は教授を提訴。結果、教授は敗訴し、罰金刑が下った。しかし当の教授はその後も主張を曲げず、ネットや本などで自説を展開し続けた。後に犯人と名指しされた父親が病死するのは、このときの心労に因ることは明らかだ。

事件は発生から11年後の2002年9月26日、急展開を見せる。警察が隈なく捜索したはずの臥龍山の中腹から、少年たちの人骨と遺留品が発見されたのだ。

これを受けて警察は、彼らが山中で道に迷い、寒さに耐えきれず凍死したものと主張した。が、ほどなく大学の法医学チームの検視により、驚愕の事実が明らかとなる。頭蓋骨に残る損傷の痕は、遭難や転落などでできるものではない。すなわち、他殺であると発表したのだ。

では、誰が少年たちを殺害したのか？　数数の失態を挽回すべく警察が懸命に捜査したものの、11年という時間の経過もあり、結局、犯人はわからず仕舞い。遺骨発見から4年後の2006年3月、事件は時効を迎えることになる。

映画では、最後に疑わしき人物として1人の屠殺業者を登場させている。犯人はいまだわからない。が、これまでで最も有力とされてきたのが軍による犯行説だ。

当時、現場近くには韓国陸軍第50師団の射撃場があり、在韓米軍もここで訓練

事件発生から11年後、山中で白骨死体発見

2002年9月、山中で発見された少年たちの人骨。骨は4人分で1人は見つかっていない

三十周忌に当たる2021年3月26日、大邱市により臥竜山麓に少年たちの慰霊碑が建立された

を行っていた。少年たちは、オオサンショウウオを捕まえに来たついでに、好奇心から軍の敷地に入り、流れ弾に当たったのではないか。誤射で2人が死んだため、軍はこの事実を隠ぺいする目的で残りの子供を銃殺したのではないか。1人の少年が身に付けていた衣類が軍人独特の十字の形に結ばれていたことも軍の犯行を裏付けているというのだが……。

映画公開から8年後の2019年9月、警察庁長官が発見現場を訪れ再捜査に着手することを表明。三十周忌を迎えた2021年3月、大邱市により臥竜山麓に慰霊碑が建立された。また2002年5月に『国民日報』の担当記者が回顧録を出版。当時の捜査課長がインタビューに答える形で改めて事故説を主張した。同時期にインターネット掲示板に書き込まれた接着剤吸引による幻覚を発現した不良少年グループ犯人説が話題となり、メディアが専門家を交えて検証するなど、事件は現在も注目を集め続けている。

犯人とされた3人。上が逮捕時(1993年)。下が釈放時(2011年)。
左からジェシー、ダイアン、ジェイソン（人物の並びは上下同じ）

デビルズ・ノット

米国裁判史上最大の汚点

ウエスト・メンフィス3事件

FILMS

２０１３年に公開された映画「デビルズ・ノット」は、アメリカ裁判史上最大の汚点とも称される冤罪事件の顛末を史実に沿って再現したドラマである。主人公は〝ウエスト・メンフィス３〟と呼ばれた元死刑囚と無期囚の３人で、彼らは18年もの間、殺人の濡れ衣を着せられ刑務所に収監されていた。

事の始まりは１９９３年夏。アーカンソー州ウエスト・メンフィスの森で８歳の男児３人の死体が見つかった。全裸でレイプの痕跡が残り、１人は性器の皮膚が切り取られたうえ、至る所に噛み痕が付いていた。

残忍極まる事件に、付近住民たちは恐れながらも、こんな異常な犯罪を働くのは〝アイツら〟しかいないと考える。

警察は初動捜査はおろか、ロクに調べもせずに〝アイツら〟を逮捕する。ヘビメタ好きで黒いTシャツばかり着ているダミアン（当時18歳）、友人のジェイソン（同18歳）、ジェシー（同17歳）。彼らが悪魔教の儀式を行い男児たちを生贄《いけにえ》にしたに違いない、と。

魔女狩りが行われた中世ではなく、20

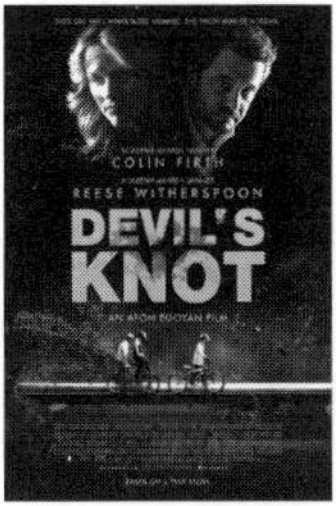

デビルズ・ノット

2013／アメリカ／監督：アトム・エゴヤン
オカルトとヘビメタが好きなティーンエージャー3人が、警察や住民の偏見によっていかに猟奇殺人の犯人に仕立てられていったかを事実に基づき、克明に描いたサスペンス。同名のノンフィクションが原作。

世紀のアメリカの話である。証拠もなく捕まえたところで、公判が維持できるわけがない。

ところが、「黒いTシャツを好むのは悪魔教崇拝のシンボルだ」と主張するインチキ宗教学者（通販で学位を取得）の証言が採用されたり、警官が現場で採取した証拠を紛失したり、警察に言いくるめられた親子が犯行を目撃したと偽証するなど、裁判では不可解なことが次々と起きる。

結果、IQ72のジェシーを誘導尋問して引き出した〝自白〟をタテに、陪審員は有罪判決を下す。首謀者とみなされたダミアンは死刑、他2人は終身刑だった。

映画では時間の経過がわかりにくいが、裁判が終わるのは逮捕から6年後。弁護側の必死の訴えで再審も行われ、新たな証拠＝遺体の噛み痕が3人の歯形と合わないことが明らかになったにもかかわらず、

犠牲となった3人の男児

劇中で主役の3少年を演じたキャスト（左からジェシー、ダミアン、ジェイソン）。
映画「デビルズ・ノット」より

判決は覆《くつがえ》らない。警察も住民も、3人をどうしても刑務所に送りたかったのだ。

日本人にとってアメリカは〝自由の国〟との印象が強いが、それはニューヨークやロサンゼルスなど大都市の一部でしかない。人口の大多数は中部エリアに住む驚くほど保守的な人々である。事件の舞台となったメンフィスはその典型で、俗に〝バイブル・ベルト（聖書地帯）〟と呼ばれる、最も保守的なエリア。住民の大半はトレーラーハウスに住む貧困層で、誰もが顔なじみだった。

そんな場所で、いつも黒いTシャツを身に付け、理屈っぽく天才肌のダミアンは住民から問題児扱いされ、偏見の目で見られていたのである。

映画は判決までを描き、その後の出来事

はテロップで説明しているが、実際はここからが本当のドラマだ。裁判の様子や関係者インタビューが地元ケーブルテレビで放映されると全米は騒然。地元に支援者が集まり、俳優のジョニー・デップら有名人が冤罪を訴え始めた。支援者たちの力を得た弁護士たちは証拠の再検証に着手。そして2007年になって決定的な事実をつかむ。被害男児たちの手足を縛っていた靴ヒモに絡まっていた髪の毛を発見し、それが被害男児クリスの継父のDNAと一致することを突き止めたのだ。

これでいよいよ真犯人逮捕かと思いきや、当局はまともな再捜査も行わず、3人に「有罪答弁」なる司法取引を持ちかける。釈放する代わりに警察の冤罪責任を追及しないことを約束しろというのである。極めて一方的な提案だが、ダミアンはいつ処刑されるかわからない立場。3人は無罪を主張しつつも、嫌々ながら申し出を受け入れる。

公判中のダミアン。右がジェイソン

２０１１年8月19日、彼らは10年間の執行猶予付きで釈放となった。事件当時、ティーンエージャーだった３人は30代半ばの中年になっていた。

現在、ダミアンは拘留中に知り合い結婚した映画プロデューサーの女性とニューヨークに住み、自身の体験をもとにした著作物の制作、講演などで活動中。ジェイソンは２０１３年に結婚しカナダ在住、「プロクライム・ジャスティス」という財団を立ち上げ、無実の罪で苦しむ人々の支援活動を行っている。ジェシーについては、２０１７年、無免許運転などで逮捕され、８７５ドルの罰金刑に問われたことが伝えられている。

犯人は被害男児の継父!?

真犯人と目された被害者クリスの継父ジョン・マック・マイヤーズ。再三、警察の取り調べを受けたものの逮捕には至らず。現在でも、彼の犯行を疑う声は多い

左からマーク・シュルツ（演：チャニング・テイタム）、ジョン・デュポン（演：スティーヴ・カレル）、デイブ・シュルツ（演：マーク・ラファロ）。下が本人。映画「フォックスキャッチャー」より

フォックスキャッチャー

レスリングチームのオーナーとコーチに間に何が?

FILMS

大富豪ジョン・デュポンが元金メダリストを射殺した理由

1996年1月26日、ロサンゼルス五輪のレスリング競技の金メダリスト、デイブ・シュルツ（当時36歳）が、3発の銃弾を撃ち込まれ射殺される事件が起きた。凶行に及んだのは、私財でアマチュアレスラーを育成していた米デュポン社の御曹司、ジョン・デュポン（同57歳）である。

「フォックスキャッチャー」は、デュポンが作ったレスリングチーム名で、事件を題材とした2014年に公開された映画のタイトルにも使われているが、作中のストーリーは史実と異なる部分が多い。

ジョン・デュポンはアメリカでロックフェラー、メロンに並ぶ三大財閥として知られるデュポン財閥の御曹司である。1980年代に五種競技に興味を抱いたことから、億単位の私費を投じて広大な私有地内にトレーニングセンターを建設。父親が持っていた競走馬にちなんで〝フォックスキャッチャー〟と名付けた私的レスリングチームを作り、選手育成・強化のため、1984年のロス五輪のレスリング競技で金メダルを獲得したデイブ・シ

フォックスキャッチャー

2014／アメリカ／監督：ベネット・ミラー
1996年に起きたデュポン財団御曹司によるレスリング五輪金メダリスト射殺事件を題材に、第67回カンヌ国際映画祭で監督賞に輝いた人間ドラマ。デュポン役のスティーヴ・カレルがアカデミー賞、ゴールデングローブ賞などで主演男優賞にノミネートされた。

ユルツ&マーク・シュルツ兄弟をコーチとして迎え入れる。映画は、その中心にいたデュポンの心の闇、兄弟の確執を主軸に、事件発生までの過程が描かれている。

まず、大きな誤解を与えるのが、時間軸である。劇中で選手たちは、さも1988年のソウル五輪を目指してトレーニングに励んでいるように映り、事件もその最中に起きたように描かれる。が、そもそもデュポンがフォックスキャッチャーを作ったのはソウル五輪以降。シュルツ兄弟がチームに参加するのも、当然ながらその後のことだ。

しかも、映画のように兄弟が同時期にチームに加わっていた事実はない。実際は、最初にマークが招かれたものの、全てを金で操ろうとするデュポンに嫌気がさしてチームを出て行った数年後、兄のデイブがコーチとして招聘《しょうへい》されている。

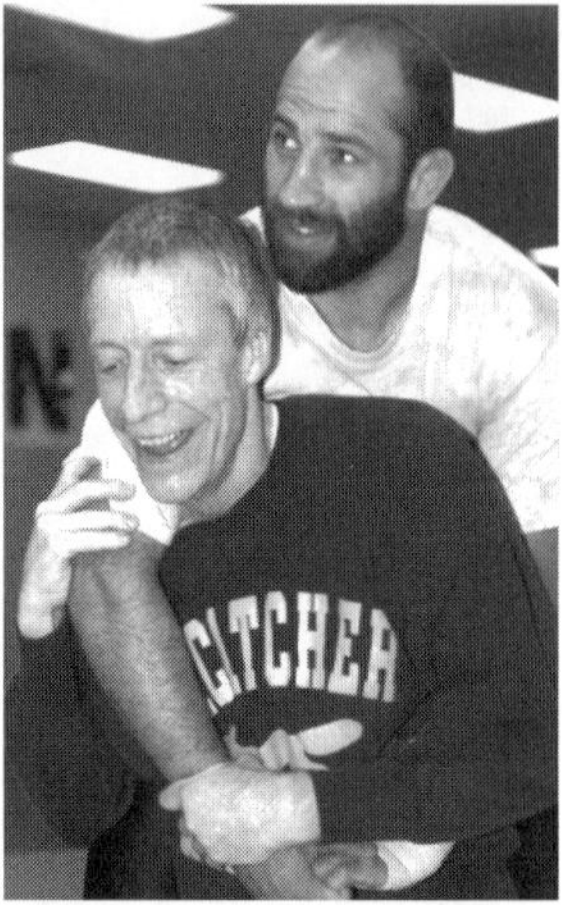

上の2人が実際のデュポン（左）と
殺害されたデイヴ。下が劇中のカット

また、劇中ではデュポンの孤独を描くため、選手育成に励む彼を全く一人前の男として認めないどころか、バカにしたような態度を見せる母親が登場する。が、これも創作。彼女はデュポンがフォックスキャッチャーを作った時期、すでにこの世にいなかった。

　このように、劇中で描かれるデュポンは誰からも愛されることのない、身体的にもひ弱な独り者としてキャラ付けられている。ところが、実際のデュポンは40代からレスリングのシニア世界大会に参戦したアスリートで、私生活でも45歳のときに29歳の女性と結婚。映画のように、単にエキセントリックな人物ではなかった。

　そして、本作最大のデフォルメは、殺害されたデイブの弟マークとデュポンの関係だ。モデルとなった実際のマークは、当初、映画製作に協力していたものの、まるでデュポンと肉体関係があったかのようなストーリー

上が1984年のロス五輪レスリング競技で揃って金メダルを獲得、互いを称え合うシュルツ兄弟（左が兄デイブ74kg級。右は弟マーク84kg級）。下はこの場面を再現した劇中シーン

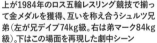

に激怒。自分はゲイではないし、デュポンと関係を持ったことなど一切ないとコメントを出している。

ただ、一方でマークは、デュポンがゲイで、育成選手と関係を持っていたとも証言。事実は定かではない。

ちなみに、マークはデュポンのもとを去った後、大学で柔術の講師として就職。兄が殺害されてから4ヶ月後、プロ格闘家としてデビューしたが、途中で頓挫し、試合の後遺症と医療ミスが重なり生死を彷徨う。何とか一命は取り留めたものの、その後、妻と離婚、財産を全て取られホームレス寸前に陥るなど、悲惨な人生をたどっている。

ところで、なぜデュポンはデイブを殺害したのか。2人は周囲も認める親密な友人関係で、互いに信頼し合っていた。関係者は事件後、一

フォックスキャッチャーでレスラーを指導する実際のデュポン(中央)

統合失調症による妄想が引き起こした凶行か

逮捕直後のデュポン。デイブを殺害後、自宅に2日籠城したうえ投降した。裁判で13〜30年の収監の判決を受け精神障害者向けの医療刑務所に送られ、2010年12月、慢性閉塞性肺疾患と肺気腫により72歳でこの世を去った

マーク・シュルツはその後、総合格闘家に転身。ヒクソン・グレイシーにも柔術を教えるなど活躍したが、私生活では悲惨な末路を

様にデュポンの犯行を信じられなかったそうだ。が、デュポンは長年アルコール中毒を患い、この時期、強迫観念症的な統合失調症に苦しんでいたという。後の裁判に証人として出廷した精神科医によれば、デュポンは、デイブが自分を殺そうとしている国際的な陰謀団の一味との妄想を抱いていた可能性があると証言したらしい。真相は謎のままだ。

映画「オープン・ウォーター」より

オープン・ウォーター

サメに襲われたか？ 自殺か？

FILMS

ロナガン夫婦
遭難事故の謎

２００３年に公開された「オープン・ウォーター」は、船員の勘違いでサメの泳ぐ海に取り残された夫婦の恐怖を描くパニック映画だ。まるでドキュメンタリーのような臨場感は、事実をもとにしているからこそ生まれたもの。題材となったのは、オーストラリア・ケアンズの沖で行方不明になったロナガン夫婦の遭難事故である。

１９９８年1月25日、スキューバ・ダイビングを共通の趣味に持つ米ルイジアナ州在住の夫婦、トーマス・ロナガン（当時33歳）と妻アイリーン（同29歳）が、世界有数のダイビングスポット、オーストラリアのグレートバリアリーフで休暇を楽しんでいた。

ケアンズから他の24人の客とダイビング船に乗り、約40マイル（約64キロ）沖のポイントへ。15時、夫婦は3回目のダイブを行い、12メートル下の海底に着く。それが、一緒に潜った他の客が見た、彼らの最後の姿だった。

ロナガン夫婦以外の24人は、時間（1回のダイブで通常40分）になると浮上し、船に戻ってきた。当然、スタッフは人数を確認したはずなのだが、なぜか2人がいないのに船を出しケアンズに戻ってしまう。

スタッフはそのことに2日間も気づかず、

オープン・ウォーター

2003／アメリカ／監督：クリス・ケンティス
1998年、オーストラリアで実際に起きた事故に基づき、オープン・ウォーター（開放水域）に取り残されたダイバー夫婦が、肉体的、精神的に極限状況で体験する恐怖をリアルに描く。特殊効果やCGは一切使用せず、俳優たちは本物のサメのうごめく海の中で演技した。

ようやく28日になって捜索が始まった。が、17機の航空機と、ヘリコプター、ボートを繰り出し、警察と海軍が徹底的に探しても、2人の手がかりは何も得られない。

2月5日、現場から約62マイル（約100キロ）離れた海岸でトーマスのBCD（ジャケット型の浮力調整具）が見つかり、続いてアイリーンのウエットスーツが海浜に打ち上げられているのが発見される。スーツには、サメに食いちぎられたと思しき破れがあった。

さらに、トーマスのスレート（海中で使うノート）も見つかったのだが。そこには《1月26日午前8時。私たちが死ぬ前に助けて！》という、悲痛な文字が綴られていた。

捜索が打ち切られ、ほどなく遺族は当日の責任者である船長を訴えた。ダイビングスタッフが人数確認を怠ったことに事故の大きな原因があると主張したのだ。

遭難した実際のロナガン夫妻

が、相手側の反応は意外なものだった。今回の件は2人が自殺したか、もしくは新しい生活を始めるために事故を偽装したと法廷で反論したのだ。根拠となったのは、夫婦の日記である。トーマスの1997年8月3日付けのページにはこう記されている。

『私の人生は今ピークに達した。ここから葬儀まではすべて下り坂だ』

そしてアイリーンの日記にも、

『トム（トーマス）は迅速に死を望んでいる』

さらに、事故以後、オーストラリア国内で2人を見かけたという目撃談まであると弁護士は主張した。

しかし、日記に関しては都合の良いところをピックアップしたに過ぎず、目撃談も信憑性は極めて低い。検死官も2人はサメに襲われたのが妥当と結論づけ、陪審員は事故が船長の過失によるものと認定した。が、下された判決は罰金刑のみ。船長は拘束されることなく放免となった。

オーストラリアにとってダイビング産業は大きな資金源だ。事故が人災とあっては甚大なダメージを被ってしまうため、裁判長もこれを回避したものと思われる。

責任者ジャック・ネアン船長に下った判決は罰金刑のみ

殺されたメレディス・カーチャー(当時21歳)。ロンドンからペルージャにやって来て2ヶ月ほどで殺害された

天使が消えた街

判決は三度覆った!

ペルージャ
英女子留学生
殺害事件

FILMS

２０１５年３月、イタリアの最高裁判所で驚きの判決が下された。２００７年、イタリアに留学中のイギリス人女子留学生殺害事件で、有罪とされた容疑者カップル２人に逆転無罪が言い渡されたのである。

日本でも「ペルージャ英女子留学生殺害事件」として報じられたこの事件では、容疑者の１人である被害者女性のルームメイトが、美人なうえ奔放な性格だったことで報道がエスカレート。被害者そっちのけで、容疑者女性のスキャンダラスな私生活ばかりが取り沙汰された。

２０１４年に公開された「天使が消えた街」は、この実際の殺人事件をベースに、報道する側＝映画監督の苦悩を描いている。

事件は、幕開けからドラマチックだった。２００７年11月１日の夜、イタリアの古都ペルージャの大学に留学中のイギリス人女子学生メレディス・カーチャー（当時21歳）が、ルームシェアをしていた共同フラットの自室で暴行を受けたうえ、喉を切り裂かれ殺害された。

翌朝、ルームメイトのアメリカ人女性ア

天使が消えた街

2014／イギリス・イタリア・スペイン／監督：マイケル・ウィンターボトム
イタリアで実際に起きた「ペルージャ英女子留学生殺害事件」を題材にした社会派ドラマ。容疑者が若く美しい女性だったことから事件の本質とは異なる部分で国際的に注目を集めた事件の闇を描く。

殺人容疑で逮捕されたアマンダ・ノックス（当時20歳、左）と恋人のラファエレ・ソレッチート。（同23歳）。写真は事件翌日の2007年11月2日、現場近くで撮影されたもの

マンダ・ノックス（同20歳）が帰ると、共同バスルームに散乱した血を発見する。慌てた彼女は、前夜一緒に過ごした恋人のラファエレ・ソレッチート（同23歳）に連絡。2人でメレディスの部屋のドアを開けようとしたができずに警察を呼び、全裸で死んでいる彼女を見つけた。

警察は、現場で採取した指紋からメレディスとアマンダの2人と面識のあるコートジボワール人の男性ルディ・ゲーテ（同20歳）を逮捕。さらに、現場に流れたメレディスさんの血痕からアマンダやラファエレのDNAが検出されたとして2人も拘束する。

警察の見立ては、事件の夜、恋人の家で過ごしたというアマンダの証言は

犯行現場。おびただしい遺留品が残されていたものの、警察の採取は不完全で、最終的にDNAなども証拠能力はないに等しいと判断された

嘘で、共同フラットでマリファナを吸いながら4人で乱交しようと提案したものの、メレディスに断られて逆上、犯行に及んだというものだった。

逮捕された3人のうちルディの公判が先に行われ、審理の結果、２００８年10月、被告の身体に被害者の血痕付きの指紋が付着していただけでなく、彼女の体内から見つかった被告のＤＮＡが決め手になり禁固30年の有罪判決が出る（２００９年の控訴審で16年に減刑、確定）。

一方、アマンダとラファエレに対する判決は、２００９年12月、被害者の下着などに付着した血痕から2人のＤＮＡが見つかったことからアマンダに禁固26年、ラファエレに禁固25年が言い渡された。が、2年後の2011年10月の控訴審では、DNAが微量で曖昧なこと、事件当夜、犯行現場近くでアマンダを見たと証言した目撃者がヘロイン中毒で証言の信用性に疑いがあることなどから逆転無罪となる。

しかし、2013年4月、検察側の上訴によって開かれた最高裁は、無罪とした二審判決を破棄、審理のやり直しを命じた。

2014年1月、再審により改めてアマンダに懲役28年6ヶ月、ラファエレに懲役25年の判決が出る。が、最高裁は捜査に明白な誤りがあったとして、再び2人に無罪を言い渡したのである。

映画は、事件の概要を時系列的になぞっているものの、主眼に置いているのは事件を取材するタブロイド紙の記者やテレビ局、ブロガーなど報道する側の姿勢だ。

女子留学生殺害事件は、被害者はもちろん、容疑者のアマンダが美人だったことで世間の注目が集まった。映画でも描かれるように、マスコミは捜査関係者からアマンダの日記を入手し、彼女の家族のインタビューを取るため奔走。マリファナパーティに参加したり、気軽にボーイフレンドと付き合っていたアマンダを、ドラッグとセックスが好きな〝魔性の女〟とスキャンダラスに報じた。

映画は、いくらリサーチしても事件の真相にたどり着けないと悟った若手監督が、センセーショナルな話題より、被害者と被害者遺族に寄り添うことが大切だと結論づけて終わるが、実際の事件は解決していない。

果たして、イギリス人女子留学生殺害に加担したのは誰か。警察は複数による犯行と発表しているが、アマンダらを犯人と決めつけていたため、初動捜査の証拠採取に不備を出し、手がかりさえ摑めていない。

裁判に臨むアマンダ。無罪確定後、ワシントン大学を卒業し事件に関する著作を執筆、多額の弁護士費用を本の印税で支払い、その後、地元シアトルの新聞社の記者となった。2016年、彼女の事件を追ったNetflixオリジナルドキュメンタリー「アマンダ・ノックス」が製作された。私生活では2018年に作家の男性と結婚、2021年に娘を授かった

メディアの関心は美人容疑者に集中した

シルクウッド

原子力関連会社の不正を告発した女性活動家

カレン・シルクウッド怪死事件

１９７４年、米オクラホマ州の原発関連工場で働いていた女性カレン・シルクウッドが、企業ぐるみの不正と労働条件の改善を求めている最中、28歳で謎の交通事故死を遂げた。

いまだ真実が明らかになっていないこの実話を映画化したのが１９８３年公開の「シルクウッド」である。主人公を演じたのは、若き日のメリル・ストリープだ。

１９４６年、テキサス州に生まれたシルクウッドは、州立のカレッジを卒業後、１９６５年に石油パイプライン勤務の男性と結婚。３人の子供を授かった

謎の死を遂げたカレン・シルクウッド。享年28

ものの1972年に離婚する。

生活のため病院の事務員として短期間働いた後、原発関連企業「カー・マギー社」が運営するプルトニウム製造工場で、時給4ドルの技術者に。受け持った仕事には、放射性プルトニウムが詰まった燃料棒を研磨する危険な作業も含まれていた。

彼女は原子力労働組合に加入し、工場労働者の健康と安全の問題を熱心に調査。結果、欠陥のある換気設備や、放射性物質のずさんな管理、また不十分なシャワー設備などが、労働者の放射線被曝を引き起こしている事実に気づく。

正義心の人一倍強いシルクウッドは1974年夏、原子力委員会に出席し、カー・マギー社が前記した労働者の健康と安全規制における重大な違反を犯していること、燃料棒の扱い方が不適切なために不具合が生じてプルトニウムが漏洩していること、さらに相当量のプルトニウムが行方しれずになっていることを証言。また、欠陥品が出ても上司が記録を工作して検査を通過させていることを暴露する。

映画では、彼女の訴えに応じて原子力委員会のメンバーが不正を公にしようと尽力する場面があるが、実際は違う。委員会はカー・

シルクウッド

1983／アメリカ／監督：マイク・ニコルズ
核の危険性を訴え、労働条件改善を求めていた最中、謎の事故死を遂げたカレン・シルクウッドの実話を映画化。事件そのものよりも、一人の女性の生き様を主軸に据えている。

マギー社と手を組んでおり、外部に働きかけることは一切なかった。
ここで、シルクウッドがあきらめていれば事態はまた違っていたのかもしれない。が、正義心の強い彼女はどうしても不正を許すことができなかった。

シルクウッドの体に突如異変が生じるのは同年11月5日のこと。定期検査で、法的基準値の400倍を超えるプルトニウムが検出されたのだ。すぐさま工場で除染を受けた後、自己診断用の尿と大便の収集キットを手渡されて自宅に戻されたが、翌日も翌々日も、全く危険物を扱っていないにもかかわらず、陽性反応が出た。

なぜ、この3日間で、彼女の体が急速に汚染されてしまったのか。シルクウッドは、不正を暴こうとする自分の口を封じるため、会社側が意図的に収集キットにプルトニウムを混入させていたと主張。対して会社は、ネガティブなイメージを与えるため、彼女が自分で自分を汚染したのだと反論した。

11月13日、シルクウッドは『ニューヨーク・タイムズ』紙の記者に会うため、オクラホマシティにある、組合の事務所に1人で車を走らせる。車内には不正を証明する書類があり、それを基に記者に告発記事を書いてもらう算段だった。

が、記者がその書類を見ることはなかった。車がハイウェイの反対車線の路肩に飛び出し、排水溝に落下。そのまま壁に激突して、シルクウッドが死んでしまったからだ。

追突痕やスリップ痕などは、彼女の車が後ろから追突されて反対側の路肩に押し出されたこと。ハイウェイに戻ろうとする彼女の車を邪魔するように並行走行する車があったことを示していたが、警察は、シルクウッドが前方不注意で事故死したと発表する。ちなみに、彼女が携えていたはずの書類は車内から跡形もなく消えていた。

映画は、シルクウッドが亡くなったところで終わる。果たして、彼女の死は事故なのか、殺人なのか。

シルクウッドの事故捜査資料はＦＢＩが封印し、いまだ詳細は明らかになっていない。しかもカー・マギー社の指示により、彼女の遺体は冷凍されたままロスアラモス研究所送りになった。ここは、全米から放射能で汚染された労働者の遺体が運ばれ処理される施設で、彼女も炉で加熱されて灰になり、さらに酸性溶液で溶解されこの世から消し去られたのだ。会社側が、彼女が被曝していた事実を隠蔽した可能性は否定できないだろう。

娘の遺体も受け取れなかった両親は、カー・マギー社を提訴。最終的に１３８万（当時の日本円で約4億円）ドルで和解した。

事故で大破したシルクウッドの愛車、ホンダのシビック

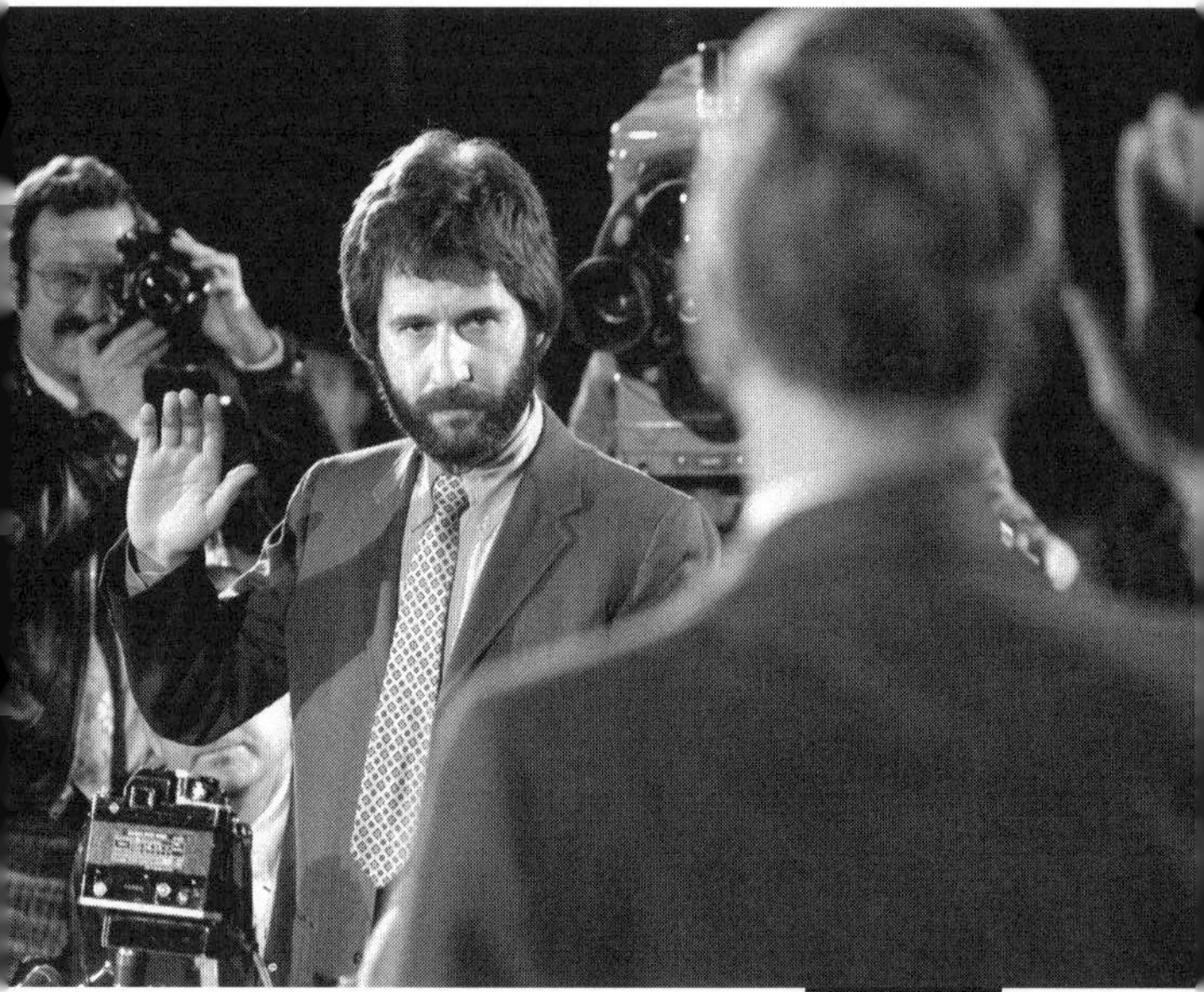

1971年10月、調査委員会で宣誓する
フランク・セルピコ本人

セルピコ

ニューヨーク市警の腐敗を告発した男

FILMS

警官フランク・セルピコを狙った疑惑の銃弾

社会派監督シドニー・ルメットと名優アル・パチーノがコンビを組んだ映画「セルピコ」は、実在の警察官フランク・セルピコが、腐敗しきったニューヨーク市警に孤独な戦いを挑んだドキュメンタリータッチの傑作である。

組織の実態を告発しようとした彼は窮地に追い込まれ、ついには捜査中に銃で撃たれて瀕死の重傷を負うこととなる。セルピコ銃撃は、同僚によるワナだったという説が極めて有力だ。

フランク・セルピコは１９３６年、ニューヨークに生まれた。警察学校を卒業し、１９５９年、21歳でニューヨーク市警へ。２年間、犯罪情報課で指紋のプロファイリングなどの任務に就いた後、念願の私服捜査官となる。

１９６０年代初頭、ニューヨーク市警は汚職にまみれており、賭博や麻薬売買など非合法ビジネスを見逃す代わりに、大半の刑事が業者から賄賂を受け取っていた。というより、むしろ警察側が積極的に強請《ゆすり》、たかりを働き、私利私欲を

セルピコ

1973／アメリカ・イタリア／監督：シドニー・ルメット
1960年代後半、ニューヨーク市警に蔓延していた汚職や腐敗に立ち向かった実在の警察官フランク・セルピコの実話に基づいた1本。主役のアル・パチーノは、セルピコを演じるため本人と長期間、寝食を共にして役作りに挑んだ。セルピコのヒッピー風の外見もそのまま真似ている。

こやしていた（その額、年間500万ドル、日本円で5億円とも言われる）。

しかし、セルピコは他の連中と違い、断じて賄賂を受け取らなかった。どころか、上司に事の次第を報告し、調査まで依頼していた。が、上司はただ「忘れてしまえ」と彼の忠告をハナにもかけなかったという。

〝賄賂を受け取らない珍しい刑事〟は組織や仲間から疎まれ、しだいに孤立していく。配属先も次々に替えられた。が、それでも彼は自分の信念を曲げることはなかった。

1967年、セルピコは「広範囲にわたる警察の組織的な腐敗を証明する証拠」と題した告発書類を上部に提出する。綿密な調査報告を警察上層部も

志を持って警察官になった男が腐りきった組織の実態を知っていく。映画「セルピコ」より

1960年代後半、実際のニューヨーク市警の警察官

無視できず、内部の監視体制を敷くことに。もっとも、賄賂が日常化した現場の人間が面白く思うはずはなかった。この後、セルピコは数年間にわたり、有形無形の脅迫を受け続けることになる。

1970年4月、セルピコの告発を受け、『ニューヨーク・タイムズ』紙が市警の腐った実態を一面で報道する。と、それまで見て見ぬふりをしていたニューヨーク市長も重い腰を上げ、調査委員会を開設する。事件は、そんな矢先に起きた。

1971年2月、当時ブルックリン北署に勤務していたセルピコは、麻薬取引の情報を得て4人の警察官とともに現場のアパートへ向かった。中から出てきた少年2人を路上で調べたところ、ヘロインが出てきた。取引をしていたのは間違いない。

同僚の警官2人による犯行!?

同僚2人とアパート内部に入るセルピコ。問題の部屋のドアをノックし、符帳を口にする。ドアが開く。瞬間、犯人側が刑事と気づき、ドアを閉めようとする。咄嗟に足を入れるセルピコ。ここで彼は同僚2人がその場にいないことに気づく。援護を要請すべく容疑者から目を離した瞬間、銃声が響いた。弾丸はセルピコの目の下、頬を貫通し、あごの最上部に留まった。

映画の冒頭、血まみれのセルピコが車に病院に運ばれるシーンは、まさにこの後の出来事だ。搬送したのは、なぜか救急車より先に現場で到着したパトカー。銃撃の翌日、市警察本部長をはじめ幹部が次々にセルピコを見舞ったのも、彼をわざと寝かさず、快復から遠ざけるためだったと言われている。

劇中、セルピコが血まみれで病院に運ばれる冒頭シーン。映画「セルピコ」より

**セルピコの近影。2022年12月現在、86歳で健在。
2017年、本人のドキュメンタリー映画が公開された**

しかし、セルピコは九死に一生を得る。そして１９７１年10月、調査委員会に出席し、警察組織全体の腐敗と不法な報酬について公然と証言を行う。

当然、銃撃事件も問題視された。すなわち、セルピコは、２人の同僚の画策によってアパートにおびき寄せられ、処刑されそうになったのではないか――。真相は明らかにならないままだった。

１９７２年６月、セルピコは勇気ある告白者として、ニューヨーク市警の名誉勲章を受けた１ヶ月後、警察を辞職。傷を快復させるためスイスに渡り、傷痍年金で生活（この間、結婚したが、妻は29歳で病死している）。１９８０年、ＦＢＩから警察の組織的腐敗の調査に協力してくれるよう依頼を受け、帰国。その後しばらく警察学校の講師などを務めていたが、現在はニューヨーク州の山奥で隠遁《いんとん》暮らしを送っているという。

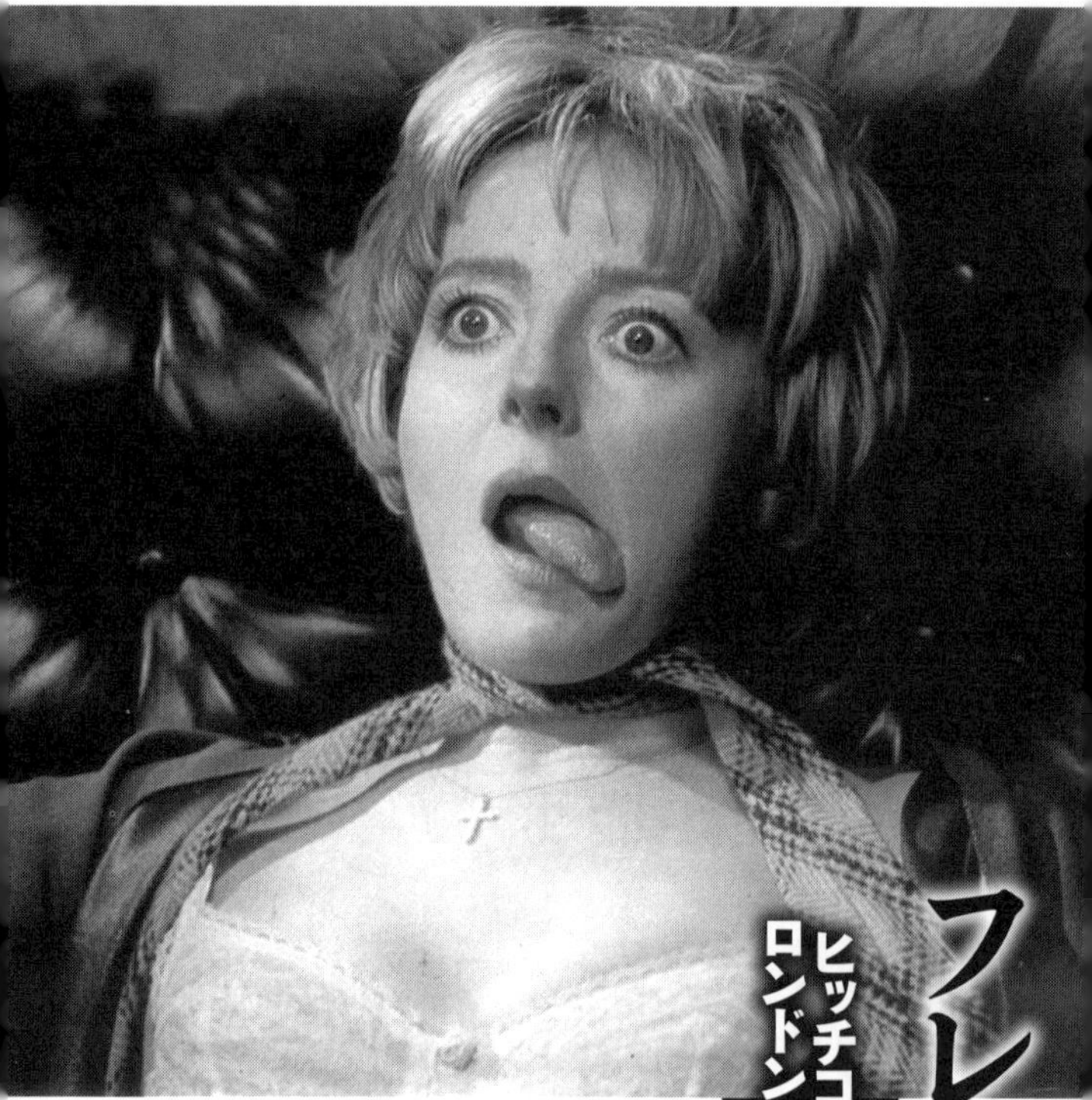

映画「フレンジー」より

フレンジー

ヒッチコックが描いた
ロンドンの連続殺人鬼

ジャック・ザ・ストリッパー事件

FILMS

1964年から1965年にかけ、英ロンドンで6人の女性が絞殺され、遺体をテムズ川に投げ込まれる事件が発生。被害者が全て売春婦だったことから19世紀末イギリスの連続殺人鬼〝切り裂きジャック〟になぞらえ〝ジャック・ザ・ストリッパー（剥ぎ取りジャック）〟と恐れられた。1972年に公開されたアルフレッド・ヒッチコック最後から2番目の監督作品となった「フレンジー」は、この事件を下敷きとしている。

1964年2月2日と4月8日、殺された売春婦の遺体が発見された。手口は絞殺、場所はテムズ川、両者とも妊娠中で梅毒に罹患していたことも共通していた

2件目の殺人が起きてまもなく、2件目の被害者のヒモだった男性が「自分が彼女を殺した」と自首してくる。これで事件は解決のはずだった。が、この男、裁判になると実況見分とはまるで異なる内容の供述を行い、結局無罪釈放となる。

この騒動で警察は攪乱《かくらん》され捜査が後手後手となるなか、4月24日、7月14日、11月25日、翌1965年の2月16日の計4件、同じ手口の絞殺事件が発生する。3人目以降は、歯を折られ、喉

フレンジー

1972／イギリス／監督：アルフレッド・ヒッチコック
スリラー映画の巨匠アルフレッド・ヒッチコック監督の晩年の猟奇サスペンス。ジャック・ザ・ストリッパー事件をモチーフに、ネクタイ絞殺魔による連続殺人事件を描く。ストーリーはオリジナル。

の奥から精液が発見された。また、遺体にはペンキのスプレーの痕跡が残されており、犯人は殺害後に塗装工場のような場所に遺体を運び、そこで歯をへし折り、裸にして口唇を陵辱したのではないかと推測された。

　証拠が数多く残されていたことで事件解決は時間の問題と思われたが、捜査は進展しない。ペンキの種類が自動車の塗装に使われるものだったため自動車整備士を重点的に調べたものの有力容疑者は浮上せず、婦人警官が街で売春婦に扮しての潜入捜査も成果は上がらない。一方、売春婦たちは凶行を恐れ、ナイフで身を守るようになる。

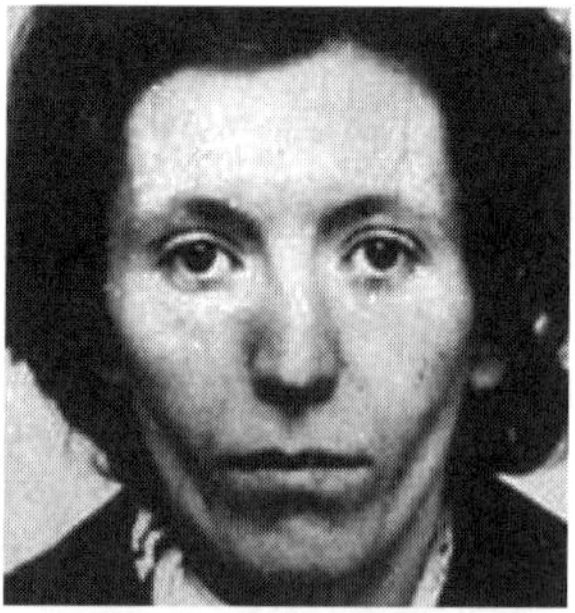

最初の被害者と、彼女の遺体が見つかったハンマースミス橋近くのテムズ河岸

　そんななか、疑わしい人物として捜査線上に上がったのが、4番目の被害者を客に斡旋していた整骨医だ。職業柄、売春婦たちの妊娠や梅毒の罹患《りかん》情報も入手可能で、過去に売春斡旋で訴えられた前科もあった。しかし、彼女が殺される寸前に犯人と思しき男性と一緒にいる姿を目撃した彼女の同僚の証言によると、男は丸顔だったという。対し、整骨医

は痩せ顔。容疑者から外さざるをえなかった。

その後も警察は7千人以上に聞き込み捜査を実施。売春婦たちを食い物にしていた悪質な斡旋業者などを何人も捕まえたものの殺人犯の特定には至らず、結局、事件は未解決のままイギリスの犯罪史上に名を刻んだ。

1965年3月3日、マンゴ・アイルランドという男が自宅ガレージで排ガス自殺を遂げる。警察が最終的に絞り込んだ3人の容疑者のうちの1人で、警備会社勤務のこの男は、警察が犯行現場と特定した塗装工場の担当だった。「もうこれ以上耐えられない」との遺書が残っていたことから、彼が真犯人ではないかと噂されてきたが、2002年になって新たな犯人を指摘する説が飛び出す。

1948年に世界ライトヘビー級のチャンピオンになって以降、英国の英雄と称えられたボクサー、フレディ・ミルズだ。ギャングともつながりのあった男で、警察も重要容疑者の1人として疑いをかけていた。が、彼も1965年7月、ピストル自殺を遂げている。真相は藪の中だ。

目撃証言から警察が作成した
犯人の似顔絵

1974年12月11日、テレビのワイドショー番組
「3時のあなた」に生出演した荒木虎美（中央）。
死亡した妻と子供2人の写真が背景に飾られている

疑惑

メディアを巻き込んだ日本初の劇場型犯罪

別府3億円保険金殺人事件

FILMS

１９８２年公開の映画「疑惑」は、松本清張の同名小説を原作に、桃井かおり演じる女主人公が、夫に保険金殺人を仕掛けるサスペンスドラマだ。

小説、及び映画のモデルになった事件がある。不動産業の荒木虎美（事件発覚当時47歳）が保険金を詐取するため、妻子を車ごと海に沈め殺害した「別府３億円保険金殺人事件」である。

１９７４年11月17日夜10時ごろ、大分県別府市の国際観光港の海に、一家４人の乗った車が転落した。主人である荒木は海面を泳いでいるところを救助されたが、妻（当時41歳）と長女（同12歳）、二女（同10歳）が溺死した。

当初は事故と見られていたが、まもなく死亡した３人に計３億１千万円もの保険金が掛けられていたことが発覚。一気に疑惑が浮上する。

荒木の過去は汚れていた。家屋に保険金を掛けた２週間後に放火し保険金詐欺で懲役８年、他にも恐喝、傷害などで何度も服役を経験。出所後の１９７３年７月、知り合いに「子供がいる母子家庭の母親」を紹介してもらい、翌年、その家の主人に収まっていた。

結婚から３ヶ月後の事件当日、荒木は家族をドライブに誘う。他に15歳になる長男がいたが、彼はことのほか荒木を嫌い、この誘いを断り難を逃れる。

疑惑

1982／日本／監督：野村芳太郎
別府３億円保険金殺人事件をヒントに書かれた松本清張の同名小説の映画化。前歴のある元ホステスを桃井かおりが、彼女の弁護人を岩下志麻がクールに演じている

荒木は「自分と妻が交互に車を運転していたが、妻が運転し自分が助手席で目を瞑っていた時、妻が悲鳴を上げた。目を覚ますとすでに海中で、自分は必死に割れたフロントガラスから抜け出した」と証言。だが、保険金を請求する荒木に保険会社は支払いを拒否。事件はマスコミに大々的に取り上げられるようになる。

荒木は群がる報道陣に「死ぬかもしれない危険を冒してまで保険金殺人を働くわけがない」と自信たっぷりに主張した。

犯人逮捕の前にマスコミがセンセーショナルに先行報道した例が過去になかったことから、後に〝日本初の劇場型犯罪〟と呼ばれるこの事件は、さらにドラマチックな展開を見せる。

1974年12月、荒木はワイドショー番組「3時のあなた」に生出演。身の潔白を笑顔で主張して放送が終了した直後、テレビ局裏で逮捕されたのだ。

果たして、車のハンドルを握っていたのは荒木か妻か。世間の注目が集まるなか始まった裁判では、以下のことが明らかになった。

・妻の膝に付いていた傷と助手席のダッシュボードの傷跡が一致

実際に車を走らせ、海中に沈めた検証実験の様子

・車に装備されている水抜き孔のゴム栓が全て外されていた（車が早く沈んだ原因）
・ダッシュボードに金ヅチが入っていた（フロントガラスを割るため使用）
・事件当夜、現場付近の信号で停まっていた車の運転席に座っていた荒木を鮮魚店の男性が目撃していた

裁判には命拾いをした長男も出廷。ドライブに誘ったのが荒木であることを証言し、「この男を死刑にしてほしい」と発言する一幕もあった。

荒木は最後まで無罪を主張したが、最高裁判決の前に死亡

いずれも荒木のクロを訴える重要な証拠だが、あくまで状況証拠。殺人を犯した物証はない。果たして、１９８０年3月28日、大分地裁は、「故意に車を海中に転落させ、善良な母子3人を殺害した。計画的かつ冷酷残忍な犯行だ」として荒木に死刑を言い渡す。

荒木は控訴するも、１９８４年9月の福岡高裁は控訴棄却。さらに最高裁にも上告したが、１９８７年頃から体調を崩し、八王子の医療刑務所に移監され、１９８９年1月13日、癌性腹膜炎で死亡した。享年61。

一審で証言台に立つ富士茂子さん（中央）。
公判では一貫して無罪を主張した
（渡辺倍夫著『徳島ラジオ商殺し事件』より）

証人の椅子

彼女はこうして
ハメられた

FILMS

冤罪・徳島
ラジオ商殺し

「真空地帯」（1952）「松川事件」（1961）など、骨太の社会派作品で知られる山本薩夫監督が、1953年、徳島市で起きたラジオ商殺害事件を題材に、冤罪が生まれる恐怖を徹底したリアリズムで撮ったのが「証人の椅子」である。映画は事件・裁判の過程を忠実に再現しながら、自白偏重に重きを置く検察の暴走と、被告女性の無罪を晴らすため尽力する親族の懸命な努力を描いている。

1953年11月5日午前5時過ぎ、徳島市のラジオ販売業の三枝亀三郎さん（当時50歳）が刺殺された。犯行現場には、内妻の富士茂子さん（同43歳）と三女（同9歳）が就寝しており、2人は見知らぬ男が侵入してきたと証言する。ちなみに、茂子さんもこのとき重傷を負っていた。

2人の証言を裏付けるように、事件現場のすぐ隣の土地に凶器とみられる匕首《あいくち》が落ちており、現場から逃走していく男を見たという目撃証言も得られたことなどから、警察は外部犯行と断定。翌1954年6月、有力容疑者として浮かんだ地元暴力団組員2人を別件で逮捕し取り調べる。1人は自供し、1人は否認。結局、証拠不十分で不

証人の椅子

1965／日本／監督：山本薩夫
1953年に発生した徳島ラジオ商殺しを題材に開高健が発表した小説を、山本薩夫監督が迫真のタッチで映画化し、冤罪疑惑を広く世に訴えた社会派ドラマの力作。

起訴となった。

事件から8ヶ月。事件の捜査が警察から検察主導に移った途端、事態は一転する。突如、ラジオ商の住み込み店員の当時17歳と16歳の少年2人が逮捕され、長期勾留の末に「事件の朝、物音で目覚めたら奥さんとご主人が争うのが見えた」と供述したのだ。これを受け、1954年8月13日、殺人罪により茂子さん逮捕。検察が内部犯行説をでっち上げ、少年2人から強引に偽の証言を引き出したのは明らかだった。

茂子さんは一貫して容疑を否認した。が、長期勾留の疲れから一度だけ「やりました」と供述。この〝自白〟と2少年の証言で、徳島地検は茂子さんを起訴する。

公判でも茂子さんは身の潔白を主張したが、1956年4月18日、徳島地裁は懲役13年の

事件現場となった三枝電機駅前営業所（渡辺倍夫著『徳島ラジオ商殺し事件』より）

有罪判決を言い渡す。1957年12月、高松高裁も控訴を棄却。茂子さんの親族は最高裁に望みを託すも、突然、彼女が上告を取り下げる。

「裁判を続けても費用がかさむ。自分は服役し、出所後真犯人を捜す」

劇中、奈良岡朋子演じる茂子さんが、面会に来た家族に取り下げの理由を語る場面は、権力に逆らえない市民の無力さを伝えて切に痛ましい。

徳島地検の取り調べに向かう茂子さん

映画のもう1人の主役と言うべき人物が茂子さんの甥、劇中で福田豊士が演じた渡辺倍夫さんだ。彼は茂子さんの長姉の娘の夫で、映画のとおり、当初から一貫して叔母の無罪を信じ、真相究明に奔走する。

茂子さんが上告を取り下げたその日、静岡県の沼津署に真犯人と名乗る男が自首した（後に不起訴）。渡辺さんは、上告審を依頼していた弁護士に改めて力を貸してくれるよう懇願するが、逆に勝手に上告を取り下げるとは何事かと批難されてしまう。

途方にくれる渡辺さんに力を差し伸べたのが共同通信の斎藤記者だ（映画には登場しない）。斎藤記者は事件を詳しく調べ冤罪を確信していた人物で、渡辺さんに当時日弁連の人権擁護委員長の津田弁護士を紹介。ここから再審に向けた闘いが始まる。

犯人に仕立て上げられた茂子さんの甥、渡辺倍夫さんが無罪立証のため奔走した記録を綴ったノンフィクション。1983年の出版当時、まだ無罪は確定していなかった。渡辺氏は2007年7月、心不全により81歳でこの世を去っている

鍵は、有罪の決め手となった証人2少年の証言だ。彼らが真実を述べてくれさえすれば、茂子さんの無罪が晴れる。確信した渡辺さんは足しげく2人を訪ね、ついに彼らから「検察に脅されて偽の供述をした」との画期的な証言を得る。

茂子さんと渡辺さんは2人を偽証罪で告発した。が、検察庁はこれを不起訴に。映画はこの辺りで、まだ先の長い闘いが待っていることを予感させて終わる。

茂子さんは、映画公開の翌年、１９６６年11月30日、刑期を2年残し仮出所した。さっそく証人2人と面談し、直接謝罪を受ける（この模様はＡＢＣ朝日放送で報道された）。

茂子さんはこの事実を証拠に4度目の再審を申し立てたが、やはり却下。それでもあきらめなかった彼女が腎臓ガンを患い、この世を去るのは第5次再審請求中の1979年11月15日。享年69だった。

その後、茂子さんの遺志は姉弟が受け継ぎ、ついに1980年12月13日に徳島地裁が再審開始を決定。それから5年後の1985年7月9日、完全無罪が確定する。逮捕から実に31年の月日が流れていた。

1985年7月9日、徳島地方裁判所が下した無罪判決に、
茂子さんの遺影を掲げ歓喜する親族、支援者たち

逮捕から31年後、完全無罪が確定

映画のモデルとなった
一卵性双生児のマーカス兄弟。
左が兄スチュアート、右が弟シリル

戦慄の絆

腐乱死体で発見された双子の産婦人科医

マーカス兄弟怪死事件

1988年に公開された、鬼才デヴィッド・クローネンバーグ監督作「戦慄の絆」は、産婦人科医院を開業する一卵性双生児を主人公にした心理サスペンスだ。病院を訪れた1人の女性と恋に落ちた内向的な弟が、やがてクスリに溺れアイデンティティの均衡を崩して悲劇的な結末へ……。このクローネンバーグ独特のグロく観念的な世界観が色濃く出た作品は、実際に起きた双子の産婦人科医怪死事件を題材にしている。

映画は、カナダのトロントを舞台としているが、モデルとなった双子の医師が住んでいたのはアメリカ・ニューヨークである。1975年7月15日、高級アパートメントやコンドミニアムが建ち並ぶマンハッタンのパークアベニューで、一卵性双生児の兄弟、スチュアート・マーカスと弟のシリル（いずれも当時45歳）が死体で発見された。

彼らは1951年、アメリカ国内でも伝統あるシラキュース大学を卒業後、成績優秀者の中から選出される〝ファイ・ベータ・カッパ・クラブ〟に所属。自分たちの病院を構える傍ら、どちらもコーネル大学医学部で教鞭を執っていた。

戦慄の絆

1988／カナダ／監督：デヴィッド・クローネンバーグ
幼い頃から一心同体に育ち、今はトロントで産婦人科医を開業する一卵性双生児の兄弟が、1人の女性患者との出会いにより2人の微妙なバランスを崩していく様を描いたサイコスリラー。主人公の双子を1人2役で演じたジェレミー・アイアンズがニューヨーク映画批評家協会賞、及びシカゴ映画批評家協会賞の主演男優賞を受賞した。

劇中では、兄が社交的で、弟はこつこつ研究を重ねる内向的な人物に描かれているが、実際は2人とも性格が似通っており、立場も同等。2人共同で学術書を発表し、不妊治療の先駆者として国際的に名を馳せていた。また、2人の病院を訪れた女優を先に兄がモノにし、後に弟に譲ったとするストーリーも完全な創作である。実際のマーカス兄弟は、兄のスチュアートが独身だったのに対し、弟のシリルは一度結婚を体験し、2人の娘がいた。

いったい、なぜこの双子の産婦人科医は死んだのか。「隣室から悪臭がする」という通報を受けた警察が彼らの部屋に入ったところ、腐った果物や睡眠薬の空き瓶が散乱、高価な椅子の上に糞尿が垂れ流されていた。そして寝室のベッドの上で、そっくりな顔のマーカス兄弟の腐乱死体が見つかる。

検死官は、死因を睡眠薬による自殺と断定した。確かに、亡くなる前年に、2人の麻薬中毒はすでに病院のスタッフには知れわたっており、病院側は休暇を取って治療に専念するよう助言していたという。死亡した年の夏にも、不安定な言動によって関連施設で勤務停止処分になったという話もある。

2人の腐乱死体が見つかった
ニューヨーク・パークアベニューの超高級アパートメント

映画は、兄から精神的に脱却するため弟が薬に手を出したように描かれている。が、事実とは違う。弟シリルは1972年頃から健康を損ね、鎮静剤バルビツールの中毒となっていた。そこで、兄スチュアートが弟に入れ替わって治療をカバーしていたのだが、双子のシンクロニシティからか兄もまた麻薬の乱用スパイラルに沈んでいく。病院に勤務していた看護師の証言によると、最後に兄弟が共同で行った手術では、2人とも手の震えが止まらない状態だったそうだ。

死因が薬物絡みであることは間違いないだろう。ただし、自殺か事故かは謎のままで、さらに不思議なのは、弟シリルの死亡時刻が、兄スチュアートの数日後ということだ。映画のように弟が兄を殺したとは考えにくいが、ゴミ溜めのような部屋で先に死んだ兄の死体を見ながら、弟は数日間何を考えていたのだろうか。

1人2役で双子を演じた
ジェレミー・アイアンズとヒロイン役のジュヌヴィエーヴ・ビュジョルド。映画「戦慄の絆」より

逮捕された李珍宇（日本名／金子鎮宇・中央）

絞死刑

差別と貧困の中で生きた18歳の犯人、李珍宇の『罪と罰』

小松川女子高生殺人事件

大島渚監督の映画「絞死刑」は、強姦致死罪で死刑判決を受けた青年〝R〟を主人公に、死刑制度の是非や在日朝鮮人問題を描きだした作品である。

映画の題材となったのは、1958年、東京・江戸川区で女子学生が殺害された小松川女子高生殺人事件。犯人は当時18歳の在日朝鮮人の高校生、李珍宇《イチヌ》だった。

事件は、同年8月20日、読売新聞に入った1本の電話から始まる。

「特ダネを提供する。俺が家出した女を殺したんだ」

若い声の男が言うには、江戸川区のY子さんを絞殺し、都立小松川高校に死体を遺棄したのだという。電話を受けた記者はすぐに小松川警察署に通報。捜査員が付近を捜すものの遺体は見つからず、電話はイタズラと処理される。

翌日、小松川署に「学校の屋上に死体を捨てた」と具体的な位置を示す電話が入り、そのとおりの場所でY子さんの死体が発見される。彼女は中学を卒業後、事務員をしながら都立小松川高校の夜間部に通う当時16歳の高校生で、17日に自宅を出たまま行方不明になっていた。

警察が捜査に乗り出すや、犯人は自ら動いた。被害者宅に女生徒が身につけていた櫛や手鏡を郵送し、再度、読売新聞に電話をかけ、

絞死刑

1968／日本／監督：大島渚
1958年に起きた小松川女子高校生殺人事件を題材に、死刑制度や在日朝鮮人問題などを追求した社会派ドラマ。絞首刑に処される少年と執行官の刑執行を巡るやりとりがユーモラスかつナンセンスに描かれている。

犯行の様子などを延々30分にわたってしゃべり続けたのである。

連絡を受けた警察はすぐさま逆探知を行い、電話が江戸川区内の公衆電話ボックスからかかっていることを突き止めるが、現場に捜査員が向かったときはすでに犯人が去った後。ただし通話は録音されており、8月29日にラジオで「犯人の声」として公開される。

寄せられた多くの情報をもとに警察が捜査を行ったところ、工員で同校の夜間部に通う李が容疑者として浮上。9月1日、逮捕された李は素直に犯行を自供する。

曰く、8月17日にプールで泳ごうと小松川高校に行き、屋上で読書をするY子さんを見て欲情。ナイフで脅そうとしたが、大声を出されたため絞殺。屍姦の後、遺体を屋上の穴に隠匿した。また、同年4月20日、江戸川区内で23歳の工場賄い婦が強姦・殺害された事件も自分の犯行であることを認めた。

1940年に東京・亀戸の朝鮮人部落に生まれた李は、劣悪な環境で育つ。粗末なバラックに酒好きで窃盗の前科がある父親と難聴で口が不自由な母。兄弟は6人。同居する叔

被害者の死体が遺棄されていた都立小松川高校の屋上

父は前科6犯のスリだった。近所付き合いはほとんどなく、日本人社会から阻害された朝鮮人部落の中でも孤立した、まさに最底辺だった。

小・中学とも教科書は買えず、遠足にも行けない。が、IQは135もあり、成績は学年で一番。生徒会長も務める優秀な生徒で、ゲーテの『ファースト』やドストエフスキーの『罪と罰』を愛読する一方、常習的に窃盗を働き保護観察処分も受けていた。

中学卒業後、就職差別でどこにも採用されず、同胞が経営する鉄工場に入社。しかし、工場は倒産し、町工場を転々としながら定時制高校に通っていた。李が事件を起こすのは、高校に入学したその年のことである。

李は犯行当時18歳の少年だったが、2件の殺人と強姦致死に問われ、1959年2月、東京地裁は死刑を宣告した。この判決に対し、事件の背景に貧困や朝鮮人差別の問題があったと大岡昇平ら文化人が助命請願運動を起こすが、二審は控訴棄却。最高裁も上告を棄却し、刑が確定する。1962年11月26日、李は戦後20人目の少年死刑囚として処刑台の露に消えた。享年22。

劇中の処刑シーン。映画「絞死刑」より　©大島渚プロダクション

オリエント急行殺人事件

アガサ・クリスティの大ヒットミステリーの下敷きに

FILMS

１９７４年と２０１７年の２度映画化された「オリエント急行殺人事件」は、世界的なミステリー作家アガサ・クリスティが１９３４年に発表した同名小説を原作としたサスペンス劇だ。

舞台は１９３５年。イスタンブールからロンドン行きの列車、オリエント急行に乗り合わせた私立探偵エルキュー

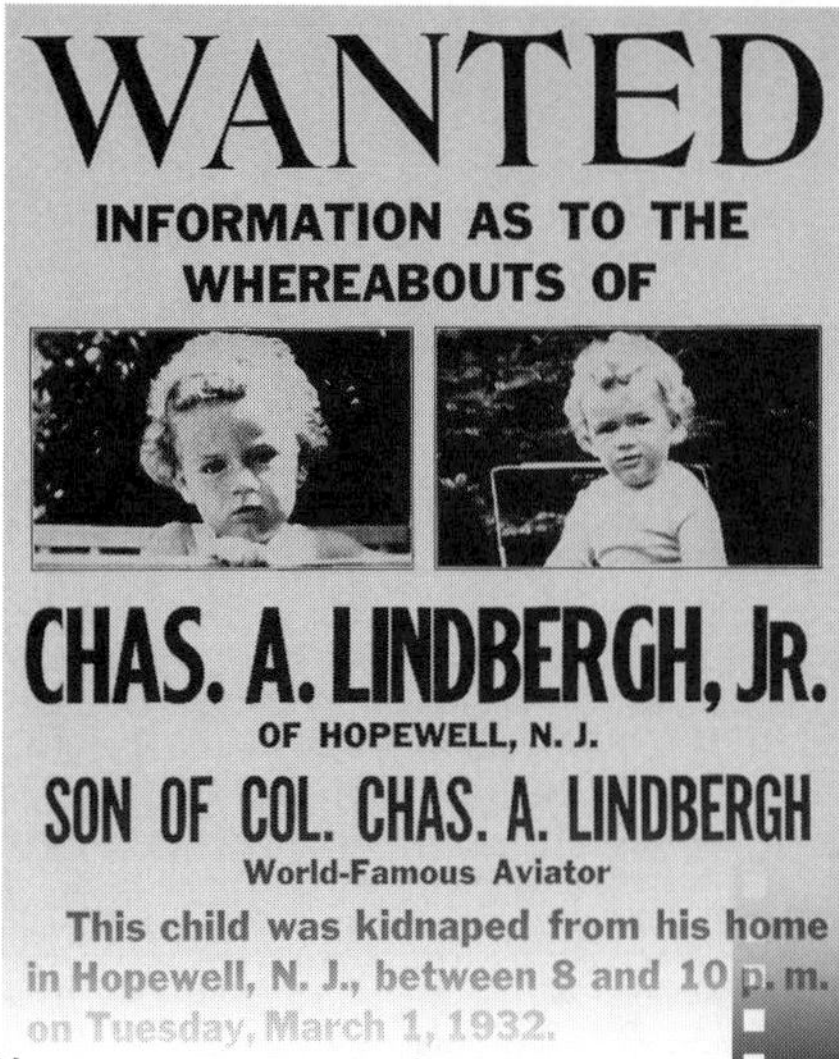

誘拐されたチャールズ・ジュニアの情報を求めるポスター

リンドバーグ愛児誘拐事件

ル・ポアロが車内で殺人事件に遭遇する。事件が発生した一等客車の乗客12人を調べたところ、最初は何の関係もないと思われていた彼ら全員が5年前、ニューヨークで起きた、ある誘拐殺人の関係者であることが判明する。

資産家の大佐の3歳の娘がさらわれ、身代金20万ドルを奪われたうえで惨殺。犯人は逮捕されたものの証拠不十分で釈放となり、母親はショックで命を落とし、父親も拳銃自殺した悲惨な事件。

本作の謎を解くキーワードとなるこの事件、原作者のクリスティは、作品発表の2年前、米ニュージャージー州で実際に起きた一つの誘拐殺人を参考にしている。初の大西洋単独無着陸飛行に成功したことで有名な飛行士チャールズ・リンドバーグの長男が殺害された「リンドバーグ愛児誘拐事件」だ。

1932年3月1日夜、リンドバーグ

オリエント急行殺人事件

1974／イギリス／監督：シドニー・ルメット
2017／アメリカ／監督：ケネス・ブラナー
アガサ・クリスティの大ヒットミステリーの映画化。1974版（左）では、乗客の1人で“俳優”の女性を演じたイングリッド・バーグマンがアカデミー賞最優秀助演女優賞を受賞。2017年版は、ポアロを演じたケネス・ブラナーが監督も兼任、他にジョニー・デップ、ペネロス・クルスらが出演している。

リンドバーグ夫妻。事件後まもなく死亡する作中の大佐夫妻とは違い、リンドバーグは事件から42年後の1974年に72歳で、妻アンは2001年、94歳で死去。ちなみに夫妻は殺害されたジュニアの下に5人の子供を授かっている

（当時31歳）の長男、チャールズ・ジュニア（同1歳8ヶ月）が自宅から誘拐された。2階の子供部屋の窓枠には犯人が侵入・逃走に使ったと思われる梯子がかけられ、窓の下に、5万ドルの身代金を要求する文言が記された手紙が残されていた。

国の英雄の息子が誘拐されたとあり全米は騒然となる。リンドバーグのもとには、地元警察やFBIはもちろん、マスコミが大挙して押し寄せる一方、20万通もの同情の手紙が届いた。

犯人は警察に通報したことに抗議し、「連中が静かになるまで取引には応じない」と手紙を寄こしたが、リンドバーグは協力者の手も借りて粘り強く交渉、4月2日、ようやく金の受け渡しにたどり着く。

指定された墓地には、顔をハンカチで隠した男が現れた。男は身代金を受け取ると、ジュニ

アの居場所が書かれた手紙を差し出し夜の闇に消える。

果たして、ジュニアは手紙に記された場所ではなく、リンドバーグ邸からほど近い林の中で遺体で発見される。腐敗状況から、誘拐直後に殺害されたのは明らかだった。事件発生から2ヶ月半が経った5月12日のことである。

大失態を冒した警察は躍起になって犯人を捜した。特に疑われたのはリンドバーグ家の使用人である。全員が厳しい尋問を受けるなか、供述の矛盾を指摘された小間使いの女性はノイローゼに陥り服毒自殺した（作中でも、犯人グループの一味と疑いをかけられたメイドが飛び降り自殺したことになっている）。が、確たる証拠はつかめず、そのまま2年の時が流れる。

犯人は唐突に捕まった。1934年9月16日、ドイツ系ユダヤ人移民の大工、リチャード・ハウプトマン（同34歳）が、ニューヨークのガソリンスタンドでナンバーが控えられていた身代金の紙幣を使用。彼のガレージからも1万2千ドルもの身代金紙幣が見つかったことで身柄を拘束されたのである。

リンドバーグ邸。2階に書斎と子供部屋があり、犯人は写真の梯子を使い侵入・逃走を図ったと推測されている

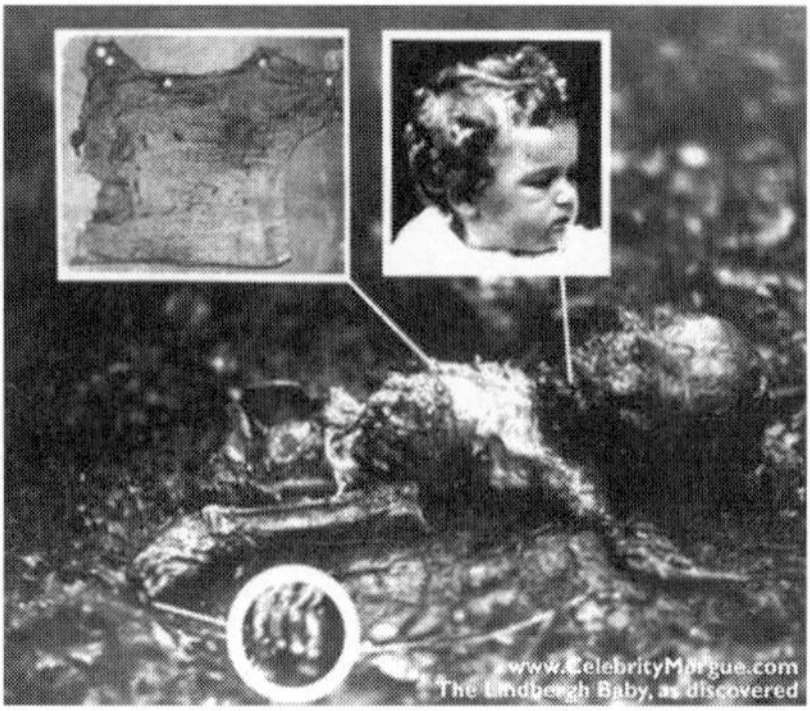

誘拐から2ヶ月半後に発見されたジュニアの遺体

ハウプトマンは一貫して無罪を主張した。金は単に仕事仲間から預かっただけ。誘拐の際に使用した梯子が壊れていたが、本職が大工の自分がそんな雑なものを作るわけがない。犯行時、自分はニューヨークで大工仕事をしており、現場監督がアリバイを証明している等々。その主張は理に適っていた。が、1年の審理を経て下った判決は死刑。36年4月3日、ハウプトマンは電気椅子に送られる。

果たして、彼は真犯人だったのか。後に、陪審員の中に弁護側から被告に不利な証言をするよう買収された老人がいたことや、ハウプトマンが逮捕されて以降も身代金が使われた事実も判明している。彼の冤罪を唱える声は決して少なくない。

では、ハウプトマンでなければ、誰が犯行を働いたのか。まことしやかに噂されたのが、父親リンドバーグの関与説だ。彼の妻アンの父親が、遺産の配当金年30万ドルの受取人をジュニアに指名していたことを不満に感じていたリンドバーグは、人を使い息子を誘拐・殺害させたというのだ。

未だ根強いリンドバーグ真犯人説

実際、ジュニアの死後、遺産はリンドバーグに配当されている。また、犯行時、彼の書斎は息子が寝ていた子供部屋の隣にあり、誘拐に気づかないはずがないという声も根強い。他にも、後に自分がジュニアだと名乗りを上げた人物がいる。なんでも彼は誘拐後、ギャングの隠し子として育てられたという。では、見つかった遺体は誰なのかということになるが、その人物がリンドバーグにＤＮＡ鑑定を申し入れたところ、頑なに拒否されたそうだ。リンドバーグが有名人物だけに、事件は未だ数々の憶測を呼んでいる。

裁判所を出るリンドバーグ（中央）

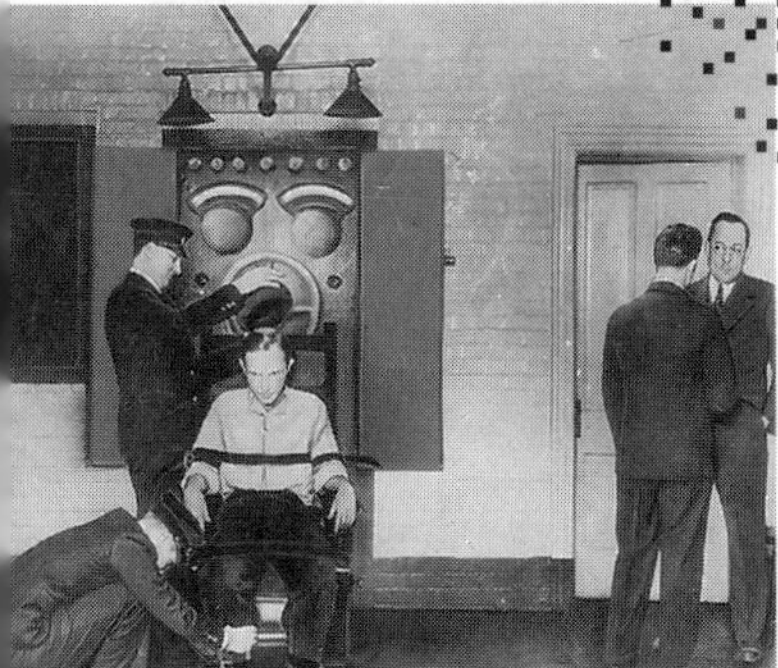
犯人として逮捕されたリチャード・ハウプトマンの処刑執行直前に撮られた1枚（1936年4月3日）

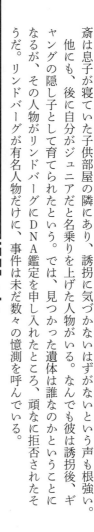

幸せの行方

映画公開後に発覚した大富豪の殺人

ロバート・ダースト事件

FILMS

ロバート(右)と、失踪した妻キャシー。写真は結婚当初の1973年頃に撮影された1枚

殺人罪で逮捕されたロバート・ダースト

人気俳優ライアン・ゴズリング主演の映画「幸せの行方」は、アメリカの不動産王一族の御曹司が妻を殺害、さらに共犯の親友や隣人までをも手にかけてしまうサスペンス劇である。

映画は、1980年代~2000年代前半にかけて、実在の不動産王ダースト家の周囲で起きた事件に基づいて制作、2010年に公開されたが、その後、事件は驚愕の展開を見せる。

主役のモデルは、タイムズ・スクエアなどの建設に携わった総資産44億ドルとも言われるニューヨークの不動産王ダースト家の御曹司ロバート・ダースト（2018年4月現在、75歳）。彼の周りでは、全米を騒がせた3つの未解決事件が起きていた。

最初は1982年12月31日に突然行方不明となったロバートの妻キャシーの一件である。2人は1980年より別居していたが、キャシーが失踪直前に夫と電話で口論していたとの目撃情報からロバートに嫌疑がかかる。が、決定的な証拠が見つからず、結局、この一件は失踪扱いのまま処理される。

2件目は2000年、ロバートの親友女性スーザン（当時55歳）が、自宅で頭部に一発の銃弾を受け〝処刑スタイル〟で射殺されていた事件である。

映画では描かれていないが、彼女とロバートはUCLA大学時代からの付き合いで、幼い頃に父親を亡くしたスーザンの結婚式では、ロバートが代わりにバージンロードを歩いたほどの仲だった。

幸せの行方

2010／アメリカ／監督：アンドリュー・ジャレッキー
ニューヨークに実在する不動産王ダースト家の御曹司を巡る3つの未解決事件の真相を描いたサスペンス。

スーザンの父親はラスベガスを仕切るマフィアのボスで、彼女が13歳のときに獄死していた。その事実を知らず育った彼女は大学卒業後に父親のことを調べて出版、以後、ルポライターとして活躍していた。

劇中でも描かれるように、殺された当時、スーザンは投資に失敗して破産、家賃の支払いも滞る状態だった。そこで、彼女が考えたのが、ロバートへの金の無心。実は彼女、ロバートの妻の失踪事件でアリバイ工作を手伝い、それをネタに彼を強請っていたのだ。

警察は、当然ながらロバートに嫌疑を向ける。が、その残虐な殺害方法に加え、死亡前、スーザンが周囲に「マフィアに関するテレビ番組の制作に参加する予定」と話していたため、マフィアによる犯行説が強まる。

一方、ロバートは警察からの追及を恐れ、

精神病質な主人公をライアン・ゴズリングが演じた。映画「幸せの行方」より

2000年、自宅で殺害されたロバートの親友、スーザン

テキサスに移転。2001年10月9日、近所に住んでいた高齢者の男性を殺害、遺体を遺棄する。動機は、被害者に自分の素性がバレそうになったためと推測されている。

この第3の事件で、初めてロバートは逮捕される。しかし金にモノを言わせ腕利きの弁護士を雇い、相手が襲ってきたための正当防衛だと主張。裁判ではこれが通り、死体遺棄のみの微罪で終わった。

ここまでが映画で描かれたロバート・ダーストにまつわる容疑の概要だが、その後、驚くべき展開が待っていた。まず、映画公開後にロバート本人がアンドリュー・ジャレッキー監督に「自分で事件を説明したい」と連絡。ロバートへの取材をメインに「ザ・ジンクス」なるドキュメンタリー番組が作られることになった。

ジャレッキー監督はこの全6回のテレビシリーズで、関係者、友人らへ新たに取材し、スーザン事件の真相究

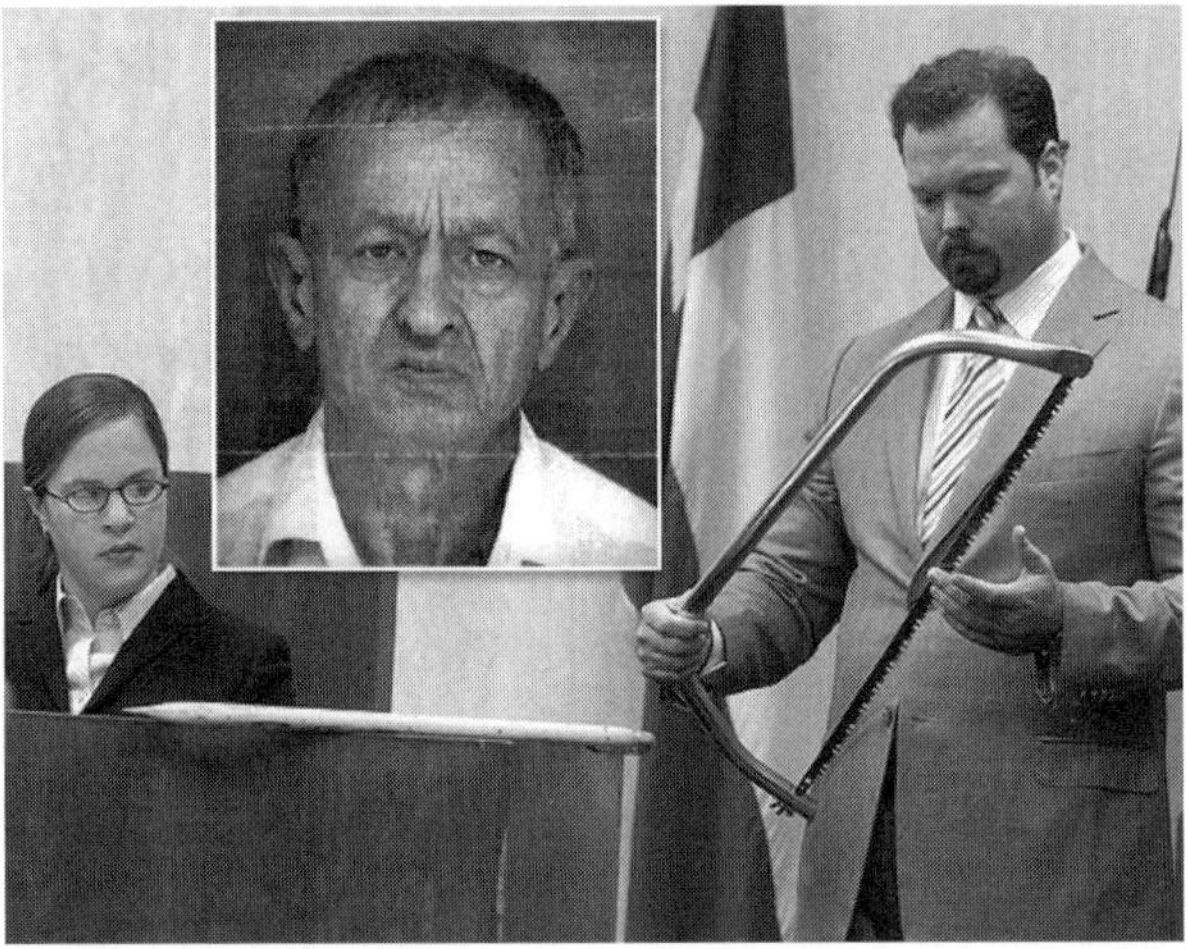

2001年、ロバートが殺人容疑で逮捕された際の裁判。中央の写真が被害者男性。検事が手にしているのは遺体解体に使われたノコギリ。ロバートは正当防衛を主張、死体遺棄罪のみ有罪となった

明に乗り出す。

と、その過程で、スーザンが殺された後、ビバリーヒルズ警察に犯人が送ったものと思われる手紙の筆跡が、ロバートの筆跡と一致することが判明。ジャレッキー監督はロバートが真犯人であるとの疑惑を強め、番組の最終回で彼に事件の真相を問い質す。

ロバートは、あっさり犯行を否定した。番組もそのまま終了するはずだった。が、この後、誰もいなくなった部屋の映像に、ぼそぼそと呟くロバートの声が聞こえてきた。

「俺が何をしたかって？　全部俺が殺したに決まってるだろ」

スイッチが入ったピンマイクを付

TV収録中、トイレで「俺が殺した」と独白

けたままトイレに行ったロバートの独り言である。これを受け、警察は捜査を再開、ロバートはスーザン事件で逮捕・訴追された。
2021年10月、陪審員は第一級殺人罪で有罪を宣告。判決では終身刑が言い渡されたが、2022年1月10日、新型コロナウイルス感染が原因の心停止でこの世を去った（享年78）。

TVドキュメンタリーの映像に聞こえてきたロバートの独り言

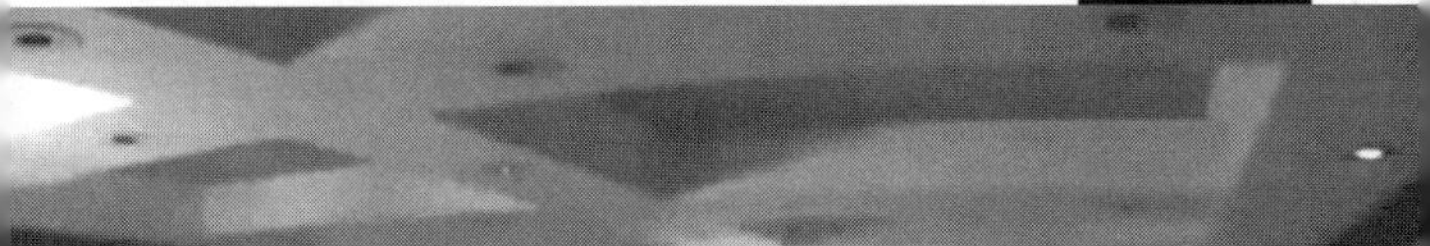
Killed them all, of course.
彼ら、全員殺したんだよ。もちろん

Column この映画が殺人を引き起こした ③

米ニュージャージー州オークリンに住むマシュー・ラベット（18歳）は、幼い頃からオタクだった。学校では猫背とヨレヨレのTシャツをからかわれ、趣味はインターネットとゲームだけ。友人は1人もいない。

そんなマシューの人生を変えたのが、1999年公開のアクション映画「マトリックス」だ。平凡なサラリーマンが仮想現実の敵と戦うストーリーにのめり込んだ彼は、いつか自分も、主演のキアヌ・リーブスのように世界を救いたいと願うようになる。

マトリックス

1999／アメリカ／監督:ラナ・ウォシャウスキー&リリー・ウォシャウスキー。平凡な男が仮想現実の世界で敵と戦うSFアクションの傑作。斬新な映像が話題を呼び、アカデミー視覚効果賞等を受賞した。

そこで、まずは映画と同じ黒いコートを買い、ボサボサの長髪もキアヌのようなオールバックに変更。近所の少年2人を同志に招き入れ、「お前らは支配されている」などと教えを説いた。

妄想は少しずつ深まり、やがて3人は「革命」の決行を思い立つ。これまで自分たちをバカにした人間を、全員撃ち殺す作戦だ。

2002年6月、計画は実行に移される。父親の部屋からショットガンを盗むと、マシューは黒いロングコートを着ながら両親へ遺書を書く。
「お父さん、お母さん、僕は人類の自由のために戦う戦士です。僕たちを縛り付ける社会から自由になります。選ばれし者、マシューより」

マトリックス以前のマシュー(左)。いかにも気弱そうだが、世界革命を思い立って以降は、髪型がキアヌ・リーブスもどきに

世界を救おうとしたオタク青年のマヌケな殺人未遂劇

FILMS

深夜3時30分、3人は一斉に表に飛び出すや、近所を通りかかった車の前に立つ。奪った車で町を流しながら、ターゲットを次々撃ち殺していく目論見だった。

が、計画はいきなり失敗する。肝心のドライバーが全くビビらず、車を急発進させて警察に駆け込んだのだ。予期せぬ展開にマシューは何もできず、開始から30分で革命は終わった。

裁判ではカージャックと殺人未遂の罪が認められ、マシューに懲役20年、残りの2人には仮釈放の判決が下った。閉廷直前、数万ドルを出せば保釈も可能だと慰める裁判官に、彼は疲れ切った顔でつぶやいた。

「僕には1ドルの価値もありません…」

第5章

アンビリバボー

映画「狼たちの午後」より

写真中央が救出チームのリーダー役を演じ、
監督も務めたベン・アフレック。映画「アルゴ」より

FILMS

アルゴ

架空のSF映画製作チームがイランに潜入！

「カナダの策謀」と呼ばれた前代未聞の人質救出劇

１９７９年11月、イラン革命の最中に、テヘランにあるアメリカ大使館をイスラム過激派グループが占拠。外交官や、警備のために駐留していた海兵隊員、その家族ら52人が人質に取られる事件が発生した。いわゆる「イランアメリカ大使館占拠事件」である。

この際、人質になることを免れてカナダ大使公邸に避難した６人のアメリカ人外交官がいた。ベン・アフレックが監督、主演を務めた映画「アルゴ」は、彼らを救出するためカナダ政府とアメリカＣＩＡによる共同作戦、通称「カナダの策謀」の一部始終を描いた作品である。公開時、本作は全て実話としてＰＲされ、２０１２年度のアカデミー賞最優秀賞作品を受賞するなど高評価を受けたが、劇中で描かれた内容と事実には大きな開きがある。

本作最大の売りは、革命が起きている国でＳＦ映画「アルゴ」製作のため、撮影スタッフに扮した救出隊がロケハンを装いテヘランに潜入するという突拍子もない作戦である。これは紛れもない事実だ。１９７７年、「スター・ウォーズ」と「未知と遭遇」が大ヒットし、さらに１９７９年公開の「エイリアン」シリーズ開始によって、当時、世界中に一大ＳＦ映画ブームが到来。イラン側にしてもさほど不審なオファ

アルゴ

2012／アメリカ／監督：ベン・アフレック
1979年のイランアメリカ大使館人質事件の際に実施された、アメリカ人外交官6人の救出作戦を描くサスペンスドラマ。2012年度のアカデミー賞で7部門にノミネートされ、作品賞、脚色賞、編集賞の3部門を受賞した。

救出の指揮を執ったCIA職員トニー・メンデス（上）と、演じたベン・アフレック。メンデスは1990年にCIAを引退、その後、スパイ関連の展示品を専門に扱うワシントンDCの私営博物館「国際スパイミュージアム」に勤務し、2019年1月、78歳でこの世を去った

ーとはみなされない背景があった。が、実際は映画ほどに劇的ではない。

まず、外交官６人が国外脱出まで潜んでいた場所。映画では全員がカナダ大使館に匿われているが、実際には出入国管理局高官の公邸も使われ、分散して身を隠していた。

彼らを救うため、作戦の実行者となったＣＩＡ職員ベン・アフレックのモデルは、実際に作戦を実行したトニー・メンデス（事件発覚当時38歳）だ。が、映画とは違い、テヘランに潜入したのはメンデス１人ではなくもう１人存在する。

また、テヘランへ行くまでこの作戦は本決まりではなく、劇中にも出てきたアメリカ人教師案や農業関係の専門家なども検討され、最終的にどの作戦を実行するかは大使館員たちに選ばせたという。

映画「アルゴ」の見どころは、作戦の奇抜さもさることながら、外交官6人が数々の危機を乗り切るハラハラドキドキの脱出劇にある。しかし、残念ながらその大半はフィクションだ。例えば、彼らが映画製作のスタッフとしてテヘランのバザールに出かけるシーン。映画ではそこで騒ぎに巻き込まれ、からくも現場から立ち去るが、実際にはバザールに行くような危険は冒していない。

　また、テヘランから国外へ脱出する前夜、ホワイトハウスから急遽、作戦中止命令が出て、主人公メンデスがこれを無視して作戦を実行するのも脚色。中止命令があったのは事実だが、映画のようなドラマチックなタイミングではなく、それはメンデスがテヘランへ乗り込む以前の話。しかも、その30分後にはカーター大統領からＯＫが出ていた。

　さらには、彼らがジェット機に乗り込み、まさに飛び立とうというとき、イランの革命軍兵士たちがジープやパトカーで追いかけてくるクライマックスシーンも全て演出である。実際には、何の問題

作戦のために創作された映画「アルゴ」のポスター

カナダ大使館から空港へ向かう外交官たち。映画「アルゴ」より

クライマックスシーンは大半がフィクション

もなく空港検査をパスしてイランを脱出している。

メンデスによれば、出国審査で6人のうち1人が偽のパスポートの写真と実物の髭の状態が異なっていたため、出国管理官から「これはおまえの写真か？」と聞かれたこと。さらには、スイス航空の飛行機が「機械系トラブル」で出発が遅れる見込み」というアナウンスがあったこと。この二つにヒヤリとさせられた程度だったらしい。

　こうして無事に外交官6人はアメリカに帰国したが、偽の映画撮影による救出作戦は1997年まで国家機密とされ、公式には、カーター大統領が全ての外交官が人質にされている前提で交渉を進めていると報道されていたため、彼らの救出は大きな驚きを持って迎えられた。カナダの救出に対する努力、協力に一般人やテレビ出演者など多くの国民が感謝の意を表明し、アメリカ中で「ありがとう」という掲示とともにカナダ国旗が掲げられたという。

　ちなみに、大使館で人質に取られた52人は、アメリカ政府の辛抱強い交渉が実り、1981年1月20日、実に444日ぶりに解放され、アメリカ政府が用意した特別機でテヘランを後にした。

無事に帰国を果たした実際の外交官6人

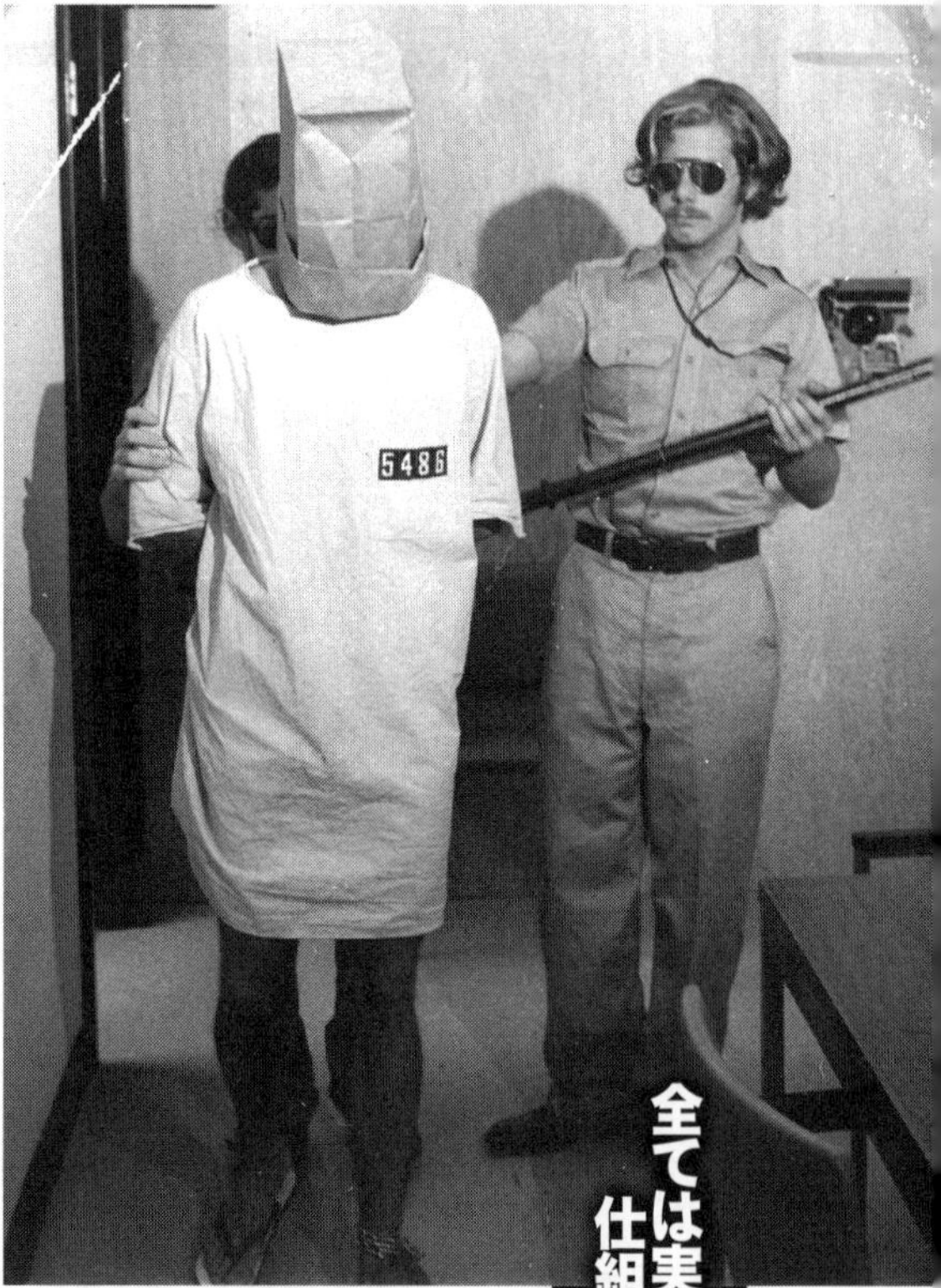

求人広告で集められた実験参加者の囚人役と看守役（実際の写真）

es

全ては実験主宰者が仕組んでいた！

スタンフォード監獄実験47年目の真実

FILMS

求人広告で集めた20人の男性を半分ずつ「看守」と「囚人」に分け、疑似監獄生活を送らせると、どうなるか。大学教授が催した心理学実験の過程を追った映画「es」は、やがて看守が囚人を支配し、死者2名を出す惨劇へと発展する衝撃のサスペンスだ。

カルト人気も高いこの作品が、実際に行われたスタンフォード監獄実験をモチーフにしたのは有名な話。現実の実験はどう行われ、被験者にどんな変化を起こしたのだろうか。

映画はドイツの作品だが、現実の舞台は米カリフォルニア州のスタンフォード大学の地下室を改造して作られた模擬実験室である。計画の責任者は同大学の心理学博士、フィリップ・ジンバルドー（1933年生）。模擬監獄内で、普通の人間を看守と囚人に分けると、自ずとその役割に合わせて行動してしまうことを証明しようというのが目的だった。

新聞広告で集めた70人の内、実験に参加したのは21人。映画の主人公のような潜入取材が目的の元記者、秘密を探る軍人、報酬目当ての連中などはおらず、実際は研究趣旨に賛同したボランティアの大学生が中心だった。

実験はまずコイントスで11人が看守、10

es

2001／ドイツ／監督：オリヴァー・ヒルシュビーゲル
1971年に実施されたスタンフォード監獄実験を基にしたマリオ・ジョルダーノの小説『Black Box』が原作で、ジョルダーノ本人が脚本作成に加わっている。映画のタイトルは心理学用語で「無意識層の中心の機能」という概念を意味する言葉。

頭に紙袋を被せる、裸にするなど、劇中でも、看守が囚人に辱めを与えるシーンが徹底的に描かれる。映画「es」より

人が囚人に分けることから始まったが、驚くべきは、リアリティの徹底ぶりである。

囚人役をパトカーで連行、指紋を採取し、看守役の前で脱衣させ、シラミ駆除剤を彼らに散布した。さらには背中と胸に黒色でそれぞれのID番号が記された白色の女性用の上っ張り、もしくはワンピースを下着無しで着用させ、頭には女性用のナイロンストッキングから作ったキャップ帽を被せた。また、歩行時に不快感を与えさせるため囚人役の片足には常時南京錠が付いた金属製の鎖を巻き、トイレへ行く際は目隠しまでさせたという。

1971年8月14日、期間2週間の予定でスタートした実験初日は映画同様、無事に過ぎたが、2日目に早くも異変が起きる。囚人役たちが苛立ち、監獄の中にバリケードを作り、各々に付けられた囚人番号をはぎ取った。対し、看守は消火器を発射して監獄に突入、全員を裸にしたうえ、騒動の首謀者らを独房に送り込む。さらに看守たちは、1時間ごとに全員を整列させ人数を調査。態度の悪い者には腕立て伏せを強制したり、時に糞尿を便器ではなく監獄内のバケツで代用させる、素手でトイレを掃除させる等の辱めを与える。

こうした行為は研究者たちに指示されたものではなく、看守役の自主的な行動である。彼らは2日目にして、無意識のうち、自分たちに与えられた役割を完璧にこなそうとしていたのだ。

そしてついに、想像以上に酷い状況に耐えられなくなった囚人役の1人が脱退を申し出る。が、看守は「衰弱したように見せかけているだけ」と解放を拒否。これに怒った囚人たちが再び暴動を起こしたことで、事態を危険視した研究者らが男性を解放したものの、囚人たちはその後、極端な精神不安定や自己制御不能な状態に陥る。

彼らは悟る。ここに居たらおかしくなってしまう。実験に協力するのはもうたくさんだ。一刻も早く出してほしい。

中には泣きながら申し出る者もいた。しかし、訴えは看守によって全て却下される。研

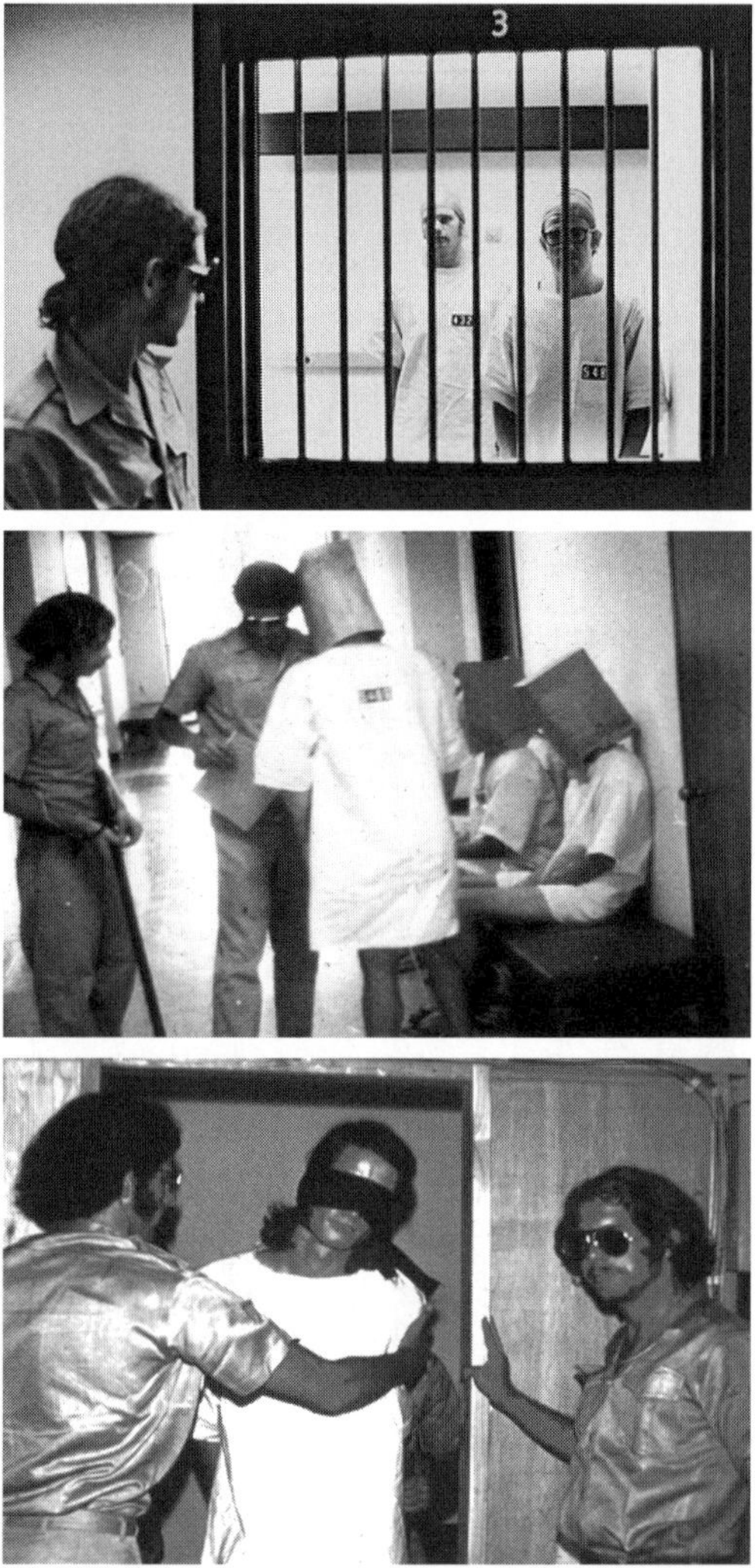

実際の実験の様子。より本物に近づけるため、囚人役は番号で呼ばれ、衣服も綿の一張羅に、ゴム草履といった格好だった。対して看守役は、カーキ色の制服と警棒が与えられ、さらにサングラスで目を見せないことで威圧感を持たせる工夫もなされた

究者らも実験を優先、事態の推移を見守るだけだった。

スタンフォード大の地下で、悪夢のような実験が行われていることは、外部に一切知られることはなかった。いや、チャンスはいくらでもあった。実験では、本当の刑務所のように面会が許され、囚人役の家族や友人が監獄を訪れた。普通に考えたら、彼らに惨状を訴えるはずだ。

映画でも、主人公が面会に来た恋人に、味方に付けた看守役の1人を介して伝言を残そうとするシーンがあるが、現実には助けを求めたり文句を言おうとする者すらいなかった。看守役が囚人たちに決して実情を漏らさぬよう命令し、指示に背くと体罰を加えるよう脅迫していたのだ。

あくまで実験である。いくら脅迫されていたとはいえ、囚人たちは無条件で看守に服従する必要はない。にもかかわらず、彼らは反抗しなかった。役割を与えられることで看守と囚人の主従関係が確立し、いつのまにか〝ごっこ〟が本物になってしまったのだ。

実験は6日目にして突如、中止となる。ジンバルドー博士の恋人だった大学院生が監獄を見て回り、悲惨な実態を博士に強く抗議したのだ。なぜ、博士が彼女の意見を聞き入れたのかは定かでないが、そのまま実験が続いていれば、看守の虐待がさらにエスカレートしていたことだけは間違いない。

映画のように、囚人が暴徒化し、死傷者まで出る事態には至らなかった。しかし、この

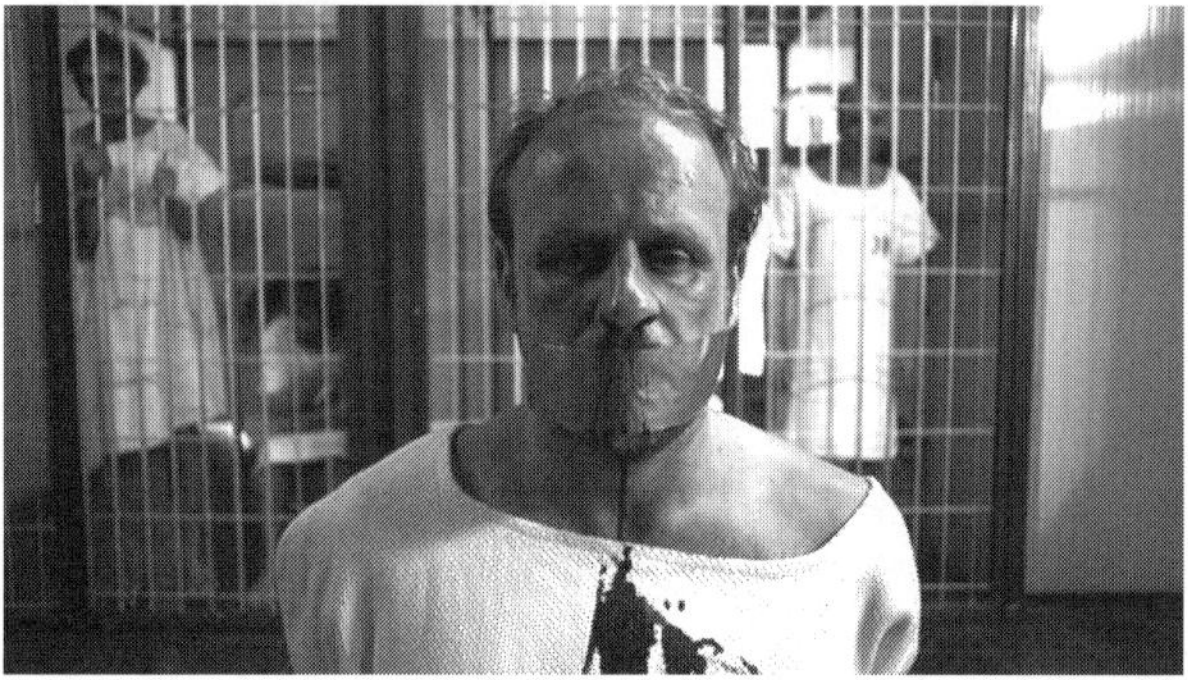
映画「es」より

実験が人間の尊厳を貶《さげす》め、著しくモラルに反したものであったことは明白。後に、ジンバルドー博士は「自分自身が状況に呑まれ、危険な状態を察知できなかった」と弁明したが、世間からは大きな非難を浴び、被験者にも後々まで遺恨を残す結果となった。

以上がこれまで語られてきた当実験の一部始終だ。しかし、実施から47年後の２０１８年、衝撃的な事実が判明する。カリフォルニア大学バークレー校のベン・ブルム博士が、これまで未発表だったジンバルドー教授の音声記録テープを調査するとともに、実験の参加者数人へインタビューを行ったところ、実験が全てジンバルドー博士によって仕組まれたものだったことがわかったのだ。

例えば、22歳の囚人が監獄内の扱いに耐えかねて取り乱したという実験で最も有名な場面は、当時学生だったダグラス・コルピが試験があったため、実験から抜け出そうと演技をしたことを認めており、ジンバルドー博士も認識していたはずだという。

また、ジンバルドー博士が看守に囚人を怒らせるよう指示していたことも明らかになっており、調査によると、博士は実験前の打ち合わせで「退屈させてもいい。不満を感じさせてもいい。ある程度は恐怖を感じさせてもいい。この状況において我々は完全な権力を有している」と発言。これを受けて、ある元看守役は、研究者たちが自分に期待しているものだと考え、サディストな振りをしたと証言している。

いったい、ジンバルドー博士の狙いは何だったのか。ちなみに、スタンフォード大学での実験以降、多くの研究者が似た実験を試しているが、同じ結果が得られたケースは一度もないという。

博士の期待に添うよう、看守役も囚人役も演技していた

実験の責任者、フィリップ・ジンバルドー博士

伝説となったプリズンブレイク

FILMS

アルカトラズからの脱出

強盗犯3人はこうして「ザ・ロック」から脱獄した

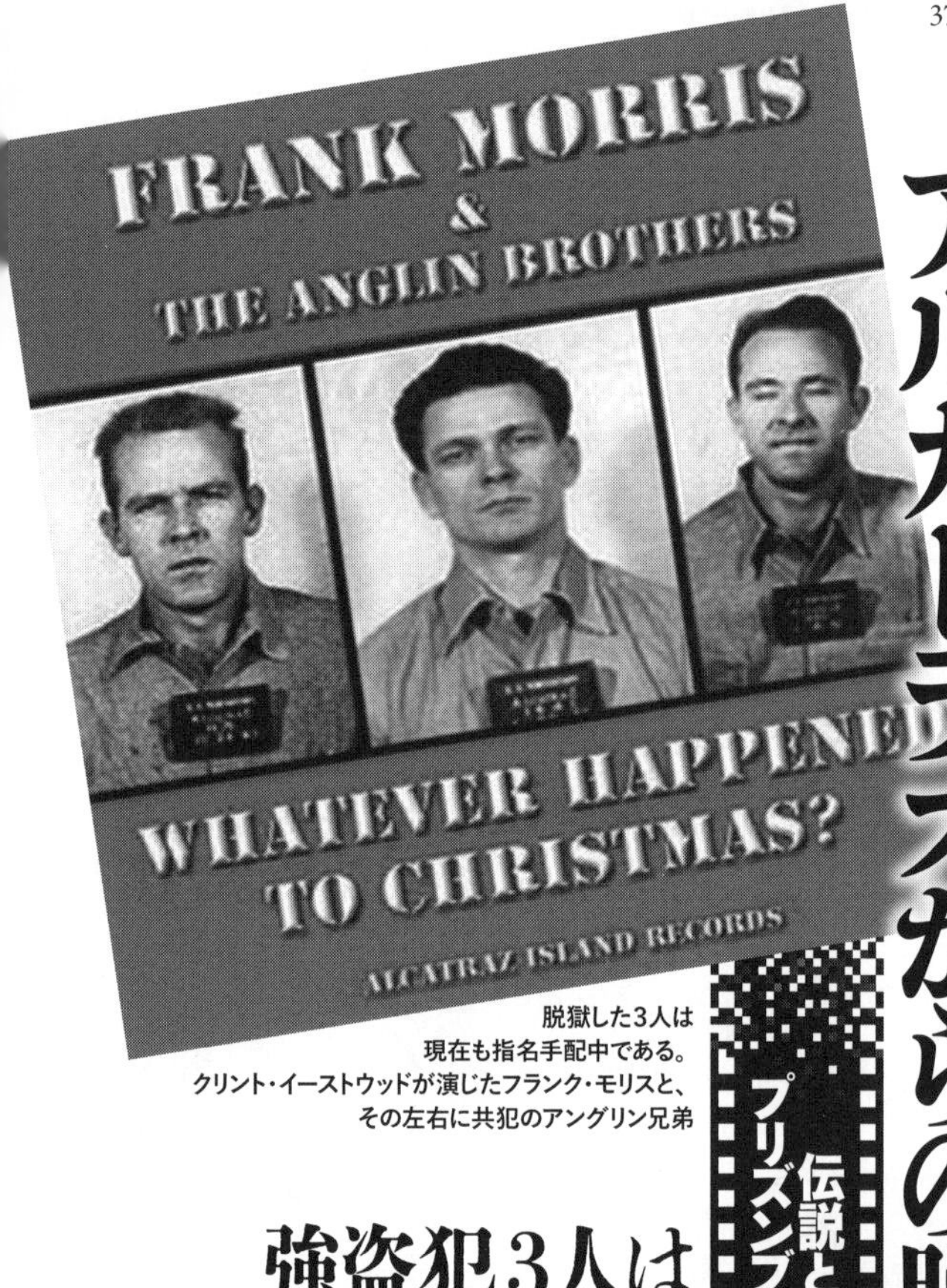

脱獄した3人は
現在も指名手配中である。
クリント・イーストウッドが演じたフランク・モリスと、
その左右に共犯のアングリン兄弟

映画「アルカトラズからの脱出」は、1962年6月、全米の凶悪犯ばかりを集めたアルカトラズ連邦刑務所から強盗犯3人が脱獄した事件をほぼ史実どおりに描いた一級のサスペンスだ。四方を海に囲まれ、鉄壁の牢獄＝「ザ・ロック」と呼ばれた檻から、彼らはいかにして脱出したのか。

サンフランシスコ湾に浮かぶアルカトラズ島に連邦刑務所が建設されたのは1934年7月。閉鎖までの28年間で脱獄事件は14回発生。計36人が脱出を試みたが、この内23人は身柄を確保され、6人は射殺、2人が溺死、5人が今も行方不明である。

なぜ、これほど多くの脱獄が起きたのか。アルカトラズ島は、大都市サンフランシスコの陸地まで2キロ足らずの距離にある。牢獄さえ破れば泳ぎきれるのではないかと、常時200人近くいた囚人の3人に1人は自由への道を模索していたらしい。

しかし、刑務所のセキュリティは堅固だった。独房の格子は刃物で切断不可能な高強度の鋼。壁はコンクリートで固められ、房の施錠も当時最新式の開閉システムが導入されていた。

アルカトラズからの脱出

1979／アメリカ／監督：ドン・シーゲル
「ザ・ロック」と別称される難攻不落のアルカトラズ連邦刑務所から脱出に成功した男3人の実話に基づいたサスペンス。あえて脱獄に関する以外のシーンを排し、計画から実行までのプロセスのみを徹底的に描いている。

運用していた当時の
アルカトラズ刑務所の外観と内部

仮に建物の外に出られて、陸を目指して海に飛び込んだとする。泳ぎに長けた者なら30分で制覇できる距離だ。が、サンフランシスコ湾の水温は平均12度。海水に30分も浸っていれば、重度の低体温症になるのは確実。加え、湾の潮の流れは速く、知らず知らず体が太平洋に流されてしまう。

生きては決して島を出られない。アルカトラズ刑務所は囚人の夢をことごとく打ち砕いていた。

脱獄を試みた受刑者の中で行方がわからない5人の内の3人が、クリント・イーストウッドが演じたフランク・モリス（1926年生）と、彼のムショ仲間だったアングリン兄弟である。モリスは銀行強盗により14年の懲役刑に処され、以前はアトランタの刑務所などに収監されていたが、その度に脱走を企て、矯正不可能として1960年1月にアルカトラズに移送されていた。

頭脳明晰な彼は、難攻不落のアルカトラズでも、すぐに脱走への知恵を絞り始める。が、牢の格子の切断はまず不可能で、看守を襲撃するのも危険性が高い。何か良い手はないかと考えていたある日、隣の房の囚人アレン・ウエストから耳よりな話を聞く。

「独房の換気口から外に出れば、建物の屋上まで上れる」

ウエストは刑務所で設備の補修を担当しており、屋根へ続く通気口があるのを知っていたのだ（ウエストは脱獄には関わっていない）。

さっそく、モリスとアングリン兄弟は、盗んだスプーンやノミなどで、換気口の周囲のコンクリートを削り始める。換気口のサイズは縦15センチ、横23センチ。もっと大きな穴を空けないと、体が通り抜けられない。コンクリートの厚さは15ミリ。穴空けが完成する

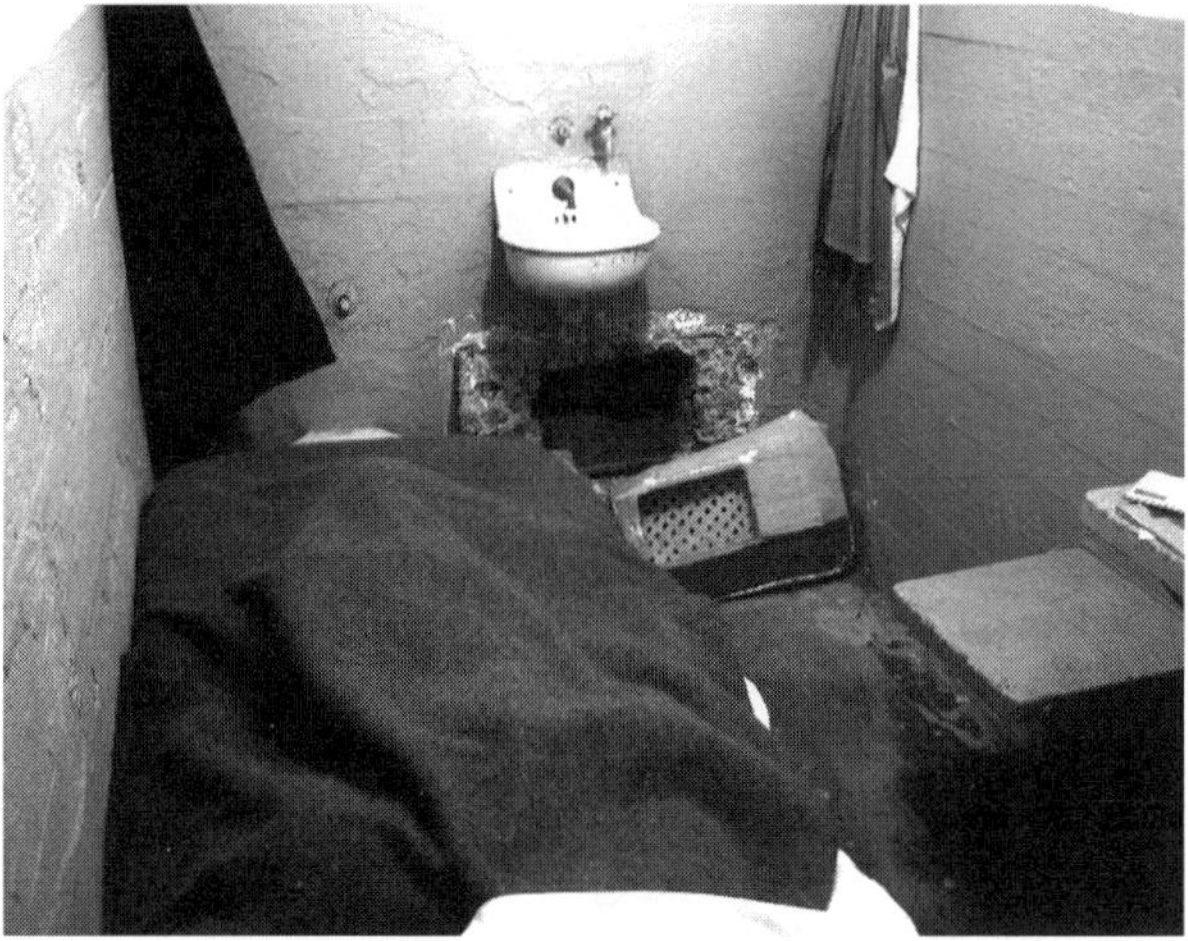

モリスが牢の壁を掘って空けた脱出口（水道の下）

まで2年近くを要した。

それでも彼らにとって幸いだったのは、当時、使用されていたコンクリートの強度が現在の5分の1程度しかなかった点だ。建物自体も四半世紀が過ぎ老巧化が進み、さらには、刑務所側が経費節減で設備の配管工事に海水を使ったため、塩水がコンクリート内部に入りこみ、劣化が激しくなっていた。

1962年3月、穴掘りが終了。決行の最終準備として、下水管伝いに独房棟の上まで這い上がり、屋上へ抜け出る鉄格子を毎夜少しずつ切断していく。

消灯後の作業とはいえ、房にいないことを看守に気づかれたら一巻の終わり。そこで彼らは粘土と絵の具、散髪時の髪の毛などで自分に似せた頭部を作り、素直に寝ている姿を装った。モリスたちは、夜中の点検では看守が頭しか数えないことを知っていたのだ。

6月11日23時、3人は事前にレンイコートを改造して作った筏と救命胴衣を手に、脱出口から屋上に登り、刑務所の外へ。そのまま海岸まで走り陸地に向け泳ぎだした。

果たして、モリスたちは無事に陸までたどり着いたのか？　FBIはその後17年にわたって捜査を続け、事件を迷宮入りとした。彼らが生きて自由を得た証拠も、溺死した証拠もない。伝説の脱獄劇の顛末は、今も謎に包まれたままだ。

なお、アルカトラズ刑務所は、維持経費がかかりすぎるため、3人が脱獄して9ヶ月後の1963年3月に閉鎖され、現在は観光スポットになっている。

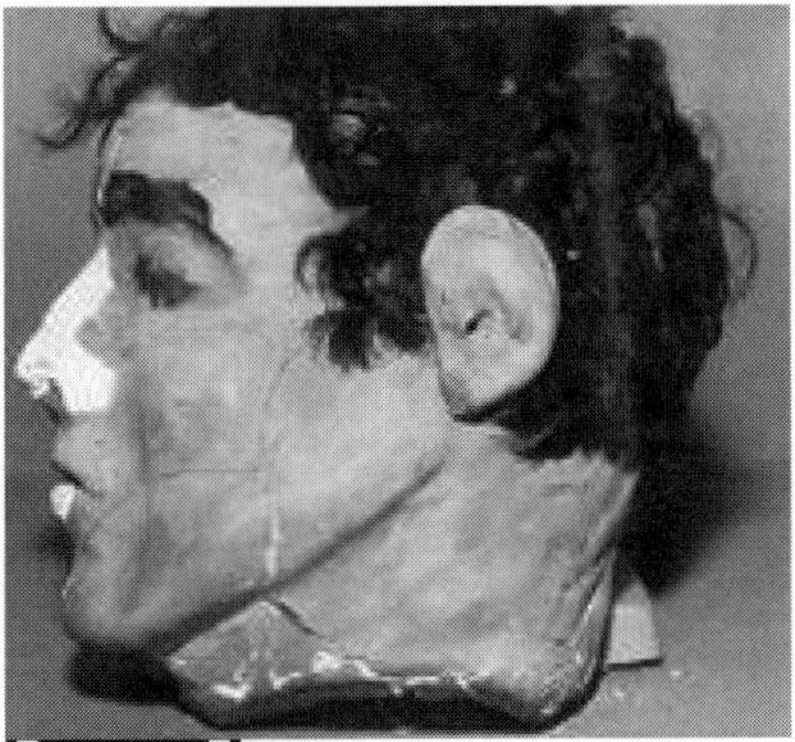

看守の目を誤魔化すために使われた、実際のダミーの人形

彼らは生きて陸にたどり着けたのか？

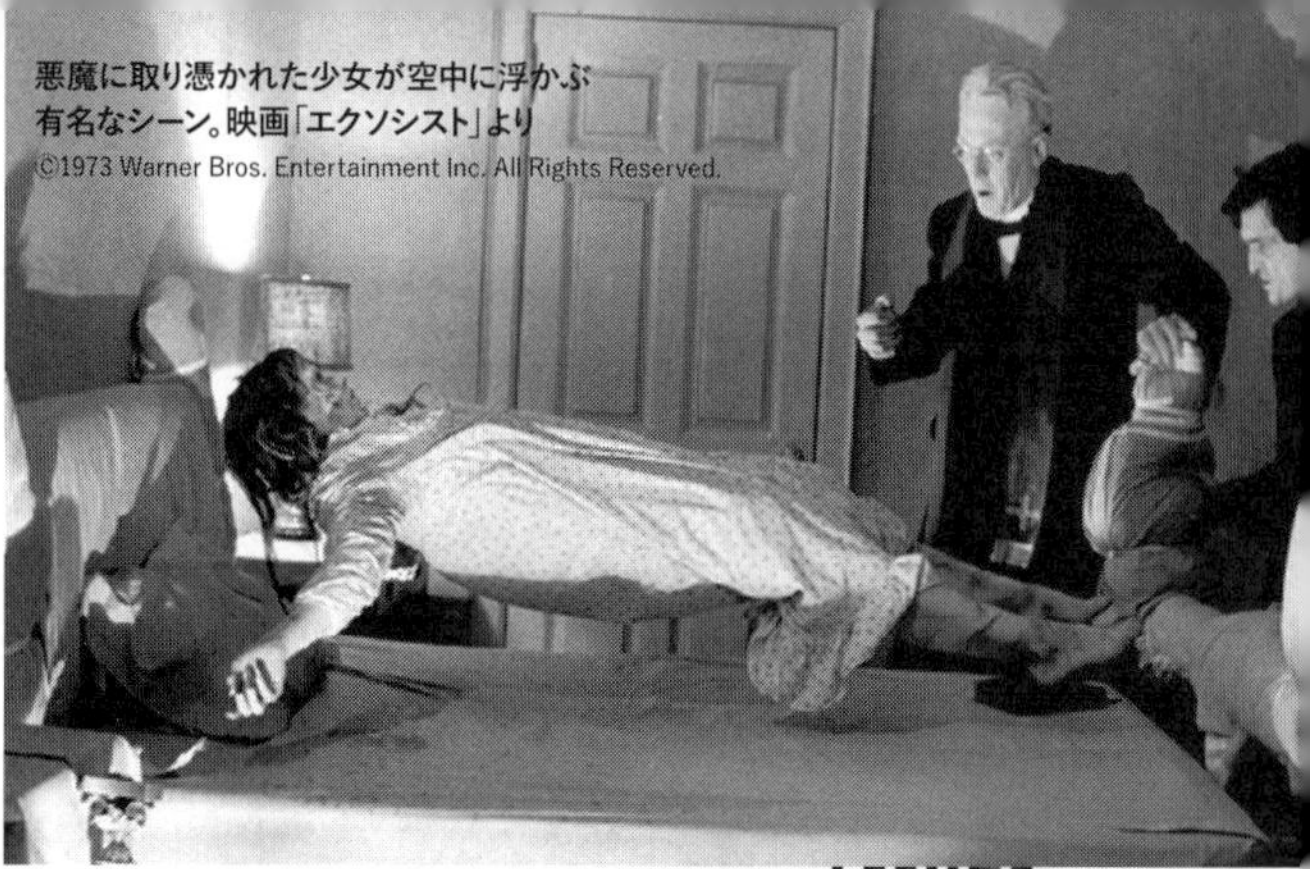

悪魔に取り憑かれた少女が空中に浮かぶ有名なシーン。映画「エクソシスト」より

エクソシスト

傑作ホラーの題材と言われる怪奇現象は本当に起きたのか？

FILMS

メリーランド悪魔憑依事件

平凡な少女に取り憑く悪魔とキリスト教の神父たちの戦いを描いた、１９７３年公開の映画「エクソシスト」。実在する〝悪魔払い〟の世界をリアルに再現し、ホラー史上最恐とも称される一本である。

完全なフィクションと思いがちな作品だが、実は脚本を書いたウィリアム・ブラッティが下敷きに使った現実のエピソードが存在する。１９４９年に起きたメリーランド悪魔憑依《ひょうい》事件だ。

事件はアメリカ・メリーランド州の住宅街で起きた。映画の主役は12歳の少女だが、現実に悪魔が取り憑いたのは、ロビー・マンハイムという13歳の少年である。

異変の始まりは１９４９年1月15日のこと。少年の部屋の家具がひとりでに動き出し、どこからともなくガラスを引っかく音が鳴り響く怪現象が頻発。さらに、少年の胸に謎の切り傷が浮かび、両親に向かって「地獄に堕ちろ！」と絶叫するようになった。

慌てた両親が精神科医のもとへ駆け込んだが、原因はわからず、治療の糸口すら見つからない。途方に暮れた一家が最終的にすがりついたのは、地元の教会で働くボバー牧師だった。

マンハイム家に泊まり込んだ牧師は、少年が夜ごとに叫び続けるのを見て、彼の体に悪魔が棲みついたと断定、米国聖公会のボーダーン神父へ悪魔払いを依頼した。ここまでの経緯は、映画のストーリーとほぼ同じだ。

初回の儀式は、教会が運営する病院で行われた。映画と同様に少年をベッドに縛りつけ、聖水をかけながら神への祈りを唱え続ける。

少年の反応は想像以上だった。全身を震わせながらベッドのバネをもぎ取り、神父の右腕へグサリ。返す刀で別の神父にも襲いかかり、鼻

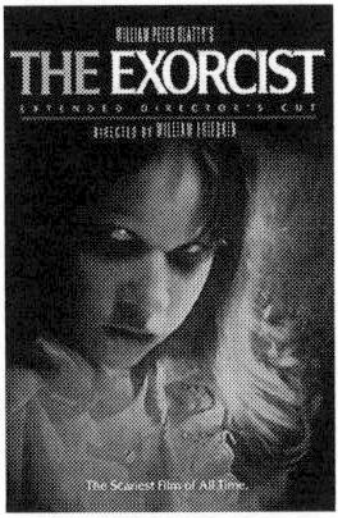

エクソシスト

1973／アメリカ／監督：ウィリアム・フリードキン
12歳の少女リーガンに取り付いた悪魔パズズと2人の神父の戦いを描いたオカルト映画の金字塔。ホラー映画史上初のアカデミー賞脚本賞に輝いた。

の骨を叩き折る。それでも儀式が続くと、最後は腹部に「ＨＥＬＬ」（地獄）の形をしたミミズ腫れが浮かび上がったという。

最初の儀式から2ヶ月が過ぎた4月14日。映画では神父が自らの命と引き換えに悪魔に打ち勝つが、現実はあっけないラストを迎える。現場に立ち会ったビショップ神父の日記によれば、祈りの最中に爆発音が鳴り響き、気がつくと少年は元の穏やかな表情に戻っていたらしい。

メリーランド悪魔憑依事件は、当初ローカル紙でひっそりと報道されただけだった。が、映画「エクソシスト」が公開されるとロビー少年の名は全米に知れわたり、以降、同じようなオカルト映画が次々に作られることとなる。中でも最大のヒット作が１９７９年に公開された「悪魔の棲む家」だ。「エクソシスト」と同じく〝実話を基にした〟作品で、１９７４年に発生したデフェオ一家殺害事件が下敷きと言われている。

映画「エクソシスト」で神父を演じたマックス・フォン・シドー（左）と、実際に悪魔払いを行った神父の1人、ウォルター・ハロラン

映画のベースになったのは、1949年、当時13歳の少年ロビー・マンハイムに起きた怪現象

事件の舞台は、米ニューヨーク州の南東の小さな町、アミティヴィルだ。同年11月3日の夜、町はずれの一軒家に住むロナルド・デフェオ（当時23歳）が、自分の両親と兄妹あわせて6人をライフルで皆殺しにした。

取り調べに対し、ロナルドは「家族を殺せという声が聞こえた」と供述。裁判では責任能力が低いと判断され、彼は終身刑でニューヨーク刑務所に送られる。ここまでが、映画のプロローグとして使われた部分だ。

メインのストーリーは、事件から1年後、かつて殺人が起きた屋敷へ主人公のラッツ一家が移り住む場面から始まる。

問題の怪奇現象は、引越しが済んでから2日後に起きた。まず、リビングルームのドアが吹き飛び、階段の奥に見知らぬ少年の亡霊が出現。天井からは緑の液体がしたたり、床下から湧いた大量の虫が家族を襲う。しまいには、雪の上に悪魔のヒヅメのような足跡が現れ、深夜に巨大な赤い目が寝室をのぞき込んできたという。「エクソシスト」を遥かに超える怪現象のオンパレードだ。

家長のジョージ・ラッツは、各地から霊媒師や超能力者を呼んで解決を図ったが、祈禱も悪魔払いも一向に効果がない。結局、引越しからほんの28日間で、ラッツ一家は屋敷を手放すハメになってしまう。映画「悪魔の棲む家」のラストと、まったく同じ展開である。

かくして全米を席巻した2つのオカルト事件だが、ジャーナリストの間では、それぞれの事実関係の真偽を問う声も少なくない。

２００６年に作家のマーク・オプサスニックが出版した『エクソシストの裏』によれば、映画「エクソシスト」のベースとなった神父の日記は、その記述の大半が母親からの伝聞に過ぎず、儀式の間に多発したポルターガイストも、ほとんどは少年が１人で部屋にいた際に発生しており、実際の目撃者はいないという。

決定的なのは、オプサスニックが１９９９年に行ったインタビューだ。取材の相手は、ボーダーン神父の助手として、儀式の一部始終を見届けたウォルター・ハロラン神父である。

「少年が超能力を発揮したことはなかったし、腹や胸に浮かんだミミズばれも、彼が自分で傷をつけた可能性が高い。１つだけ確実なのは、傷口から見えた血の色が、口紅を塗ったようにしか見えなかったことだ」

映画「悪魔の棲む家」に登場する屋敷、通称"オーシャン・アベニュー112"（左。写真左が主役ラッツを演じたジェームス・ブローリン）は、事件が起きた家（右）そっくりに造られた。右の写真の家族が惨殺されたデフェオ一家で、犯人は長男のロナルドだった（写真後列左）

この証言をもって、オプサスニックは事件を〝少年の虚言〟と断定。さらに周辺調査を進めたところ、少年が近所でも有名なイタズラ者だったうえ、ウィジャボード（欧米版の「こっくりさん」）で祖母の霊を呼び出そうとするなど、もともとオカルトへの興味が強かったことも判明したという。

一方、「悪魔の棲む家」の真相は、１９７９年に予期せぬ形で明るみに出た。映画と本の権利料を巡って、ジョージ・ラッツが意外な相手に訴訟を起こしたのだ。ウィリアム・ウェバー。１９７４年にアミティヴィルで家族を皆殺しにした、あのロナルド・デフォーの裁判で弁護人を務めた人物だ。

公判記録によれば、２人の関係は、ラッツ一家がアミティヴィルへ移り住んだ直後から始まった。問題の物件に目をつけたウェバーが、折りからのオカルトブームに便乗して一儲けを画策。借金に苦しんでいたジョージへ話をもちかけ、「エクソシスト」のエピソードを派手にふくらませる形で、怪現象をでっち上げたらしい。

いずれにしても、両作品ともに、実録作品を謳うには、かなり疑わしいと言わざるをえないだろう。

オカルトブームに乗じて一儲け!?

問題の屋敷を購入したジョージ・ラッツ本人（右）と妻

逃亡者

モデルになった青年医師は実際は逃亡していない

FILMS

主人公のモデルで、妻の殺害容疑で逮捕されたサム・シェパード医師

サム・シェパード事件

妻殺しの濡れ衣を着せられ死刑を宣告された医師リチャード・キンブルが警察の追っ手を逃れながら真犯人を捜し求める――。１９６０年代のアメリカで大人気を誇ったＴＶドラマシリーズで、１９９３年にハリソン・フォード主演で映画化された「逃亡者」の筋書きである。

ドラマは日本でも放送され高視聴率を記録したが、この作品が現実の事件をモチーフにしていることは意外に知られていない。１９５４年に発生したサム・シェパード事件。青年医師が妻殺しの容疑で逮捕され後に無罪となるのはテレビや映画と同じだが、モデルになったシェパード医師は逃亡などしていない。12年間を監獄で暮らし、晴れて自由の身となった後、酒とドラッグに溺れる転落の人生を送っていた。

１９５４年７月、米オハイオ州クリーブランド郊外。医師サム・シェパード（当時30歳）の自宅で、妻のマリリン（同30歳）が惨殺された。サムによれば、深夜、突如侵入してきた巨漢の男と格闘になり気絶。目覚めたら、２階寝室のベッドで妻が血だ

逃亡者

1993／アメリカ／監督：アンドリュー・デイヴィス
妻殺しの罪を着せられた医師が警察に追われながらも真犯人を見つけ出すサスペンス。事件を追う連邦保安官を演じたトミー・リー・ジョーンズが1993年度のアカデミー賞最優秀助演男優賞を受賞している。

らけで死んでいたという。

　実際にサムの首には絞められた痕があり、その供述には矛盾はないように思えた。が、まもなく彼は殺人容疑で逮捕され、後の裁判で終身刑の判決を受ける。確たる物証がないにもかかわらず陪審員が有罪を下したのは、当時シェパード夫婦の関係が冷えきっており、さらにはサムに愛人がいることが発覚したからだ。すなわち、夫には動機があった、と。

　若きエリート医師による妻殺しはマスコミの格好の餌食となり、新聞は連日、大々的に事件を書き立てる。サムの母親が有罪判決後にショックで拳銃自殺したことも、スキャンダル報道を過熱させていった。

　一方、サムは刑確定後も獄中から無罪を訴え続け、１９６３年にはＡＢＣテレビがドラマ「逃亡者」をスタートさせる。そして１９６６年６月、

事件は大々的に報じられた

ついに再審開始。有能な弁護士が付いたことで、ようやく無罪釈放となる。ちなみに、大ヒットしていたドラマは再審の結果が出た途端、視聴率が急降下したらしい。

公判中のサムを元気づける彼の父親は、終身刑の判決が出てまもなく病死。母親は銃で自殺した

普通なら、これでめでたしめでたしなのだが、サムは人生は一筋縄ではいかない。出所の翌年、サムは医師に復帰するものの、周囲の疑いの目は変わらず、患者は訪れない。自身も、長年の心労で精神がガタガタになっていた。酒とドラッグに溺れ、さらには医療ミスを冒し医師廃業。半生を著した伝記本はベストセラーになったものの、その印税は裁判の弁護費用で消えてしまう。

捨て鉢になったサムは、この後、なんとプロレスラーに転身する。もともとスポーツマンで腕に覚えもあったというが、元エリート医師で冤罪被害者でもある男性が、45歳で格闘技デビューとは驚く他ない。

サムはやがて、マネージャーだった20歳の女性

45歳でプロレスラーに転身！

金に困りレスラーに転身したサム。
デビュー戦では見事に勝利したらしい

と結婚する。とにかく女性にはモテたようだ。が、その半年後の１９７０年４月、肝不全であえなくこの世を去ってしまう。波瀾万丈を地でいく46年の生涯だった。

サムの死から数年後、シェパード家の窓掃除人だったリチャード・エバーリング（１９２９年生）が真犯人である疑いが浮上した。別の殺人事件で終身刑に服していたこの男性を怪しいとみたサムの一人息子が、父親の墓を掘り起こしＤＮＡ鑑定を依頼。結果、事件現場の寝室から家の外に点在していた血痕がエバーリングのものであると判明したとして、裁判を起こしたのだ。

エバーリングと同じ監獄にいた受刑者からは、服役中に本人自らが犯人であると認めていた、との証言も得られた。が、エバーリングは１９９８年に獄中で死亡。息子の訴えも、２０００年に出た評決で退けられ、真相はいまだ藪の中だ。

真犯人と目される、元掃除夫のリチャード・エバーリング。１９９８年に獄中死

狼たちの午後

下見もなしに犯行に及んだ若者2人の運命

チェイス・マンハッタン銀行強盗事件

籠城中の犯人ジョン・ウォトヴィッツ（下）と、外見が似ているという理由で主演に起用されたアル・パチーノ。映画「狼たちの午後」より

FILMS

名優アル・パチーノがマヌケな銀行強盗犯を演じた1975年のアメリカ映画「狼たちの午後」。仲間と2人で銀行に押し入ったものの金庫は空で仕方なく籠城《ろうじょう》。最終的に人質とともに高飛びを図るが、あえなく逮捕され、相棒は警察に撃ち殺される——。まさしく映画のような衝撃的な展開で、作品は見事にアカデミー賞脚本賞に輝いたが、驚くべきは、これが映画公開3年前の1972年に実際に起きた「チェイス・マンハッタン銀行強盗事件」を忠実に再現した点である。

ゲイの恋人に性転換手術費をプレゼントするためという犯行動機も、事件がTV中継されたのも、恋人が投降を呼びかけに出てきたのも全て事実。なにより、監督がアル・パチーノを起用したのは、犯人に似ていたのが理由だった。

アル・パチーノが演じたソニーのモデルとなったジョン・ウォトヴィッツは事件当時31歳。元銀行の出納係で、ベトナム帰還兵でもあった。チェイス・マンハッタン銀行に勤めるタイピストと結婚して2人の子を得るも1969年に離婚。その後、ゲイのアロンと知り合い、1971年には互いの親も列席し、形式上

狼たちの午後

1975／アメリカ／監督：シドニー・ルメット
1972年8月22日、ニューヨークのブルックリンで発生した銀行強盗事件を題材に作られた犯罪映画。1975年度のアカデミー賞で作品賞を含む6部門にノミネートされ、脚本賞を受賞した。

事件当日の様子。映画さながらの攻防戦が繰り広げられた

の結婚式を挙げている。一方、相棒のサル（劇中の役名もサル）は、窃盗などの罪を犯し更生施設で過ごしてきた孤独な青年で、囚人仲間から連夜強姦された経験を持っていた。

顔見知りの2人が銀行強盗を思いついたのは犯行日の午前中に「ゴッドファーザー」を観たからという、ごく単純な理由だった（主演アル・パチーノも、サル役のジョン・カザールも「ゴッドファーザー」に出演している）。下見もなしの犯行は当然のように失敗に終わり、思いもかけない籠城事件に発展する。ちなみに、映画では銀行の金庫は空っぽだったが、実際は21万3千ドルを奪取している。

ジョンとサルは警察と交渉、チャーター機での国外逃亡を企て、人質と共にリムジンバスで空港に向かう。犯行が成功するかに思えたそのとき、バスの運転手が2人に言う。

「何か食料はつめこんでおかなくて大丈夫なのか？」

ふと緊張が緩んだ瞬間、38口径の弾丸がサルの胸を貫く。運転手は、扮装したFBI捜査官だった。映画のクライマックスシーンである。結果、サルは即死。ジョンはその場で取り押さえられ、翌年、懲役20年の刑に処せられている。

警察との交渉が逐一、TV報道されたこともあり、事件後、すぐさま映画化の話が持ち上がる。服役していたジョンは、7千500

相棒のサル（右）。

実際は18歳だったが、映画ではジョン・カザールの演技に惚れ込んだ監督が設定を34歳に変更した。

映画「狼たちの午後」より

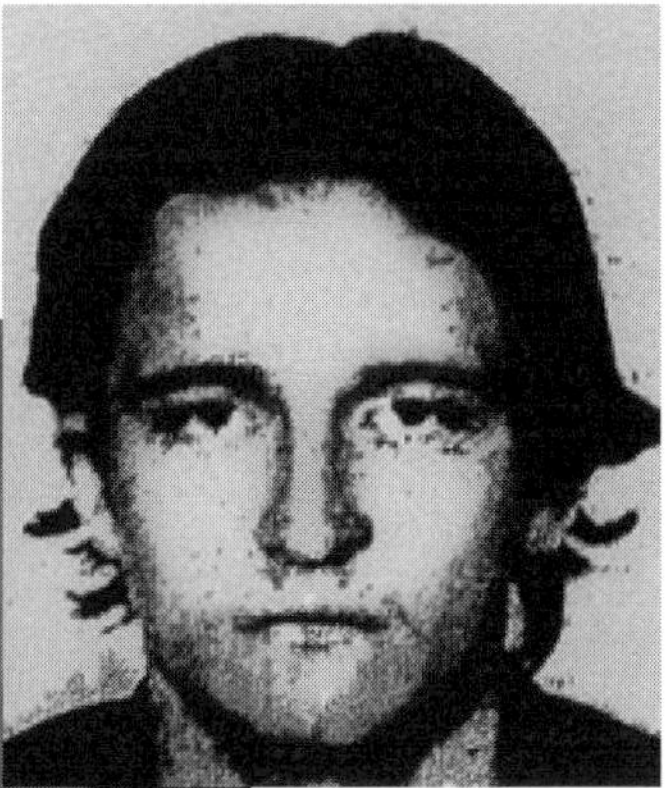

銀行にジョンの説得に出向いた、形式上の妻アロン。
ジョンは“彼女”に会いたがったがアロンは拒絶したそうだ

ドル＋興行収入の1％の契約で映画化を承諾、そのうちの2千500ドルを性転換手術費用としてアロンにプレゼントしたという。

完成した映画を観たジョンは「事実は30％程度だ」と『ニューヨーク・タイムズ』紙に手紙を送っている。彼が特に指摘したのは次の4点だ。

・元妻は映画で描かれるようなデブでもバカでもない。

・離婚前にアロンと付き合っていた描写は事実ではない。

・銀行に籠城中、実母や元妻が説得に来た事実はない。

・FBI捜査官とアイコンタクトを交わし、まるで相棒サルを売っ

映画化の報酬でゲイの恋人に性転換手術をプレゼント

たかのように描かれているが、そんな覚えは一切ない。

その後、ジョンは7年で保釈されるものの、保釈違反で再逮捕、1987年4月に再保釈となった。出所後は、母親と暮らし、2006年にがんでこの世を去った。恋人のアロンは、ジョンが出所した年の9月に、エイズによる肺炎で死亡している。

投獄された刑務所内でインタビューに応じるジョン

仲むつまじい頃のドロシー・ストラットン（左）と夫のポール

スター80

20歳の美人プレイメイトが夫に銃殺された理由

ドロシー・ストラットン殺害事件

FILMS

１９８０年８月、その年の〝プレイメイト・オブ・ザ・イヤー〟に選ばれたカナダ人モデル、ドロシー・ストラットン（当時20歳）が夫に殺害される事件が起きた。１９８３年に公開された「スター80」は、関係者へのインタビューを交えながら、２人の出会いから事件の日までをほぼ忠実に再現した作品である。

１９７７年、カナダ・バンクーバー。17歳のドロシーは、シングルマザーの母親を助けるため、高校に通いながらファーストフード店でバイトをする孝行娘だった。ある日、ポール・スナイダー（同26歳）という男が来店、ドロシーに目をつける。ポールは女性を金づるとしか考えていない男で、当時、男性誌『プレイボーイ』が創刊25周年を記念しモデルを公募していたため、彼女をプレイメイトにして一儲けしようと企む。

「君がプレイメイトになるのは僕の夢だ。一緒に頑張ろう」

甘い言葉で口説くポールにドロシーは惹かれ、言われるままヌードを撮影。これが見事、プレイメイトの最終選考に残る。ドロシーの母親にはポールの魂胆がわかっていたが、有

スター80

1983／アメリカ／監督：ボブ・フォッシー
カナダ人モデル、ドロシー・ストラットンが夫に殺害された事件を再現した人間ドラマ。映画のラスト、ドロシーと夫が血まみれで倒れるシーンの撮影場所は実際の事件現場で撮影された。

頂天の彼女は聞く耳を持たず単身ロサンゼルスへ。招かれたのはプレイボーイ誌を創刊した伝説的有名人、ヒュー・ヘフナーの〝プレイボーイ・マンション〟だった。

ヘフナーに気に入られたドロシーはマンションの一室に仮住まい。夜ごと行われるパーティ、有名スターたちとの出会い。日々華やかになっていくドロシーに対し、ポールは自分が置いてきぼりを食らったような感情に襲われ、ロスに乗り込んでプロポーズする。これにドロシーはイエスと答えているから、少なくともこのとき、彼女はポールを愛していたようだ。

1979年8月発売のプレイボーイ誌でグラビアを飾ったのをきっかけに、ドロシーは毎月のように誌面に登場。ついに1980年度の〝プレイメイト・オブ・ザ・イヤー〟に選ばれる。賞金は2万5千ドル（当時のレートで約700万）だった。

これで鼻を高くしたのがポールだ。映画でも描かれてるとおり、ドロシーの仕事関係者に高飛車に振る舞い、高級車だスーツだと、彼女の稼ぎを湯水のように使っては浮気三昧。ドロシーはしだいにポールを疎んじ始める。

そんなとき、ドロシーがハリウッド映画「ニューヨークの恋人たち」で、オードリー・

『PLAYBOY』紙の表紙を飾るドロシー

ヘップバーンと共演する美女役の候補に挙がった。監督は「ラストショー」「ペーパームーン」などの作品で有名なピーター・ボグダノビッチ（1937−2022）。ドロシーはオーディションで見事に監督の心を射止め、ほどなく撮影のためニューヨークへ。ポールの心は揺れた。目論みどおり大金が自分の懐にも転がり込んでくるのに、妻が傍にいないと耐えられないのだ。ここでポールは初めて本気でドロシーを愛してることに気づく。が、ドロシーは知的で優しいボグダノビッチ監督に惹かれ、監督の自宅で一緒に暮らすようになっていた。そんな妻の変化に気づいたポールが探偵を雇ってドロシーの身辺を調査すると、彼女ばかりか妹までが監督の家で同居していることが判明。問いただすポールにドロシーは別れを切り出した。

1980年8月14日、2人だけで話したいというポールの申し出に、ドロシーは自宅へ。最初は冷静に話していたポールだが、妻の心が変わらないのを悟るとショットガンを構えた。そして美しいドロシーの顔に銃弾を放った後、自らの頭を撃ち抜いた。

凄惨な事件現場の写真は雑誌にも掲載された。手前の遺体がドロシー、壁にもたれかかっているのがポール

IAT SORT OF MAN READS PLAYBOY?

裁判所に向かうジュリエット（右）とポーリーン

乙女の祈り

映画公開後、人気ミステリー作家が自分が犯人と告白

女子高生2人による母親殺し パーカー&ヒューム事件

「ロード・オブ・ザ・リング」（２００１）で一躍有名になったピーター・ジャクソン監督が１９９４年に撮った「乙女の祈り」。今から60年以上前にニュージーランドで実際に起きた女子高生２人による母親殺し「パーカー＆ヒューム事件」を題材に、多感な少女たちの内面を幻想的に描いた作品だ。

映画は見事にヴェネツィア国際映画祭銀獅子賞を受賞しだが、驚いたのはその後。欧米で活躍するミステリー作家、アン・ペリーが、自分が事件の犯人だと名乗り出たのである。

アン・ペリーこと、ジュリエット・ヒュームは１９３８年、ロンドンに生まれた。１９４８年、大学の学長で天文学者の父の転勤に伴い、ニュージーランド・クライストチャーチに移住。15歳で地元の女子高に入学する。華やかなお嬢様育ちの彼女にクラスメイトの誰もが近づこうとしたが、ジュリエットが親友に選んだのは、内気なポーリーン・パーカーだ。互いに幼い頃から病気がちで、ファンタジー小説が好きなところも気が合った。

２人は急速に仲良くなっていく。放課後になる

乙女の祈り

1994／ニュージーランド・アメリカ／監督：ピーター・ジャクソン
妄想を共有するほど心を通じ合わせた多感な女子高生２人が、殺人の凶行に駆り立てられていく心理を丹念に追ったドラマ。1954年、ニュージーランドで実際に起こった殺人事件が題材。

と一緒に物語を作り、作家になる夢を語り合い、さらには互いを架空の名前で呼び合う。ジュリエットとポーリーンが性的な関係を結ぶのは、ある意味自然な流れだった。

もっとも、1950年代は、同性愛が深刻な心の病と思われていた時代である。2人の両親は頭を悩ませ、娘たちにカウンセリングを受けさせたり、電気ショック治療を施した。それでも、ますます強くなる2人の絆に恐れおののいた親たちは、彼女らの仲を無理矢理引き裂こうとする。

決定的だったのはジュリエットの両親の決断である。もともと関係が冷めていた夫婦はこれを機に離婚し、ジュリエットを南アフリカの叔母のもとへ預けようと考えたのだ。これが2人を追い込んだ。互いがいない人生など考えられない。口うるさいポーリーンの母親がいなければ、一緒に南アフリカで暮らせるのではないか。思い詰めた2人は、自分たちの愛のため、殺害を企てるに至る。

1954年6月22日、彼女たちは計画どおり、ポーリーンの母親を街の名所ビクトリアパークへ誘い出した。そして、散歩を装い周囲が木に囲まれたエリアに導くや、母親を20

劇中では、ジュリエットをケイト・ウィンスレット(左)が、ポーリーンをメラニー・リンスキーが演じた。映画「乙女の祈り」より

回以上殴って殺害する。凶器はレンガを入れた靴下だった。

強盗に襲われたよう施した稚拙な偽装工作はすぐに警察にばれて2人は逮捕、裁判にかけられる。弁護士は犯行時、彼女たちが錯乱状態だったと無罪を主張した。が、家宅捜索で発見された殺害計画が書かれたポーリーンの日記が重要な証拠となり、殺人罪について有罪が確定。それぞれに無期懲役が言い渡された。

その後2人は、別々の少年院に送られたが、通信教育や洋裁などを熱心に学ぶ態度が認められ、1959年、仮釈放となる。互いに二度と会わないことが条件だった。

外の世界に戻ったジュリエットは、客室乗務員など様々な仕事に就きながら執筆活動を開始し、1979年、アン・ペリーの名前（事件後に改名）でデビュー。推理小説家として、300万部以上を売るベストセラー作家となる。映画公開後、自身の犯罪について告白したことについては「隠すことが何もなくなってしまったので、これからはありのままの自分で生きていける」と語った。

一方、ポーリーンは、大学で司書の勉強をした後、イギリスに渡って専門学校に勤務。引退後は知的障害児の学校で副校長を務めたり、子供のための乗馬学校を経営するなどして、現在はスコットランドの離島でひっそりと余生を送っているそうだ。

アン・ペリーことジュリエット・ヒューム。
現在は、歴史ミステリー小説家として活躍中

1980のプッチオ一家。後列左から長男アレハンドロ、長女シルビア、次男ダニエル。前列左から三男ギレルモ、母エピファニア、家長アルキメデス（三女は写っていない）

エル・クラン

家族ぐるみで誘拐ビジネスを実践

FILMS

プッチオ家事件の衝撃

アルゼンチンで国内映画史上に残る大ヒットを記録した2015年公開の「エル・クラン」。軍事独裁政権崩壊後、職を解かれたプッチオ家の家長アルキメデスが家族を共犯に〝誘拐ビジネス〟を行う凄まじいストーリーは、1980代半ばに実際に起きた「プッチオ家事件」が題材となっている。

プッチオ家が暮らしていたのはアルゼンチンの首都ブエノスアイレス郊外の高級住宅地。アルキメデス（1929年生）と妻、息子3人、娘2人の仲の良い、傍目には絵に描いたような幸せな一家だった。が、陸軍の情報機関に勤めていたアルキメデスは1983年、政権交代に伴い失業。以後、金持ちを誘拐、身代金を奪って家族を養うようになる。

映画は史実どおりに事件を再現していく。手始めにアルキメデスが標的として選んだのは長男の友人である。彼を自宅の2階に監禁、裕福な被害者家族から身代金を手に入れるまでは良いが、その後、被害者を殺害してしまうから驚愕だ、常識では、息子の友人を標的にして命を奪うなど考えられない。しかし、アルキメデスは、あえて実践した。息子に自分の仕事を手伝わせ、後戻りできないことを自覚させるためだ。迷いながらも長男アレハ

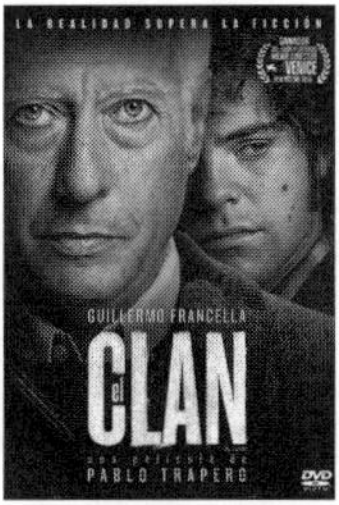

エル・クラン

2015／アルゼンチン／監督：パブロ・トラペロ
1980年代初頭に身代金奪取目的で4人を誘拐、3人を殺害したプッチオ家を題材としたクライム・サスペンス。第72回ヴェネツィア国際映画祭で銀獅子賞（監督賞）を受賞した。

ンドロは父親を手助けすることを決意し、アルキメデスの妻も他の子供たちも自分の家で起こっている出来事を認識しながら気づかないふりをする。

プッチオ家の誘拐ビジネスは、2人目も成功するが3人目は失敗。4人目の女性実業家を監禁中、警察に踏み込まれ悪事が発覚する。〝誘拐〟を仕事に選んだ割に、真っ昼間に公道でターゲットを車に連れ込むなど、犯行手口が雑過ぎた。が、これには理由がある。

1980年代はアルゼンチンにとって激動の時代で、映画冒頭に挿入された大統領のスピーチはフォークランド紛争で戦った兵士を称えるもの。つまり軍事独裁政権が終わったことを物語っている。実はこの軍事政権下では「汚い戦争」と呼ばれる凄まじい弾圧が行われていた。左派ゲリラの取り締まりを名目に、国が労働組合員や学生、ジャーナリストなどを片っ端から拉致・監禁・拷問・虐殺。3万人以上が死亡した。

この弾圧の実行者が軍部とアルキメデスら政府の秘密警察とも呼ぶべき部署だった。軍事

家長アルキメデスを演じたギレルモ・フランセーヤ（中央）は、体重を増やし、歩き方などを徹底的に真似て本人になりきった。結果、作品を観た被害者遺族が大きなショックを受けたという。映画「エル・クラン」より

1985年8月、警察に連行されるアルキメデス・プッチオ

政権下では警察も軍も役人も味方。拉致や誘拐に緻密な計画は必要ない。アルキメデスは軍事政権下で命じられるまま行ったことと同じことを平然と実行したのだ。

映画でアルキメデスが連絡を取っていた「大佐」なる人物は、政権交代後も政府に残ったかつての上司だ。首を切った負い目から彼を庇護《ひご》していたが、ついに庇いきれなくなりプッチオ家に警察が踏み込む事態となる。

事件後、母親と2人の娘は犯行への関与が証明できず不起訴。長男アレハンドロは公判中に飛び降り自殺を計るも一命を取り留め終身刑に。２００７年に仮釈放され翌年49歳で病死した。次男ダニエルは事件後に行方をくらましていたが２０１９年に逮捕。三男ギレルモは事件前にアルゼンチンを離れ二度と帰国することはなかった。

驚くべきは主犯のアルキメデスだ。終身刑を受けながら２００８年に出所。獄中で勉強して弁護士資格を取り、２０１３年に脳卒中で死亡した。最後を看取ったのは家族ではなく一緒に暮らしていた若い女性だったそうだ。

記者時代のスティーブン・グラス本人と、事件発覚のきっかけとなった記事『HACK HEAVEN』（ハッカー天国）

ニュースの天才

ヤラセで作り上げられたスター記者の偶像

『ザ・ニュー・リパブリック』記事捏造事件

FILMS

大統領専用機にも置かれているアメリカの高級政治雑誌『ザ・ニュー・リパブリック』（以下ＴＮＲ）。同誌の記者で、ユニークな原稿を書くことで有名だったスティーブン・グラス（１９７２年生）が、在職中の4年間に捏造記事を乱発していた事件を、ほぼ実話どおりに映画化したのが「ニュースの天才」である。

弱冠25歳でスター記者の名を欲しいままにした彼の悪事は、通算27本目のでっち上げ記事により白日の下に晒される。

大学新聞の記者として活躍していたグラスがその才能を買われ、ワシントンＤＣに編集部があるＴＮＲに籍を置くことになったのは１９９５年、22歳のときだ。当時で創刊90年を数えた同誌は、鋭い政治的論評で多くの読者から信頼を得ていたが、グラスの書く原稿は他の堅い記事とは一線を画していた。

「クリントン大統領の愛人だったモニカ・ルインスキーの名をもじったコンドームが開発されている」

「ブッシュ大統領を神と崇拝する団体がある」

独特の切り口で政治ネタを操る彼は、たちま

ニュースの天才

2003／アメリカ／監督：ビリー・レイ
1998年に起きたアメリカの権威ある政治雑誌『ニュー・リパブリック』の記者スティーブン・グラスによる記事の捏造事件を描く。原題の「Shattered Glass」（粉々になったガラス）は主人公Stephen Glass＝スティーブン・グラスをもじったもの。

編集部のスタッフ全員がグラス（左。ヘイデン・クリステンセンが演じた）のアイデアを心待ちにしていた。映画「ニュースの天才」より

ち読者の人気を獲得。編集長には一目置かれ、やがて『ローリング・ストーン』『ジョージ』など他の人気誌からも執筆を依頼される、スター記者に成長していく。

1998年、グラスは「ハッカー天国」と題された記事を発表する。大手コンピュータ・ソフト会社が15歳の天才ハッカー少年を多額の報酬で雇うことで、自社のソフトへの攻撃を回避したという内容だ。このスクープ記事に、インターネットマガジン『フォーブス・デジタル・ツール』の記者が疑問を持った。記事に出てくるハッカー少年と、企業が特定できないというのだ。

連絡を受けた編集長がグラスを呼び真偽を尋ねたところ、彼は心外な顔で情報提供者やハッカー少年の連絡先、少年が

所属するというハッカー集団のＨＰアドレス、少年を取材した際の席順まで書かれたノートを提示する。ＴＮＲでは、記者の書いた原稿は何重ものチェックの上で掲載されていたが、データベースにも載っていない企業や個人を取材したものは、記者の取材ノートで事実確認を行うのが常だった。

それまで人気記事を量産していたこともあり、編集長のチャック・レーンはグラスに全幅の信頼を寄せていた。が、半信半疑、グラ

グラスの悪事は、編集長のチャック・レーンの追及で明らかにされる。左がレーン本人。映画「ニュースの天才」より

スの提出した取材材料を洗い直したところ、全てがデタラメであることに気づく。連絡先に電話をかけると、いつも作り声のようなボイスメールが流れ、ハッカー集団のHPにメールを出すと、「地獄に堕ちろ」といった意味不明の返事が届いた。極めつけは、グラスが参加したというハッカー集会だ。グラスに集会場所のビルを案内させたところ、当日、会場は休みで閉鎖されていたことが判明したのだ。

編集長は、自作自演を認めたグラスを直ちに解雇すると同時に、過去にグラスが書いた記事を精査し、41本中27本が捏造だった事実を突き止める。後にグラス本人が語ったことばによれば「最初は記事の一部を偽って書いていただけだが、あまりに反響が大きく、やがて全てを捏造するようになった」のだという。スター記者として祭り上げられていくなか、後戻りができなくなったらしい。

TNRは事件発覚後、誌面に編集部全員の署名が入った謝罪記事を掲載、読者に事の顛末を報告した。

グラスは解雇の後、5年にわたってセラピーに通院すると同時に、ロースクールを卒業して司法試験に合格。映画公開時の2003年には『THE FABURIST』(=でっち上げ屋)のタイトルで、嘘をつき続けるワシントンの記者を主役にした小説を発表したり、テレビの取材にも積極的に応え、己が犯した過ちを告白した。

また2007年、「ニュースの天才」の監督、ビリー・レイのコメディショウに出演し、その時点で、ニューヨークの法律事務所に勤務していることを明らかにしたが、2014年、カリフォルニア州の最高裁判所及び弁護士会が、グラスに弁護士として必要な「道徳的な人格」が欠落していると判断したことが報道されている。

会社を解雇後、司法試験に合格するも。弁護士の資格は得られず

グラスの近影。2022年12月末現在50歳

スキャンダルの舞台となった「21」の実際の放送風景。
中央が司会のジャック・バリー。右がヴァン・ドーレン。
「GERITOL」とはスポンサーの飲料会社で、
番組に絶大な発言権を持っていた

クイズ・ショウ

解答は全て事前に教えられていた

FILMS

人気クイズ番組「21」八百長スキャンダル

俳優ロバート・レッドフォードがメガホンを取った映画「クイズ・ショウ」は、1950年代アメリカの人気クイズ番組「21」で起きたヤラセ事件の顚末を、ほぼ忠実に描いた作品である。番組プロデューサーはもちろん、テレビ局の社長やスポンサーまでもが司法当局の公聴会で尋問されたこのスキャンダル、事が明らかになったきっかけは、勝者から敗者に落とされた1人の解答者の告発だった。

1950年代半ば、アメリカはテレビの全盛期を迎えていた。ゴールデンタイムに放送される番組の視聴率は軒並み40％を超え、特に視聴者参加型のクイズ番組が人気を誇った。

「21」は、CBSの「6万4千ドルの質問」に対抗し、NBCが1956年秋にスタートさせた生放送のクイズ番組だ。2人の解答者が防音ブースに入り、難易順に得点分けされた問題を交互に選び競い合うスタイルで、勝利者は毎週出演が続き賞金も天井知らずに伸びていく。10週以上も勝ち抜けば、それこそお茶間のスターー。瞬く間に視聴率が50％に迫るお化け番組に成長した。

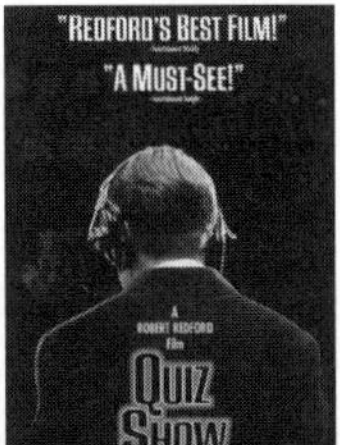

クイズ・ショウ

1994／アメリカ／監督：ロバート・レッドフォード
1950年代に放送されていたNBCの人気テレビ番組「21」をめぐるスキャンダルを映画化。番組に圧力をかけるスポンサーの製薬会社社長役として映画監督のマーティン・スコセッシが出演している。

チャールズ・ヴァン・ドーレン（1926年生まれ）は、14週を勝ち抜き、当時の金で13万ドルを手にしたスター中のスターだった。コロンビア大学の講師で容姿端麗。ピューリッツァー賞受賞の詩人を父親に持つ名門の生まれ。当時のアメリカの知的ヒーローとして『タイム』『ライフ』などの一流雑誌の表紙を飾り、クイズに敗れた後も、モーニングショーのコメンテーターとして人気を博していた。

しかし、彼が築き上げた名声は全て事前に仕組まれたものだった。視聴率を上げるため、番組プロデューサーがテレビ映えのするヴァン・ドーレンに毎週答えを教え、意図的に国民的スターに祭り上げていたのだ。

この事実を暴露したのが、ヴァン・ドーレンの前にチャンピオンの座にいたハービー・ステンペル（1926年生まれ）なる男性だ。彼は、とあるパーティで

チャールズ・ヴァン・ドーレン本人（右）と演じたレイフ・ファインズ。映画「クイズ・ショウ」より

プロデューサーと知り合い、その博学を買われ番組に出演。ヴァン・ドーレンと同様に事前に答えを教えられ、毎週勝ち続けていた。

冴えない風体の市井の人間が夢のような大金を摑む。これぞアメリカンドリーム。制作側の意図とは裏腹、視聴率は下がり、スポンサーは代わりのチャンピオンを探すよう圧力をかける。それがヴァン・ドーレンだった。

ステンペルは、プロデューサーの「他の番組に出演させる」という口約束を信じ、第28回アカデミー賞の作品名を尋ねる問題に、わざと「波止場」と間違え、ヴァン・ドーレンにチャンピオンの席を譲る。ちなみに正答である「マーティ」を彼は3回も観ていた。

果たして、番組出演の約束は実行されず、一方でヴァン・ドーレンが英雄視されていく。この状況に怒り心頭のステンペルは大陪審に番組の不正を告発

ハービー・ステンペル本人(左)。演じたジョン・タトゥーロはゴールデングローブ賞の助演男優賞を受賞。映画「クイズ・ショウ」より

する。だが、他の証言者は事実を隠蔽し、調査はいったん封印されてしまう。

しかし、この報道を新聞記事で見かけた立法管理小委員会の捜査官、リチャード・グッドウィンが疑問に感じ、独自に調査に乗り出す。彼には有名番組の不正を暴くことで、自分の名が売れるという思惑もあったようだ（ちなみに、映画はグッドウィンが後に事の顛末を著した本を原作としている）。

事の真相は大陪審が開いた聴聞会で白日のもとにさらされる。証人として出廷したヴァン・ドーレンが涙ながらに、自分が八百長に手を染めていたことを告白したのだ。同じく

番組の不正を暴いた立法委員会の捜査官、リチャード・グッドウィン本人（2018年3月、86歳で死去）。下は劇中で演じたロブ・モロー。映画「クイズ・ショウ」より

国民的スターが涙ながらに真相を告白

プロデューサーも不正を認めたが、テレビ局自体やスポンサーとの関与は最後まで否定し続けた。

事件発覚後、ヴァン・ドーレンはコロンビア大学を辞め百科事典の編集者を経て作家になり、2019年9月に死去。ステンペルは長年交通局に勤務し、2020年4月に亡くなった。共に享年93だった。

聴聞委員会に出廷したヴァン・ドーレン（中央）

映画史に残る屈指の名シーンとして有名な
ラストのストップモーション。映画「明日に向って撃て!」より
©REUTERS/TWENTIETH CENTURY FOX

明日に向って撃て!

西部開拓史末期の悪名高き強盗コンビ

FILMS

ブッチ&サンダンスの映画とは違う最後

ポール・ニューマン&ロバート・レッドフォード主演の映画「明日に向って撃て！」は、数々の印象的なシーンとともに今も語り継がれるアメリカン・ニューシネマの代表作だ。が、哀愁とユーモア溢れる作品全体のテイストとは違い、題材となったアメリカ西部開拓史末期の実在の強盗団「ワイルド・バンチ」は無法者どもの集まりで、映画の主人公ブッチ・キャシディとサンダンス・キッドの末路も悲惨である。

映画に詳しい説明はないが、劇中で「壁の穴強盗団」と称される犯罪グループは「ワイルド・バンチ」とも呼ばれ、1896年頃にブッチ（演：P・ニューマン）をボスに結成された。ブッチは当時30歳。10代後半から詐欺、窃盗、強盗などを働き、多くの犯罪者と繋がりを持っていた。グループの構成員はいずれも強盗歴を持つ約10人。R・レッドフォード演じるサンダンス（年齢はブッチの1歳下）もその1人だった。

劇中でサンダンスは銃の名手として描かれている。が、メンバーで最も優秀なガンマンはキッド・カーリーなる男で、彼は警察との撃ち合いで少なくとも5人を殺害。片や、サ

明日に向って撃て！

1969／アメリカ／監督：ジョージ・ロイ・ヒル
実在の銀行強盗ブッチ・キャシディとサンダンス・キッドの生き様を描くアメリカン・ニューシネマの傑作。主題歌「雨にぬれても」も大ヒットした。1978年、レッドフォードが本作の出演料を元手に、役名に因んだ「サンダンス映画祭」を開設したのは有名な話。

本物のブッチ・キャシディ（左）とサンダンス・キッド

ブッチを演じたポール・ニューマン（左）と
サンダンス役のロバート・レッドフォード。映画「明日に向って撃て！」より

ンダンスは後に逃亡するボリビアでの銃撃戦まで誰1人殺していない。劇中でのサンダンスは、このキッドとの組み合わせで作られたキャラクターのようだ。

強盗団は銀行を襲ったり、鉄道会社の給与を運搬途中に盗むなど組織的に犯行を重ねていたが、その名を広く知られるようになるのは、映画の冒頭でも描かれる列車強盗だ。

1899年6月1日深夜1時、白いナプキンで覆面をした一味は、ワイオミング州ウィルコックス近くでユニオン・パシフィック社の列車を襲い現金6万ドルを強奪。事件は大々的に報じられ、警察は犯人たちを全米に指名手配、報奨金をかけて行方を追った。


リーダーのブッチは、サンダンスと一緒に逃走、事態が収まるのを待っていたが、事件後に他メンバーが起こす強盗事件に加え、ユニオン・パシフィック社が雇ったピンカートン探偵社（1850年代に設立された警備会社。犯罪者の追跡力は警察以上だったと言われる）の執拗な追及から、これ以上アメリカで犯行を働くのは不可能と判断。1901年2月、南米に移住する。

このとき2人に同行したのが、劇中でキャサリン・ロス演じるエッタ・プレースなる女性。映画ではR・レッドフォードのガールフレンドで、P・ニューマンとも惹かれ合う26歳の女教師という役どころだが、実際はサンダンスの正式な妻で、歳は23歳だった。

映画はこの後、舞台をボリビアに移すが、そこに至るまでに彼らは、過去最高の強盗に成功している。

ブッチら3人はアメリカを出国後、アルゼンチン中央部で牧場を購入。名前を偽り、潜伏生活を送っていた。そのままカタギになるという選択肢もあったが、1905年2月、

サンダンス（左）と妻のエッタ。彼女が、劇中キャサリン・ロスが演じたヒロインのモデル

ポール・ニューマンとキャリン・ロス（手前）が2人で自転車に乗る有名な劇中シーン。映画「明日に向って撃て！」より　©REUTERS/TWENTIETH CENTURY FOX

彼らは居住地としていたチョリラという町から1千キロ離れた銀行を襲撃、10万ドルもの金を奪い逃走する。

１９０６年6月、ブッチとサンダンスはボリビアに渡り、鉱山会社の給与運搬を護衛する仕事に就く。ちなみに、サンダンスの妻エッタは逃亡生活に疲れ、その直前にアメリカに帰国。映画と違い、ボリビアには同行していない。

2年後の1908年11月6日、2人に最後のときが訪れる。3日前に起こした小さな強盗事件がきっかけで、潜伏先の下宿屋が特定されたのだ。

警察とボリビア騎兵隊が建物を包囲するなか、銃撃戦が始まった。映画はその過程で2人が銃弾を受け負傷、小屋に逃げ込んだものの、最終的に外に飛び出したところを一斉射撃されるストップモーションで終わる。

しかし、事実は違う。深夜2時頃、発砲の休止中に警官隊と兵士たちは家屋の中から男性が悲鳴をあげるのを聞く。まもなく一発の銃声が響き、数分後、もう一発の銃声が。早朝、家屋に入った警察は、両腕、両脚に多数の銃創を負った遺体2体を見つける。ブッチとサンダンスが覚悟の心中を遂げたのは明らかだった。

最後は銃撃戦の末、家屋内で心中死

ブッチ(左)とサンダンスの賞金付き手配書

WANTED
ROBERT LEROY PARKER
Alias
BUTCH CASSIDY
HARRY LONGBAUGH
Alias
THE SUNDANCE KID
$5,000
$5,000
REWARD
WILL BE PAID FOR THE CAPTURE
OF THESE FUGITIVES
DEAD OR ALIVE

リチャード・スペック。下が逮捕時の1966年(当時24歳)、右が心臓発作で死ぬ3年前の1988年に撮影されたもの(同46歳)

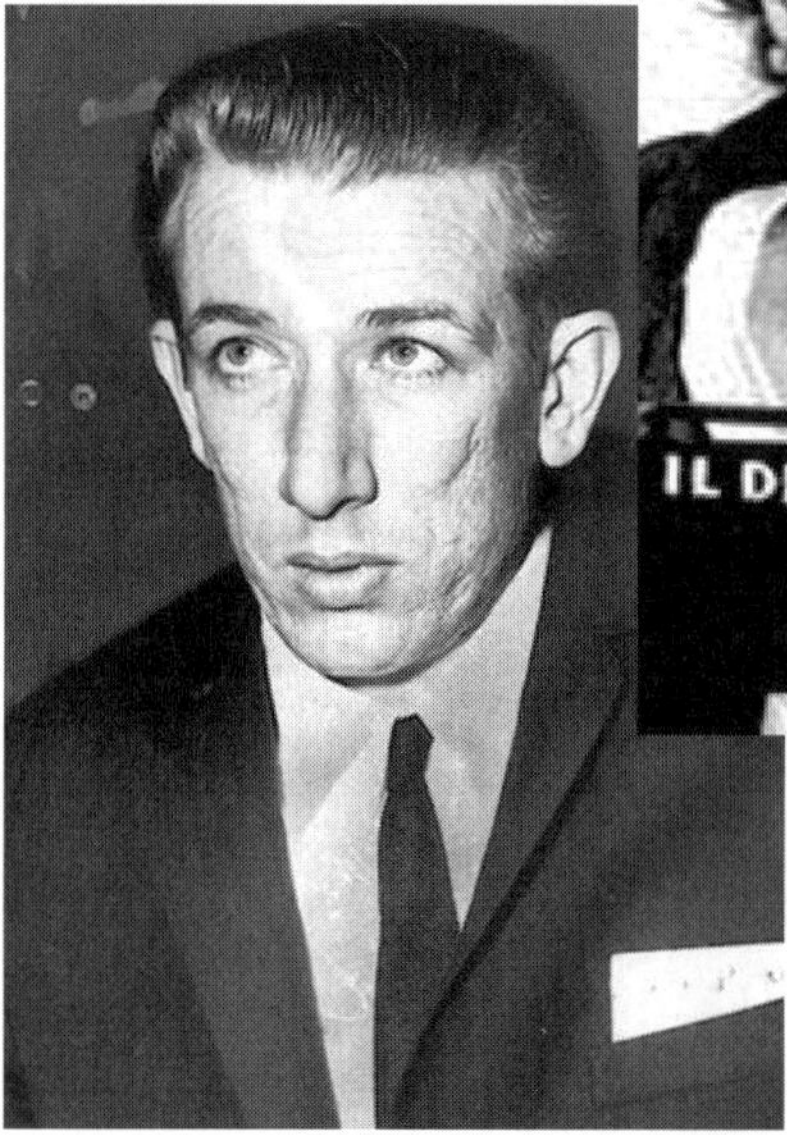

ザ・ナースキラー

シカゴ看護実習生8人虐殺事件の犯人

リチャード・スペックは獄中で女になった

１９６６年７月13日深夜。米シカゴの看護学校寮で実習生の女性８人が殺害された。犯人の名前はリチャード・スペック（当時24歳）。２００７年公開のアメリカ映画「ザ・ナースキラー」の主人公だ。

スペックは、生まれつき知能が低く、後の裁判で「（25歳にして）頭脳は10歳の子供並み」と評されている。加えて、６歳のときに誤って釘抜きで頭を強打し、15歳で鉄柱が頭にめり込む大怪我を負った後遺症で、感情のコントロールが制御できないまま育った。

少しでも気にくわないことがあれば、怒りに我を忘れて暴れるのが常で、16歳のとき学校を退学。その後は毎日のようにケンカと強盗を繰り返し、20歳で前科は40犯を超えた。

事件当日。看護師寮に侵入した時点では、まだスペックに殺意はなかったらしい。が、看護実習生たちに銃を突きつけた瞬間、持ち前のサディズムが頭をもたげる。衝動的にロープで全員を縛り上げるとスペックは１人ずつ別室に連れ去り、それぞれをナイフで刺し始めた。被害者の数は８人。事件時、室内には９人の女性がいたが、残りの１人がベッドの下に隠れたことに気づかなかったらしい。この生存

ザ・ナースキラー

2007／アメリカ／監督：マイケル・フェイファー
1200年の懲役刑を受けた凶悪犯、リチャード・スペックの半生を描いたスリラー。ストーリーは看護師の殺害がメインで、事件後のエピソードはおまけ程度の扱いになっている。

者の証言が決め手となり、スペックは凶行の3日後に逮捕された。裁判は異例のスピードで進み、判決は、なんと懲役1200年。スペックは収監されたイリノイ州の刑務所で20年を過ごし、1991年に心臓発作で世を去った。

驚くべき事実が発覚するのは5年後の1996年5月。シカゴのテレビ局に1本のビデオが届いた。1988年頃にスペックと同じ房の受刑囚が撮影したもので、何者かがイリノイ州の刑務所の管理体制を告発すべく、マスコミにバラまいたらしい。再生すると、映し出されたのは獄中で自由に金銭の受け渡しを行い、楽しげにコカインを味わうスペックの姿だった。金髪のオカッパ頭。下半身にはシルクのパンティ。まくりあげたシャツの下からは、異様にふくらんだバストまで現れた。

不気味な姿をさらしながら、スペックがカメラに語りかける。

「男のペニスをなめるのも、尻を掘られるのも最高だ。オレがここでどんなに楽しんでいるかを知ったら、みんな怒り狂うだろうな」

アメリカの刑務所では、立場の弱い受刑囚がセックスを強要されるケースが少なくない。粗暴なだけで腕力がなかったスペックも、ボス格の受刑囚からホルモン注射を打たれて、

犠牲者の看護師8人の写真付きで
事件を報じる新聞

SEARCH FOR MASS

Six Policemen Shot on

118 SEIZED IN OUTBREAK OF VIOLENCE

Many Others Are Wounded

Victims of Dormitory Attacker

HUNT F… OF EIGHT

Neighbors' … of Awakeni… to Tragedy

20年にわたって性の道具として扱われたらしい。威勢のいい言葉とは裏腹、スペックの表情がうつろなのはそのためだ。

映像は全国ネットで放映され、全米にセンセーションを巻き起こした。映画では詳しく描かれないが、スペックの名が全米に知れ渡ったのは、このテープの存在が大きい。

テレビ局に届いた衝撃の獄中映像。ホルモン注射により胸が膨らみ、囚人のオモチャになっていた（ドラッグをもらった御礼に、監房のボスの股間に顔を埋めている様子）

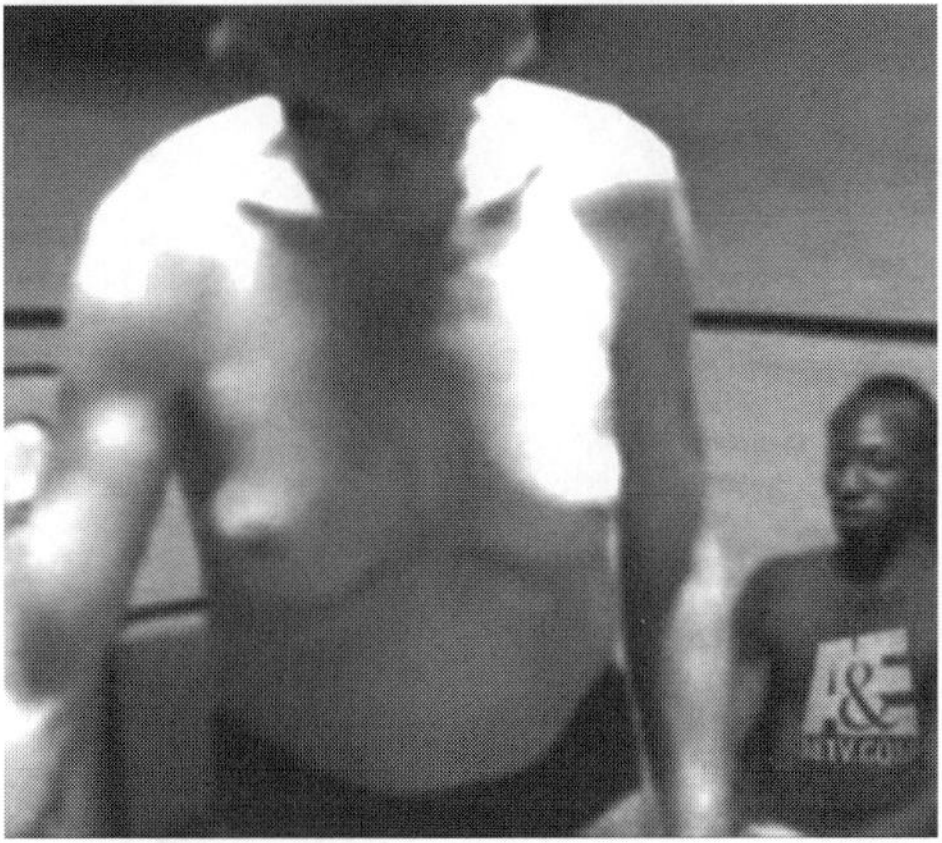

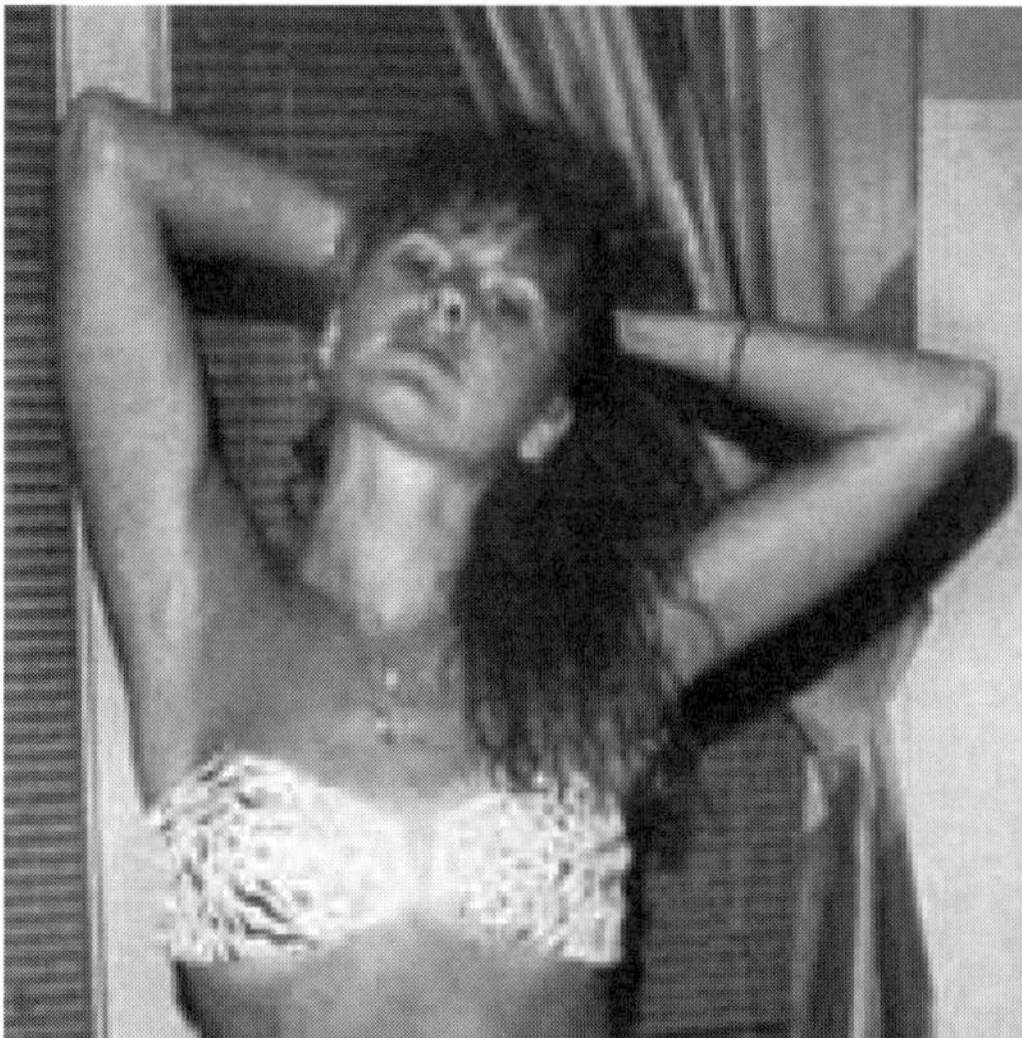

パメラ・スマートのセクシーショット。この写真で、ビリーを誘惑したと言われる

誘う女

15歳の高校生に夫を殺させた女性教師

パメラ・スマート事件

思春期の男子高生を自らの肉体で骨抜きにした挙げ句、夫を殺すよう仕向ける〝毒婦〟を描いた映画「誘う女」。この作品でゴールデングローブ賞主演女優賞に輝いたニコール・キッドマン演じるヒロインには、実在のモデルがいる。米ニューハンプシャーのローカルTVでお天気キャスターをしていたパメラ・スマートだ。映画では、裁判で不起訴となった後、遺族が依頼した殺し屋によって絶命するが、実際のパメラは、終身刑で収監されている刑務所から今も無罪を訴え続けている。

パメラは1967年、フロリダの中流家庭に生まれた。事件を起こすニューハンプシャーに引っ越したのは1980年代。高校では目立ちたがり屋の尻軽女として有名で、当時の有名ポルノ女優の名前にちなみ〝セカ〟と呼ばれていたらしい。

18歳で夫グレッグと出会い、大学卒業後の1989年に結婚。ロックスターを夢見ていたグレッグが保険外交員になったのとは対照的に、ミセスになってもパメラはニュースキャスターになる夢を捨てられずにいた。

そこで、ローカルTV局でお天気キャスターに潜り込む傍ら、地元の教育委員会が主催

誘う女

1995／アメリカ／監督：ガス・ヴァン・サント
1990年、当時22歳のパメラ・スマートが、15歳の少年ビリーを唆して彼女の夫を殺させた事件を題材としたサスペンス。ジョイス・メイナードの小説『誘惑』が原作。

するメディアスクールで講師の職に就く。お色気全開の彼女はたちまち思春期の青少年の人気者になる。

結婚から半年後、グレッグの浮気が発覚する。プライドの高いパメラは夫を許せず、自らも浮気で報復した。相手は、ボランティアの男子生徒ビリー・フリン（当時15歳）だった。学校や自動車、夫のいない自宅にビリーを連れ込んではセックス漬けにするパメラ。そして事が終わるとビリーの耳に囁き続けた。

「夫さえいなければ、あなたといつまでもこうしていられるのに。あなた、殺してよ」

すでに彼女の肉体の虜になっていたビリーに、その依頼を拒む冷静さはなかった。

1990年5月1日22時、グレッグの遺体が、メディアスクールから帰宅したパメラによって発見される。頭を銃で撃たれていた。家の中が荒らされていたため、最初は強盗犯の仕業と思われたが、1ヶ月後ビリーが仲間と警察に出頭。凶器の銃を差し出しながら、3人の知人と共にグレッグを殺害したことを自白してしまう。

ビリーが殺しの仲間を探しているのは皆に知られていたし、パメラ自身も仲の良い教え

後に殺害される夫グレッグの横で幸せそうに微笑むパメラ。2人の結婚生活は、わずか半年で破綻した

子の女生徒に殺害計画を打ち明けていた。とても隠し通せる状況ではなかった。

逮捕されたパメラは、不倫は認めたものの、殺しに関してはあくまで無罪を主張する。しかし、裁判の結果は第一級殺人の謀議と共犯で有罪。1991年3月、仮釈放なしの終身刑が確定した。

22歳の女教師が15歳の教え子を手玉に取って夫を殺させるというセンセーショナルな事件に世間は驚愕し、裁判は全米に生中継された。図らずも、彼女の〝TVの全国放送に出演する〟という夢が叶ったのである。

2022年12月現在もパメラは塀の中から自分は無罪だとメッセージを発し続けている。一方、実行犯のビリーには懲役40年の実刑が下ったが、2015年6月に仮釈放された。

公判中のパメラ（上）と実行犯のビリー。裁判は全米で生中継された

エム・バタフライ

フランス人外交官の夫は最後まで妻を女と信じていた

仰天の時佩璞スパイ事件

伝説の女装スパイ、時佩璞。写真は諜報活動に従事する以前、京劇で女役を演じた際に撮影されたもの

1964年、文化大革命さなかの中国・北京で前代未聞の事件が起きた。フランスの外交官ベルナール・ブルシコが〝女装〟した中国人スパイに惚れ込み、国家機密を横流していたことが発覚したのだ。外交官を骨抜きにしたのは、時佩璞《じはいはく》（女性名は時佩孚《じはいふ》、シー・ペイ・プー）。この2人、実際に結婚してパリで夫婦生活を送っていたというから驚きだ。1993年公開の映画「エム・バタフライ」は、この珍事件をもとに作られた作品である。

1944年、フランスで生まれたブルシコは平凡な会計士だったが、学生時代に中国語を学んだ経歴を買われ、1964年、北京に新設されたフランス大使館に19歳で就任。一方、1938年に中国雲南省で生まれた時佩璞は、フランス語が堪能なインテリとして知られ、オペラの劇作家、京劇の舞台役者として北京では有名な存在だった。スパイになったのは1960年頃。音楽教師として各国大使館へ出入りできる立場に中国当局が目を付け、外交機密の入手を命じたのだ。

2人が初めて出会ったのは大使館のオープニングセレモニーだった。ブルシコの素朴さを見ぬいた時佩璞は、大胆にも男性の姿のまま彼に近づき囁いた。

「私は本当は女性なのだけど両親の希望で男とし

エム・バタフライ

1993／アメリカ／監督：デイヴィッド・クローネンバーグ
トニー賞を受賞した舞台劇「M.バタフライ」の映画化。文化大革命で揺れる1964年当時の北京を舞台に、女装の中国人スパイとフランス人外交官の異色の愛が描かれる。

て育てられているの」

時佩璞の幼い顔立ちを見たブルシコは、その言葉を疑わなかったばかりか一瞬で恋に落ちてしまう。首尾よく獲物を落とした時佩璞は翌日から女装姿でブルシコに接触し、数度のデートであっさり外交機密を入手。さらにターゲットの気持ちをつなぐべく、自宅にブルシコを呼び、ベッドルームに誘い込んだ。

部屋の照明を落とし、平らな胸元をブランケットでカバー。自分の股間には絶対に触わらぬよう言い含めたうえで自らの手でブルシコのペニスを自分の肛門へ導き、最後には、あらかじめ用意した豚の血をシーツにまき、処女だったとアピールしたという。それまで女性経験のなかったブルシコは、何も疑わずに時佩璞とのセックスにのめり込む。結果、事が発覚するまでの20年間弱で中国当局は500以上の機密文書を手に入れることになる。

1979年、文化大革命の悪化によりブルシコに帰国命令が出たことを機に、時佩璞はフランスに移住し、パリで挙式。平和な結婚生活を送る振りをしながら、外交機密を中国へ送り続けた。

作戦が終わったのは1983年、フランス諜報部が2人の動きに不審感を抱いたのがき

映画「ラストエンペラー」で世界的スターになったジョン・ローンが女装スパイを熱演。映画「エム・バタフライ」より

っかけだ。尋問にかけられたブルシコは、妻へ機密を漏らした事実を自白。スパイ容疑で法廷に送られる。

裁判の過程で、初めて愛する妻が男だったことを知らされたブルシコは、当初、全て警察が仕組んだウソだと思った。が、裁判官の前で「陰茎を股間の間に隠す方法」を実演する妻の姿を見てしまっては、もはや返す言葉もない。事件はすぐさまフランス中に知れわたり、ブルシコはマスコミから「世紀の大バカ者」と呼ばれた。

3年後の1986年、2人に下った判決は懲役6年。だが、フランスと中国の関係が改善し始めた時期だったこともあり、同年夏には恩赦が出て両者とも無罪放免となった。

時佩璞は2009年6月、70歳で病死。このとき64歳でフランスの介護施設で暮らしていたブルシコは、知らせを聞いても一切驚きの表情を見せなかったという。

1986年、公判時の時佩璞（右）とブルシコ。法廷で2人が視線を合わせることは一度もなかった

事実を元に車内の様子を再現。妻をゴールディ・ホーン、
拉致された警官をベン・ジョンソンが演じている。
映画「続・激突！ カージャック」より

続・激突！カージャック

犯行の動機は我が子の取り戻し

S・スピルバーグ劇場デビュー作の題材になった脱獄誘拐事件とは？

監督スティーヴン・スピルバーグの名を一躍世に知らしめた1971年公開のテレビ映画「激突！」は、運転中に追い抜いたトレーラーから執拗に追跡されるセールスマンの恐怖を描いた心理サスペンスの傑作である。

3年後の1974年、スピルバーグは初の劇場用映画「続・激突！カージャック」を発表する。「激突！」の続編のような邦題だが、内容はまるで違う。里子に出された我が子を取り戻すため刑務所から脱獄、警官を誘拐して300マイルに及ぶ逃避行を敢行するアクション劇で、一組の夫婦が実際に起こした事件を題材に作られた。

1969年、米テキサス州。ロバート・デント（当時22歳）とアイラ（同21歳）の若夫妻には、小さな息子がいた。が、ロバートには定職がなく、アイラも家庭を顧みずに遊び歩いてばかりだった。劇中では、2人の素行を問題視した当局によって子供の養育権を取り上げられ、見ず知らずの他人に里子に出された設定になっていたが、実際に養育権を得たのはアイラの実母である。

子供から遠ざけられたアイラは、2度の窃盗で州立の農場刑務所に収監されていたロバートに面

続・激突！ カージャック

1974／アメリカ／監督：スティーヴン・スピルバーグ
子供を取り戻すため、パトカーをジャックした夫婦の逃避行を描いたアクション映画。1969年5月に米テキサス州で発生した実話がベース。

会し、我が子を取り戻しに行こうと脱獄をけしかける。言われるまま、囚人服からアイラが自分の服の上に着込んでいた服に着替えたロバートは、まんまと妻と共に刑務所を脱走。そのまま車で実家のウィーロックを目指してハイウェイをひた走る。

途中、スピード違反で警察に捕まったものの、咄嗟に車を乗り捨てて危機を回避。しかし、ハイカーを装って通行人の車を乗っ取ろうとしている最中、警察に追いつかれてしまう。と、2人は、自分たちを捕まえにきた警官ケニス・クローン（同27歳）を逆に人質に取り、今度はパトカーで逃走し始めた。

単なる脱獄から、警官の誘拐事件に騒ぎは拡大。周辺の警察署からもパトカーが大挙して押しかけたが、クローン警官には銃が突き付けられており、ヘタに手出しはできない。

パトカーやマスコミ、野次馬で埋まったテキサスのハイウェイ（下）。左はクローン警官本人。映画のアドバイザーとして製作に参加し、劇中にも副保安官役で出演している

この事件にマスコミが飛びついた。ある記者が夫婦のインタビューに成功し、2人が子供を取り戻すためウィーロックを目指していることが新聞の一面に掲載されたのである。ビールを差し入れたり、子供にとヌイグルミをプレゼントしたり、「頑張れ！」と横断幕まで用意される事態にまで発展していく。

さらに意外なことに、クローン警官と夫婦の間に信頼関係のようなものが芽生える。人質と子供を交換条件にすれば、誰も傷つかずに事件が収束する可能性も出てきた。が、車がウィーロックのアイラの実家前に着いた瞬間、ロバートは待ち受けていたFBIに射殺される。

アイラもその場で逮捕。子供に会うことなく懲役5年の判決が言い渡され刑務所へ送られた。出所後の暮らしについては不明だが、1992年に心不全でこの世を去っている。

夫ロバートを射殺された直後の
アイラ・デント本人

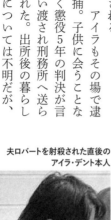

クヒオ大佐

総額1億円を騙し取った
自称・米軍パイロット

「クヒオ大佐」という名の結婚詐欺師がいた

クヒオ大佐こと鈴木和宏。
写真は1984年に逮捕された際、本人が所持していた1枚

父親はハワイ王族のカメハメハ大王の末裔。母親はエリザベス女王の双子の妹。私は米軍第五空母航空団のパイロット。自分と婚約すれば軍から5千万円の祝い金が出る——。片言の日本語で怪しげな話を持ちかけ次々と女性から金を騙し取る結婚詐欺師を描いた映画「クヒオ大佐」。堺雅人が演じる、このうさん臭さ満点のキャラクターには実在のモデルがいる。１９８０〜１９９０年代に連日ワイドショーを賑わしたジョナサン・エリザベス・クヒオこと鈴木和宏。身長１６３センチのれっきとした日本人男性だ。

鈴木は１９４２年、北海道に生まれた。中学を出て職業訓練校に通った後、建築現場の見習い仕事など様々な職に就いたもののどれも長続きせず、20代前半で陸上自衛隊に入隊する。もっとも自衛隊勤務は本人の弁だから真偽は定かではないが、これが後に米軍パイロットを騙る一因になっているようだ。

20代半ばで、知人から借りたカメラを勝手に売り飛ばし、初逮捕。以後、詐欺などの罪で刑務所と娑婆を行き来しながら、40歳を過ぎた頃より結婚詐欺に手を染める。空軍パイロットのレプリカの制服を身にまとい、自称〝米空軍大佐〟の鈴木は語った。

クヒオ大佐

2009／日本／監督：吉田大八
1980年代から1990年代にかけ、約1億円を騙し取った実在の結婚詐欺師を描いた1本。主人公のクヒオ大佐を堺雅人、騙される女性を松雪泰子（弁当屋の経営者）、中村優子（銀座のホステス）、満島ひかり（博物館の学芸員）が演じている。DVD販売元：アミューズソフトエンタテインメント

「私の名前は、プリンス・ジョナ・クヒオ。私と婚約したら軍から5千万、結婚したら5億円の祝い金が出ます。私の伴侶になってください」

見え見えのウソに43歳の中年女性が騙され、米軍の秘密資金として一時借用したいなどの名目で、父親が残してくれた遺産金4千500万円を詐取された。

鈴木の偽装工作は徹底していた。欧米人に似せて顔を整形、髪の毛も金髪に染める。米軍機のコックピットに乗った自分の写真を持ち、時には、自宅アパートから「今、戦闘の最中です」と、爆撃の音などを録音したテープを響かせながら、女性に電話をかけてくることもあった（映画にも同様のシーンがある）。

特筆すべきは、鈴木が本心から、自分がアメリカ人で軍のパイロットだと信じていたと思える点だ。鈴木は後に裁判所へ提出した上申書で次のように記している。

「私は、ベトナム戦争時、フィリピンで海兵隊の特殊訓練を受け、ヘリコプターガンシップの射撃手として戦闘に参加し撃墜もされたし、体に複数の傷を受けています」

実際には、この期間、鈴木は前記した最初の詐欺事件で塀の中にいたのだが、少なくとも鈴木の中では妄想が確信に変わっていた。後に離婚した妻が、鈴木をずっと本物の米軍人と信じて疑わなかったというから、そのリアルさは推して知るべしだ。

懲役5年の実刑を終え出所したのが1989年。その4年後に、鈴木は日本人の相棒を使い、会社帰りの25歳OLに接近する。

「日本人女性と結婚したがっている米軍パイロットがいます。あなたは彼にピッタリの人だ。ぜひ一度会ってほしい」

こうして相手と接点を持った後は、同様の手口で女性を信じ込ませる。今回の名目は「米軍横田基地の公金に穴を空けた」というもので、当のOLと同様、鈴木の話を信じきっていた彼女の兄から850万円を騙し取った。

再び懲役5年を務めて出所した鈴木は1999年、またも同じ手口で、33歳の女性から650万円を詐取する。被害者は、元銀座の売れっ子ホステスだった。

相談を受けていた彼女の友人が、以前テレビで見た鈴木を覚えていたことで、あえなく御用となるのだが、それまでに鈴木が詐取した金は1億円近いというから驚きだ。

もちろん、全て鈴木の大胆で巧妙な手口ゆえの犯行なのだが、騙された女性側にも邪心があったのも事実。クヒオ大佐と結婚したら米軍から億の金が入るのだから、多少の金は仕方ないと欲をかいたのだ。そして、もう一つ。鈴木は抜群にセックスが上手かったようだ。バイアグラを常用し一晩4回も当たり前。テクニックも文句なしだったという。

その後、鈴木はまたも実刑判決を受け塀の中へと戻るが、現在の消息は不明である。

稀代の結婚詐欺師を堺雅人が怪演。映画「クヒオ大佐」より

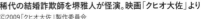

プワゾンの香り

殺人未遂犯の女子高生が事件後、ポルノ女優に

エイミー・フィッシャー本人（2008年撮影）

エイミー・フィッシャー事件

1993年公開の「プワゾンの香り」は、1992年、米ニューヨーク州で現役の女子高生が不倫相手関係にあった中年男性の妻を銃撃した実際の事件を描く社会派サスペンスだ。作品は事件を起こした当の本人がまだ服役中に公開され、彼女にはその後、波瀾万丈の人生が待っていた。

1992年5月、ニューヨークの自動車修理工ジョーイ・バタフッコ（当時37歳）宅で、妻のメアリージョーが玄関先で頭を撃たれた。幸い命に別状はなく、犯人もすぐに割れた。地元高校に通うエイミー・フィッシャー17歳。ジョーイの浮気相手だった。

2人の出会いは1991年、エイミーが16歳のとき。父の車をぶつけ、こっそり修理に行った自動車屋にいたのがジョーイだった。厳粛な父親に支配されていたエイミーは、ユーモアたっぷりのジョーイに一目惚れ。すぐに大人の関係となる。

初めての恋にのめり込むエイミーに対し、ジョーイは彼女の若い肉体だけが目的。新車を買うお金が欲しいというエイミーにエスコートクラブ（売春クラブ）を薦めて顧客を斡旋した挙げ句、「奥さんと私、どっちを選ぶの」と迫られるや簡単にエイミーを捨てた。これ

プワゾンの香り

1993／アメリカ／監督：アンディ・テナント
1992年、アメリカで17歳の女子高生が浮気相手の妻を銃撃した実際の事件が題材。映画「E.T.」の子役としてブレイクしたドリュー・バリモアが主人公を演じている。

に怒った彼女が思いついたのが、奥さんの殺害だった。かつてジョーイが「妻さえいなければ」と、銃の入手法など意味深なことを言っていたからだ。そして事件は起こる。

裁判が始まると、少女と中年男の〝危険な情事〟に全米の目が集まった。ジョーイは2人の関係を否定し、「彼女からストーカー被害を受けていた」と主張。裁判所もエイミーを危険人物と見なし、保釈金を200万ドル（当時の日本円で約2億5千万）に設定した。とても払える額ではないが、ここで彼女は驚くべき方法で金を捻出する。事件の話題性から、全米の三大ネットワークがTVドラマを競作、さらに映画「プワゾンの香り」も作られることになったのだが、その取材権を売り、保釈金を調達したのだ。

1992年12月、エイミーに15年の実刑が確定し、映画もここで終わる。

その後、ジョーイはTVに出演し、あくまで2人の関係はなかったと訴え続けたが、まもなくエイミーと行ったモーテルでジョーイ直筆のサイン入り領収証が見つかったことで事は一転。1993年10月、未成年だったエイミーへの法定強姦罪で懲役6ヶ月及び5千ドルの罰金刑に処される。出所後の1995年には売春容疑で逮捕され、妻と離婚。後は坂道を転がるように2004年に自動車保険の詐欺、2005年には弾薬の不法所持で逮捕され再び刑務所へ舞い戻る。

一方のエイミーは7年間の服役を経て、1999年に出所。前歴が邪魔して職に就けずにいたが、地元のフリーペーパーにコラムニストとして採用されると文章が上手いと評価され、2004年には職業ジャーナリスト協会の賞を受賞。商業誌へ活躍の場を広げ、結婚も果たした。が、2007年10月、夫婦間のトラブルからエイミーが離婚を申し出たところ、報復として夫が2人のセックステープを流出させてしまう。普通なら修羅場になりそうなところだが、エイミーは夫とよりを戻し、あろうことか自らポルノテープ販売に乗り出したばかりか、積極的に新作を作りポルノ女優として活躍。形の良いバスト、ピンク色の美しい性器、腹部に入れた蝶の刺青で人気を博した。

エイミーは2011年、AVの世界から引退し、現在は子供とニューヨークに住んでいるが、今も事あるごとに〝お騒がせセレブ〟として世間の注目を集めているという。

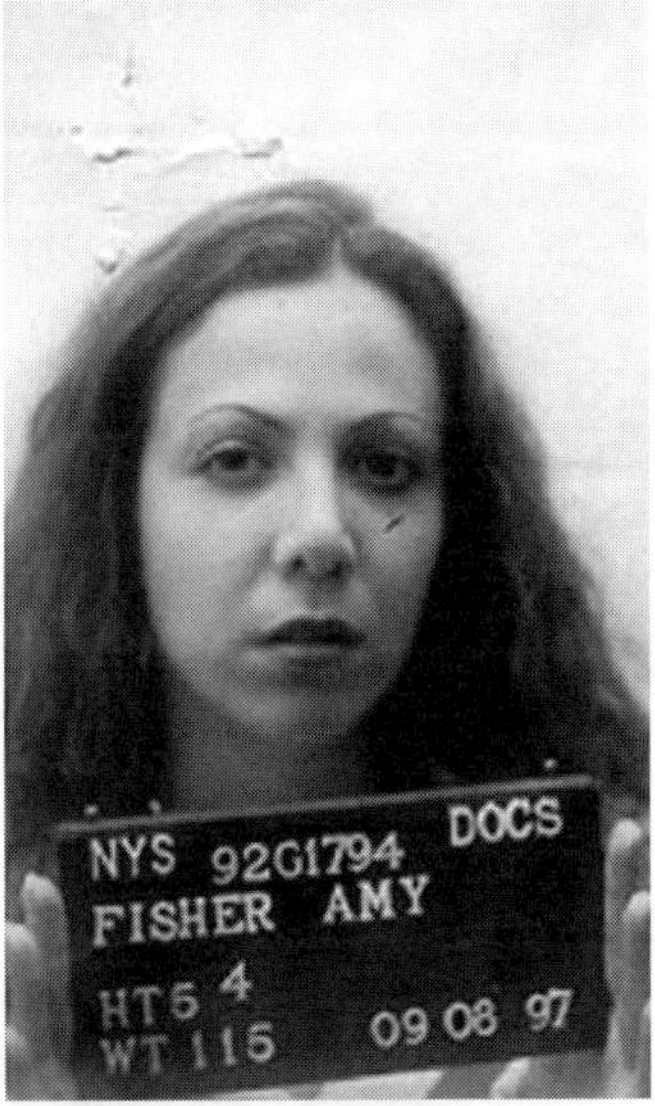

逮捕時のエイミー。当時17歳(上)。
浮気相手のジョーイと、襲われた妻のメアリージョー

伝説のギャング、ジェームズ・バルジャーそっくりの外見で役に挑んだジョニー・デップ。映画「ブラック・スキャンダル」より

ブラック・スキャンダル

幼馴染みのFBI捜査官と有力政治家の弟が後ろ盾に

犯罪王 バルジャーの 黒い絆

FILMS

２０１５年公開の「ブラック・スキャンダル」は、１９７０年代から１９９０年代にかけて活動した実在のギャング、ジェームズ・バルジャーの半生にスポットを当てた実録クライム・サスペンスだ。バルジャーは、ＦＢＩから２００万ドル（日本円で約２億４千万円）という高額懸賞金をかけられるほどの裏社会の大ボスだったが、彼がのし上がっていく背景には、ＦＢＩ捜査官となった彼の幼馴染みと、有力政治家となる実弟との絆が大きく関わっていた。

舞台は、１９７０年代から１９８０年代にかけての米ボストン。当時、ボストンはアメリカで最も危険なエリアと言われ、特に〝サウシー〟と称される南部には低所得層向けの公営住宅が並び、ギャングやマフィアが縄張り争いを続けていた。

そんな南ボストンの一角にアイルランド系アメリカ人のコミュニティがある。彼らは結束が堅く、法律よりも自分たちの絆や掟を優先。万一、トラブルや犯罪が起きても、警察にタレ込めば裏切り者として容赦ない制裁が行われていた。

ブラック・スキャンダル

2015／アメリカ／監督：スコット・クーパー
実在のアイリッシュ・マフィアのボス、ジェームズ・バルジャーが裏社会でのし上がっていく様を描いた犯罪映画。

物語の主人公ジェームズは1929年に生まれた。4歳年下の弟ビリーことウイリアムと、11歳下のジョン・コノリーとは同じ公共住宅で育ち、長じた3人はそれぞれの道を歩む。ジェームズは地元のアイルランド系アメリカ人で構成された〝ウインター・ヒル・ギャング〟のボス、ビリーはマサチューセッツ州上院議長、ジョンはFBI捜査官となったのである。

バラバラになった3人が再び顔を合わせるのは、ジョンが南ボストンに配属された1975年、ジェームズ46歳のときだ。ここでジョンは後に「FBI史上、最も黒い闇」とも呼ばれる一つの協定をジェームズに持ちかける。

当時、アメリカ全土で暗躍していたイタリアン・マフィアの浄化はFBIにとって最重

ジェームズ・バルジャー本人（上）と演じたジョニー・デップ

要課題であり、一方、ジェームズにとっても、地元で精力を伸ばしてきたマフィアは目の上のたんこぶ。マフィアの内部情報を提供する代わりにＦＢＩが味方になってくれるなら一石二鳥だった。

白っ茶けた金髪だったため警察に〝ホワイティ〟とあだ名されたジェームズは、今でこそ「犯罪王」「伝説のギャング」などの冠が付くが、当時は刑務所への出入りを繰り返すチンピラに過ぎなかった。それがジョンと協定を結んで以後、殺人、恐喝、麻薬密売、高利貸しなどあらゆる犯罪に手を染め、暗黒街でのし上がっていく。映画で描かれたとおり、情報提供の見返りに、ジョンつまりＦＢＩが〝ウインター・ヒル・ギャング〟の悪行を見

マフィアの犯罪をわざと見逃していた元FBI捜査官ジョン・コノリー本人（上）と、彼を演じたジョエル・エドガートン

ジェームズの弟で元政治家のビリー(上)。証人喚問では「兄を大事に思っている」と発言したそうだ。下は演じたベネディクト・カンバーバッチ

逃したからだ。しかも、報復を恐れた住民は、公衆の面前で殺人が行われても警察に通報もしなければ証言することもなかった。

ジェームズがやりたい放題に犯罪を重ねる一方、当局は情報提供者を探し出し、1995年、逮捕にこぎつけようとする。が、ジョンからの連絡でジェームズはボストンから逃亡。劇中で描かれるように、16年後の2011年になってようやくカリフォルニアのサンタモニカで拘束される(映画と異なり、逃亡生活中は妻と一緒だった)。

映画では、逮捕後の顚末についてごく簡単に触れられているだけだが、ジェームズは2013年の裁判で11件の殺人罪、恐喝、麻薬取引その他で2回の終身刑+5年の有罪判

決が言い渡され、フロリダの刑務所に収監されたが、2018年10月21日、複数の受刑者に撲殺された。目の大半を抉《えぐ》られ、舌も切り取られる酷い死に様だった（享年89）。また、ジョン・コノリーも逃亡幇助や収賄で有罪が確定。2008年に計40年の実刑判決を受けたものの、2021年に健康上の理由から仮釈放となり、現在はマサチューセッツ州で暮らしている。

一方、弟のビリーは、政治家退任を余儀なくされマサチューセッツ州立大学総裁に天下るが、2002年、州議会で証人喚問を受ける。このときFBIとジェームズとの関係についての証言は拒否したものの、逃亡中の兄と秘かに連絡を取っていたことを告白し、総裁職を退くことに。その後は大学講師や名誉職を務め、現在は9人の子供と33人の孫に囲まれ南ボストンで悠々自適の生活を送っているそうだ。

16年間の逃亡の末に逮捕。89歳のとき獄中で暗殺死

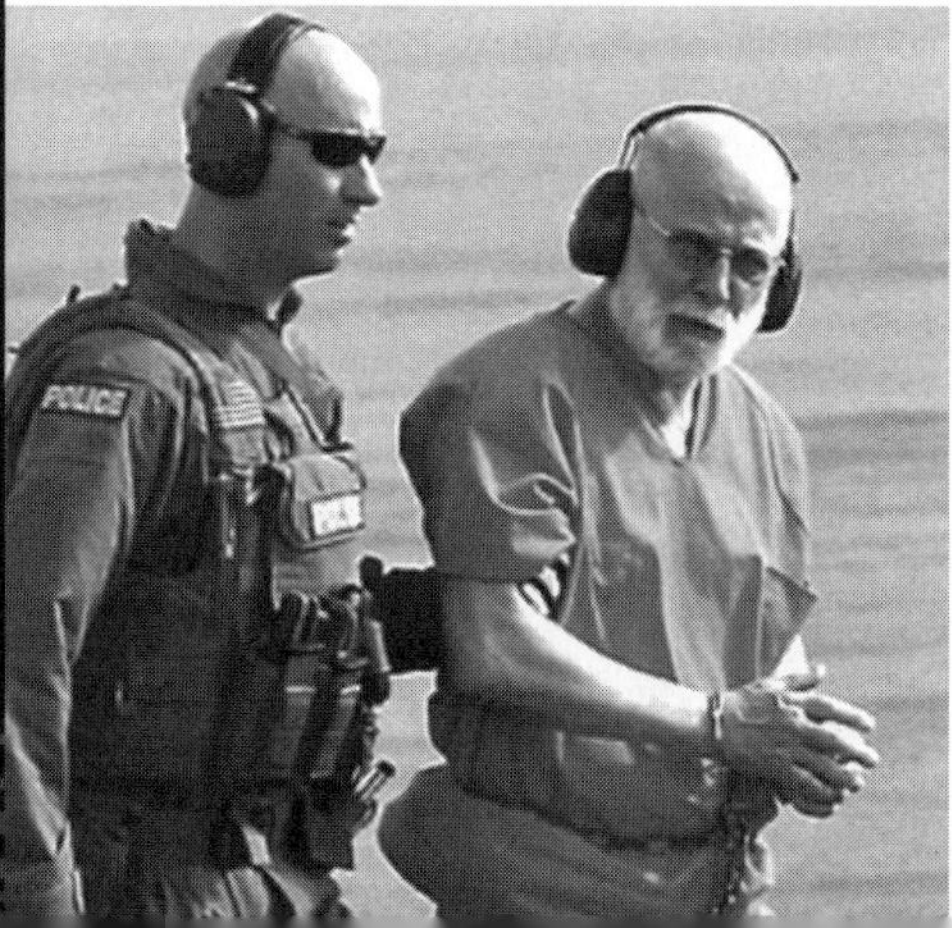

2011年6月、サンタモニカで逮捕されたジェームズ（当時82歳）

Column この映画が殺人を引き起こした ④

2007年4月16日、米バージニア工科大で悲劇的な事件が起きた。同校に通う韓国人男子学生が講義中の教室で銃を乱射し、教員と学生合わせて32名を殺害。その直後、自ら命を絶ったのだ。

犯人の名は、チョ・スンヒ（当時23歳）。在学中は同級生と声を交わすこともなく、カフェテリアで時間をつぶすだけの、寂しい青年だった。

事件後、スンヒの履歴を調べた各メディアは、1本の映画を犯行の原因にあげた。1976年のアメリカ映画「タ

タクシードライバー

1976／アメリカ／監督：マーティン・スコセッシ
ニューヨークの街を流すタクシードライバーの孤独と狂気を描き、カンヌ国際映画祭グランプリに輝いた。主演デ・ニーロ&監督スコセッシの黄金コンビの出世作。

クシードライバー」。ロバート・デ・ニーロ演じる主人公のトラヴィスが、友人も恋人もいない生活で精神を病み、やがて殺人に至るまでを描いた傑作だ。

映画と事件の類似は、スンヒが犯行前にテレビ局へ送った写真を見れば明らかだろう。2丁拳銃をカメラに向け、自分のこめかみに銃を突きつけるのは、映画の有名なシーンそのままだ。

犯行までの行動にも似た点は多い。映画の後半、犯行を決意したトラヴィ

トラヴィスに共感して32人を銃殺した韓国人大学生

FILMS

チョ・スンヒ（右）がマスコミに送った写真は映画の名シーンにそっくり。映画「タクシードライバー」より

スは、頭をモヒカン刈りに変えて全身を鍛え出す。スンヒも、乱射事件の2ヶ月前に頭を剃り、大学のジムに姿を見せた。

　ここまでスンヒがトラヴィスに共感を覚えたのは「タクシードライバー」が孤独についての物語だからだ。

　話す相手もなくタクシーで夜の町を流し、売春婦に「この世は汚れきっている」とうそぶくトラヴィス。そのくせ、たまたま拾った客の女を人生初のデートに誘い、ポルノ映画に連れていってフラれてしまう。

　一連のシーンは、マスコミに送ったビデオの中で「おまえが俺の心を破壊した」と吠え、一方で「自分にはスーパーモデルの彼女がいる」とルームメイトに強がってみせたというスンヒの心理状態にそっくりだ。

　ちなみに、映画の脚本を書いたポール・シュレイダーのもとには、現在も「あれは自分の話だ」といった内容のファンレターが届くそうだ。

第6章

戦争という名の地獄

映画「炎628」より ©Mosfilm Cinema Concern 1985

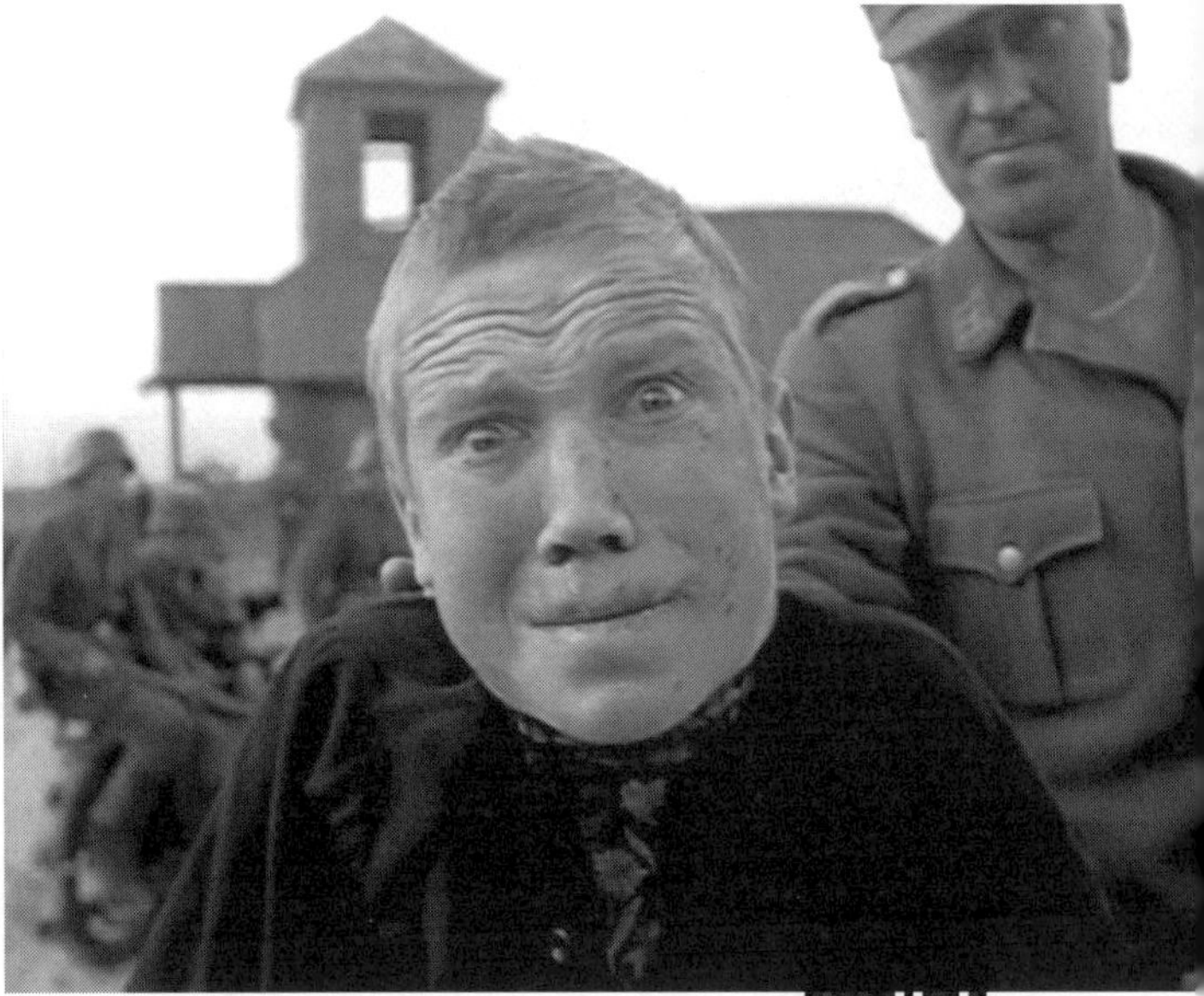

主人公の少年が恐怖で老人のような顔に変わっていく。
映画「炎628」より

炎628

納屋に閉じ込めた住民を皆殺し！

白ロシアで起きた悲劇 ハティニ村虐殺事件

戦争映画は数あれど、戦時における人間の狂気をリアルに描き、観る者を絶望の淵に追い込む作品として評価が高いのが１９８５年のソ連映画「炎６２８」だ。舞台は１９４３年、ドイツ占領下の白ロシア（現ベラルーシ）の小さな村。主人公はパルチザン（反乱軍）に加わった10代前半の少年で、彼の視点から、村に侵略してきたナチスの悪夢のような蛮行が描かれる。映画の題材になった史実がある。１９４３年３月、ドイツ軍によって住民１４９人が皆殺しにされた「ハティィニ村虐殺事件」である。

ナチスによるホロコーストといえば、アウシュビッツに代表される強制収容所でのユダヤ人大量虐殺がイメージされる。が、収容所のガス室が本格的に稼働する以前、ドイツ軍はソ連に侵攻した１９４１年６月からの３年間でユダヤ人住民を組織的に大量殺戮している。その主力を担ったのが「アインザッツグルッペン」なる移動虐殺部隊。ソ連軍と戦うドイツ国防軍の前線の後方で「敵性分子」（特にユダヤ人）を殲滅《せんめつ》するために編成された殺人集団だ。

１９４１年11月、ハイリンヒ・ヒムラー（ナチス親衛隊＝ＳＳの最高指導者）は、このア

炎628

1985／ソ連／監督：エレム・クリモフ
第二次大戦中、ベラルーシ（旧白ロシア）のハティィニ村で起きた虐殺事件を題材とした戦争映画の傑作。原題「COME AND SEE」。2014年12月、情報誌『Time Outロンドン版』とクエンティン・タランティーノ監督が共同で選んだ「第二次世界大戦映画ベスト50」の第1位に輝いた。BD販売元：IVC,Ltd

インザッツグルッペンを補助する組織として、ソ連各地で親独的な住民からなる治安維持部隊の設立を命じる。

部隊は「シューマ」（補助警察部隊）と呼ばれ、大隊が基本単位として編成されていた。この大隊の一つ、第118大隊がハティニ村虐殺事件の実行犯である。映画ではドイツ人中心のメンバーになっているが、実際はウクライナ人、ソビエト兵捕虜などで構成され、ソ連政府に憎悪を抱き、ユダヤ人、共産党員、パルチザンを殺害するためには手段を厭わぬ連中だった。

ハティニ村は細かい地図にも載らない小さな村だった。なぜ、こんな場所が虐殺の舞台となった

虐殺の実行犯シューマ118大隊（上）と、指揮を執ったグレゴリー・バスラ（右）。バスラはハティニ村事件の他にも数々の虐殺作戦に関与したとして1986年、ミンスクの法廷で死刑を言い渡された

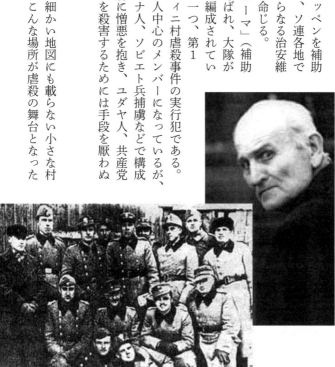

ハティニ村はベラルーシの首都ミンスクから南東に数十キロの場所に位置する（グーグルマップより）

のか。劇中では描かれない明確な理由がある。1943年3月22日、118大隊の輸送隊がハティニ村から6キロの地点で攻撃を受け、ベルリン五輪（1933年）の砲丸投げで金メダルを獲得した大尉が死亡。その報復にハティニ村が襲われたのだ。

同日、大隊は村に侵入すると、女性、子供、老人、年齢性別関係なく納屋の中に追い込み、ワラで小屋を覆いガソリンで放火する。非情にも閉じられた納屋の戸を必死に叩き、炎と煙の中で泣き叫ぶ子供の声が何とも痛ましい映画のクライマックスシーンだ。

しかし、事実は違う。小屋は焼け落ちる過程で脆くなり、狂乱状態の人々の圧力で外に這い出る出口を生じさせた。炎から逃れようと人々が外に飛び出す。大隊はそれを待っていたかのように冷静に射撃したの

年齢、性別関係なく村民を捕まえ、閉じ込めた納屋をドイツ軍が火炎放射器で焼きつくす映画のクライマックスシーン。映画「炎628」より　©Mosfi lm Cinema Concern 1985

だ。死亡者149人。このうち75人が子供だった。

惨劇の中で、7歳と12歳の子供、56歳の男性の3人が生き残った。7歳児は母親が身を挺してかばい、12歳の子供は爆弾で足を失い死んだように気絶していたので助かった。また、56歳の男性は生き残ったものの息子を失い、その後現地に建てられた記念碑のモデルとなっている。

映画では最後、パルチザンに取り囲まれ命乞いをするドイツ兵たちの姿が描かれる。が、史実では、このとき拘束された者はいない。

後に虐殺の実行犯として逮捕されたのは、118隊の司令部要員だったグレゴリー・バスラら数名のみ。虐殺を命令した者、もっと高い地位で指揮を執っていた者は裁かれず特定すらされていない。

「炎628」のタイトルは、第二次世界大戦中に、ナチス・ドイツが占領下のソ連で焼きつくした村の数から名付けられている。が、実際にはベラルーシだけで、5千295の村々がドイツ軍や警察に破壊され、200万人以上が虐殺されたという報告もある。この数字は、当時のベラルーシの総人口の4分の1に該当する。

犠牲者149人のうち75人が子供

虐殺があった現場には、数少ない生存者の1人である56歳男性の、死んだ息子を抱いた記念碑が残されている

ヒトラーの贋札

第二次世界大戦史上最大の紙幣偽造事件

ナチス・ベルンハルト作戦

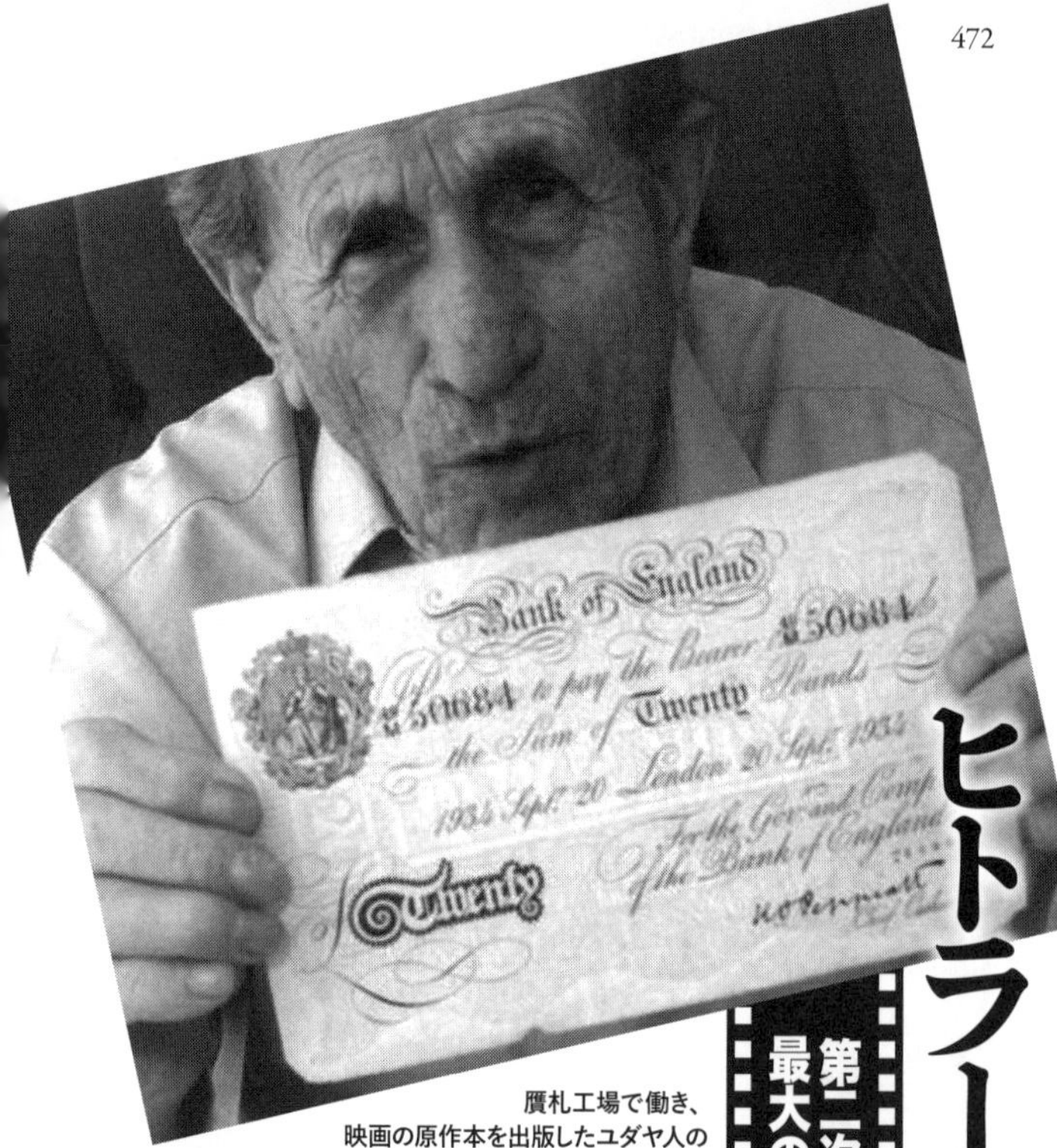

贋札工場で働き、映画の原作本を出版したユダヤ人のアドルフ・ブルガー。手に持っているのは、本人が実際に造った贋のポンド紙幣

FILMS

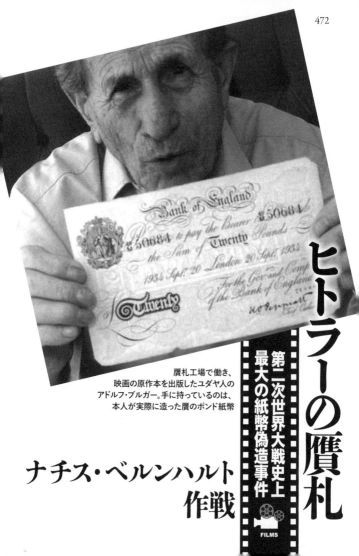

「ヒトラーの贋札《にせさつ》」は、第二次世界大戦時、ナチス強制収容所のユダヤ人たちが加担したナチスドイツの紙幣偽装計画＝「ベルンハルト作戦」を題材にした戦争映画だ。作品は贋札工場の元囚人、アドルフ・ブルガーが2004年に出版した回想録をもとに作られたが、本編では、本の中で少しだけ紹介されている彼の同僚、サラモン・スモリアノフが主役となっている。

ベルンハルト作戦が世に明るみに出たのは1959年。ハンブルグの雑誌『シュテルン』が、1人の元ナチス親衛隊員から、戦時中、ナチスがオーストリアのトプリッツ湖に9つの木箱を沈めたという情報を得たのがきっかけだった。ダイバーが潜ってみると、湖底から1億3千460万ポンド（現在の貨幣価値で1兆円以上）ものイギリス紙幣が発見された。が、一緒に見つかった文書から、全てが精巧な贋物と判明する。ナチスが英国の経済攪乱《かくらん》を狙い、ユダヤ人に造らせたものだった。

ベルンハルト作戦は、1942年7月、ヨーロッパ中の強制収容所から過去に印刷業や製紙業などに従事していたユダヤ人26人をベ

ヒトラーの贋札

2007／ドイツ・オーストリア／監督：シュテファン・ルツォヴィツキー
第二次世界大戦のさなか、ナチスドイツがイギリスの経済撹乱を狙い画策した史上最大の紙幣偽造事件「ベルンハルト作戦」に関わった、ユダヤ人印刷工アドルフ・ブルガーの証言に基づいて製作された1本。2007年度のアカデミー賞で最優秀外国語映画賞を受賞した。

ルリン郊外のザクセンハウゼン収容所に集めるところから始まる。

回想録を残したブルガーが招集されたのは、贋札造りが本格的に稼働していた1944年3月のことだ。10代後半から印刷工として働いていた彼は、1942年8月、25歳でゲシュタポに捕らえられ、ビルケナウの収容所で、一つの馬小屋に800人が暮らす地獄のような日々を送っていた。

一方、映画の主役、スモリアノフは、幼い頃から絵画に天才的な才能を発揮したものの、そのスキルを紙幣や旅券の偽造に費やし、矯正不能の犯罪者としてマウトハウゼン強制収容所へ送り込まれていた。

映画で、彼が収容所内で親衛隊員の肖像画を描いているシーンは事実のままで、紙幣偽造作戦の指揮官ベルンハルト・クリューガー親衛隊

映画「ヒトラーの贋札」より。左がアドルフ・ブルガー（演：アウグスト・ディール）、その隣が主人公サロモン・スモリアノフ（役名はサロモン・ソロヴィッチ。演：カール・マルコヴィックス）

少佐に才能を見込まれ、ザクセンハウゼンに移送された。このとき57歳。ブルガーの回想録によると、当時144人いた偽造特別班の中で、唯一プロフェッショナルと呼べる人物だったらしい。

贋札造りは、植字、製版、印刷、断裁、検査など、行程ごとに担当者が分けられ、ポンド紙幣を中心に生産された。

完成紙幣は、イギリスやスイスの銀行でテストにかけられる。ここで贋物と見破られたら一巻の終わり。それはイコール、ユダヤ人作業員の死を意味したが、見事に真札としてチェックをかいくぐる。その労を称え、クリューガーが囚人に卓球台をプレゼントしたのは、劇中で描かれているとおりだ。

1944年秋、クリューガーは本格的にドル紙幣の偽造に乗りだし、技術に長けた8人の囚人を選択する。ネガの修正担当として一番手に選ばれたのはスモリアノフ。最後が印刷担当のブルガーだった。

映画では、このドル紙幣偽造の過程で、ブルガーが完成を遅らせるべく作業をサボタージュする人物に描かれているが、事実は少し異なる。ドル札偽造は技術的に極めて難しく、否が応でも時間がかかった。そのうち、囚人たちはナチがまもなく降伏するだろうとの確信を強め、機に乗じて製造を引き延ばしたのが本当のところだ。

業を煮やしたクリューガーは叫ぶ。

「4週間以内にドル紙幣印刷の準備を終えなければ、全員を射殺する」

脅しではなく、実際に親衛隊のトップであるハインリヒ・ヒムラーから書面で届いた命令だった。この危機を救ったのがスモリアノフだ。彼は期限が4日を切ったところで、100ドル紙幣の完成品をクリューガーに提出し、難を乗り切ったという。

そして、いよいよドル札の大量生産となるのだが、時を同じくしてベルリンが連合国軍の空爆に遭い、作業は1945年3月で停止。映画はここでクリューガーが逃亡、囚人たちが解放されて終わりとなるが、実際はこの後、彼らは3つの収容所を転々とし、最後

偽造特別班の囚人たち。前列の一番左がブルガー。写真は解放直後に撮影されたもの

のエーベンゼー収容所で米軍に解放され初めて自由を得る。１９４５年５月のことだ。

ブルガーは１９８８年からドイツの学生たちにこの事実を伝える活動に尽力し、２０１６年12月、プラハで死亡（享年99）。一方、スモリアノフの戦後の消息は一切明らかになっていない。

贋札造りの指揮官、ベルンハルト・クリューガー親衛隊少佐。戦後、米軍によって拘束される（右の写真は逮捕時のもの）が、4ヶ月後に逃亡。10年の潜伏期間の後、1956年、裁判にかけられたが、証拠不十分で無罪となっている。余生はハンブルグで過ごし、1989年に85歳で死亡

ユダヤ人1,100人以上の絶滅収容所送りを阻止した実業家オスカー・シンドラー(右)と、強制収容所を恐怖で支配したアーモン・ゲート(逮捕時)

シンドラーのリスト

映画では描かれない その後の壮絶なドラマ

英雄シンドラーと悪魔ゲートの知られざる戦後

「シンドラーのリスト」は、第二次世界大戦時、ホロコースト（ナチスドイツによるユダヤ人虐殺）から、ドイツ人実業家オスカー・シンドラー（１９０８年生）が１千１００人ものユダヤ人を救った実話を描いた戦争映画の傑作だ。

尊い命を救ったシンドラーと、強制収容所の所長として残虐の限りを尽くしたアーモン・ゲート。映画で善と悪の象徴として描かれる2人には、知られざるその後の壮絶なドラマがあった。

映画は、ナチス・ドイツがポーランドに侵攻した１９３９年9月、同国南部の工業都市クラクフに、シンドラーが単身乗り込んでくるシーンから始まる。

劇中では描かれていないが、それまでの彼の人生は波乱に富んでいた。国民学校を卒業後に入社した電機会社が倒産後、ズデーテン（当時チェコ領）の政党に入り、スパイ活動に従事。チェコの鉄道内部の秘密情報をドイツに漏らした罪で死刑宣告を受けるも、ズデーテンがドイツに併合されたことで九死に一生を得る。その後、志願して

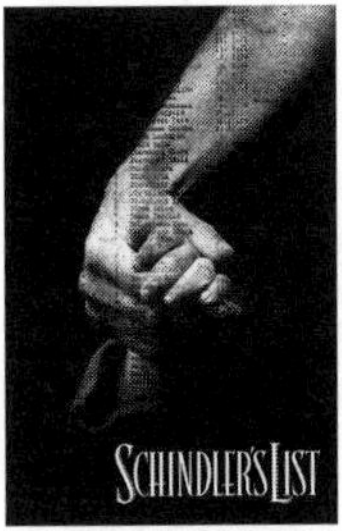

シンドラーのリスト

1993／アメリカ／監督：スティーヴン・スピルバーグ
第二次世界大戦時、ドイツ人実業家オスカー・シンドラーが自身が経営する軍需工場に必要な生産力だという名目で多くのユダヤ人の命を救った実話を描いたホロコースト映画の代表作。1993年度アカデミー賞の主要部門を独占した。

党員となったナチ党での活動は短命に終わり、ビジネスマンへの転身を図る。戦争特需による一攫千金を狙い、クラクフに現れるのは31歳のときだ。

持ち前の社交性でナチ幹部に取り入り、容器工場を購入。ユダヤ人会計士のイザック・シュテルンを右腕に、闇取引などで会社を成長させ、3年後には800人の労働者を雇用するまでになる（この内半数弱がユダヤ人）。

ゲットー（強制居住区）が解体され、ユダヤ人がクラクフ郊外のプワシュフの強制収容所へ移送されるのが1943年3月。シンドラーは、以前からの飲み仲間だった所長のアーモン・ゲート（1908年生）と秘密裏に交渉し、収容所内にドイツ軍のための私設軍事工場設置の許可を得て、多くのユダヤ人を働かせる。

主人公のシンドラーを演じたリーアム・ニーソン。映画「シンドラーのリスト」より

シンドラーの右腕として活躍したユダヤ人会計士
イザック・シュルテン本人（右。1901年生。写真は戦後撮影されたもの）と、劇中で演じたベン・キングスレー。シンドラーとの友情は生涯続き、シュルテンが1969年、68歳で死亡したときはシンドラーが葬儀を取り仕切り、人目もはばからず号泣したという

彼の工場で雇用されたユダヤ人は、命の保証があった。が、その他のユダヤ人には毎日が地獄だった。所長のゲートが〝プワシュフの屠殺人〟とあだ名が付けられるほどの悪魔だったのだ。

映画でも、所長邸のバルコニーから囚人を狙撃するシーンが出てくるが、実際、その鬼畜ぶりは度を越しており、わずか数ヶ月でゲートが直接銃殺した囚人は５００人以上。時には、命乞いをする子供を首吊りにし、その子の顔に何発も銃弾を撃ち込んだこともあった。さらに、虐殺したユダヤ人の遺体を飼い犬に食いちぎらせることを日課にしていたというから恐ろしい。

１９４３年末、戦局で窮地に追い込まれてきたナチスは、全ての収容所を解体し、ユダヤ人を絶滅収容所へ、すなわちガス室送りとする方針を打ち出す。

シンドラーは、商売のため収容所存続をゲートに訴える。ゲートは収容所が閉鎖されるとロシア戦線

に送られる可能性があった。工場のユダヤ人は、生きるためには働き続けるしかない。三者の利害が一致し、その後もシンドラーの工場は武器の生産を続けていくが、翌1944年には、全てのユダヤ人が〝処分〟されることになった。

そして、いよいよ後世に語り継がれる「シンドラーのリスト」が作成される。シンドラーが、自身の地元近くに作った新たな武器工場に労働力として必

“プワシュフの屠殺人”の異名をとったアーモン・ゲート。収容所の所長だった1943年当時は120キロの巨漢で、邸宅のバルコニーから囚人を銃殺するのを日課としていた（上が本人、下が劇中のカット）。俳優レイフ・ファインズが演じたゲートのキャラクターは、2003年にアメリカ映画協会が行った「アメリカ映画100年の悪役ベスト50」で15位にランキングされている

映画「シンドラーのリスト」より

要と申請したユダヤ人1千100人の名簿である。

なぜ、資本主義の権化のような実業家が危険極まりない行動に出たのか。その答えは映画では明らかにされていないし、真相も定かではない。が、いつしかシンドラーの心にユダヤ人救済の心が芽生えていたことには違いなく、彼はドイツ軍司令官から新工場設置の許可を得て、今まで自分の工場で働いていたユダヤ人労働者をそのまま確保するため私財の大半を賄賂や贈り物に使った（費やした金の総額は現通貨で100万ユーロ＝日本円で1億1千万円以上と言われる）。

映画のラストで、ゲートが絞首刑に処されるシーンが描かれる。戦後、連合国によって彼が死刑になったことは間違いない。が、事実は少し複雑だ。

ゲートは、1944年9月、囚人虐待容疑でドイツ軍当局によって逮捕される。裁判では証拠不十分により無罪となったものの、同時に親衛隊を除隊。ほどなく、シンドラーが新設したブリュンセルの工場を訪問している。当然、ユダヤ人労働者は震えおののいたが、シンドラーは「彼は今や民間人だ」と彼らを安心させたという。英雄と悪魔という真逆の存在ながら、2人にはその後も交流があったようだ。

戦後の裁判でゲートは人道に関する罪により死刑判決を受け、1945年9月13日に処刑される。享年37だった。が、話はまだ終わらない。ゲートは収容所所長だった頃に先妻と離婚、新たな女性と再婚している。相手はなんとシンドラーの秘書の女性だった。ゲートの死刑執行時、新妻は妊娠中で2ヶ月後に女児モニカを出産。母子2人で戦後を生きるが、母親は1983年、イギリスのTV局からゲートについて取材を受けた翌日、自ら命を絶っている。

残された娘のモニカは、父の罪と真摯に向き合うため、その後、イスラエル在住の元プワシェフ収容所のユダヤ人を訪問した。元囚人は「帰ってくれ」と拒絶したが、ゲートの娘には非はないと最終的に和解したそうだ。

一方、シンドラーのその後の人生も波乱に満ちている。戦後、彼はナチス党員だった過去を追及されることを恐れ、無一文に近い状態でアルゼンチンに亡命。異国の地で金を借り、毛皮工場を経営するが失敗し、失意のまま1958年、帰国する。ドイツで新たに起こしたセメント工場も3年後には倒産し、元ナチスゆえ、銀行融資を受けられなかっただけではなく、自分の会社の従業員からは逆に「ユダヤ人に味方したドイツの裏切り者」と罵られ、時に棍棒で殴られたこともあったらしい。そんなシンドラーの窮地を救ったのが他でもない、彼に救われたユダヤ人たちだった。シンドラーのために金をかき集め生活を援助し、自分たちが戦後住み着いたイスラエルに招待した。

こうしてシンドラーは、1年の半分をドイツのフランクフルト、残り半分をイスラエルで送るようになる。彼にとっては、決して幸福な晩年とは言えなかった。が、シンドラーが終戦時、誰にもなしえない偉大で勇気ある行動を取った事実は永遠に消えない。

　１９６７年、イスラエルは「諸国民の中の正義の人」にシンドラーの名を加え、彼の栄誉を称えている。これは、ホロコーストから自らの生命の危険を冒してまでユダヤ人を守った非ユダヤ人の人々を表す偉大な称号だ。

　シンドラーが死亡したのは１９７４年10月（享年66）。本人の生前に希望により、墓はエルサレムのローマ・カトリックの教会墓地に置かれている。

戦後は「ユダヤ人に味方したドイツの裏切り者」呼ばわり

戦後、苦難の道を歩んでいたシンドラーだが、イスラエルでは英雄として訪れるたび大歓迎を受けた

会議室爆破には成功したが、ヒトラーは難を逃れる。写真は事件後に現場を訪れたヒトラー(左から2番目)とムッソリーニ(左端)

ワルキューレ

最大にして最後のヒトラー暗殺計画

FILMS

「7月20日事件」はなぜ失敗に終わったか?

ナチドイツの独裁者として君臨したアドルフ・ヒトラーの暗殺計画は、明らかになっているものだけでも約50件。ヒトラーは様々な偶然の重なりから全てを回避したのだが、その確率はなんと50兆分の1だという。

映画「ワルキューレ」は、数ある暗殺計画の中でも、最大にして最後の１９４４年に起きた「7月20日事件」を史実どおりに描いた作品だ。なぜ、作戦は失敗に終わったのか。計画に参加した将校たちにはどんな運命が待ち受けていたのか。

計画の中心人物は、映画でトム・クルーズが演じたクラウス・フォン・シュタウフェンベルク大佐（１９０７年生）である。第二次世界大戦以前からナチスの野蛮な行為に反感を抱いてた彼は、中佐だった１９４３年４月、北アフリカ戦線でイギリス軍機の攻撃を受け、左目、右手、左手薬指小指を失う重傷を負う。３ヶ月の入院生活が終わった頃、戦況はさらに悪化しており、もはやドイツが救われる道は、ヒトラーを殺し、連合国軍と講和する以外にないと悟る。

退院後、ドイツ国防軍の将校を中心とした反ナチスグループに参加。彼らが準備していたク

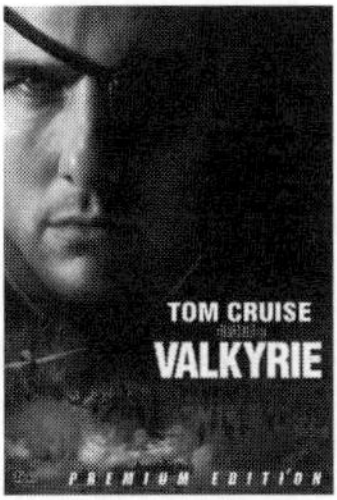

ワルキューレ

2008／ドイツ・アメリカ／監督：ブライアン・シンガー
1944年に起きたドイツ国防軍将校によるヒトラー暗殺計画「7月20日事件」と、その指揮を執った実在の将校クラウス・フォン・シュタウフェンベルク大佐を描く。主演トム・クルーズ。

ーデターに積極的に関わるようになる。計画は、ヒトラー暗殺後、ワルキューレ作戦を発令し、親衛隊（SS）、ゲシュタポ、ナチ党幹部を拘束。新政権を樹立するというものだった。ワルキューレとは、１９４１年、ドイツ国防軍の国内予備軍幹部が、有事に備えて立案した予備軍の結集と動員に関する作戦で、国防軍以外の組織に洩らしてはならないとされていた。彼らは、この作戦がクーデターに利用できると踏んだのである。

問題のヒトラー暗殺は、シュタウフェンベルクが実行役に選ばれた。戦況悪化以来、ヒトラーは厳重に警備された総統大本営に引きこもり、接近は極めて困難だった。しかし、１９４４年6月、シュタウフェンベルクが国内予備軍の参謀長に就任。陸軍の人員補充や国内の治安維持などについて、ヒトラーに直接報告する役目を担うようになる。もはや彼以外にヒトラーを殺せる人間はいない。シュタウフェンベルクが戦傷者のため、総統大本営に入る際のSSによるボディチェックを免れていたことも好都合だった。

暗殺計画の実行者、シュタウフェンベルク大佐本人。38歳で銃殺刑に

幾度かの計画延長を経た運命の7月20日。シュタウフェンベルクは、大本営の会議

に出席したヒトラーの足下に時限装置付きの爆弾が入った鞄を置き、電話をかけるふりをして会議室を脱出。10分後、爆発音を自分の耳で聞き成功を確信するや、部下の中尉と共にベルリンに飛び立つ。

果たして、暗殺は失敗に終わる。原因は以下の3つだと言われている。

●当初、地下会議室で行われる予定だった会議が、窓が開放された木造建築の会議室に変更になり、爆弾の威力が削減された。

●会議の開始が30分早まったことで、2個の爆弾の内、1個しか時限装置を作動させる準備ができなかった。

●ヒトラーの足下に置かれた鞄を側近が邪魔に感じ、木製脚部の外側へ移動させたことで、ヒトラーが爆風の直撃を免れた。

こうした偶然が重なり、ヒトラーは軽傷を負っただけで生き延びる。実際に爆発で死亡した

決行5日前1944年の7月15日も、大佐は暗殺を企て総統大本営を訪れたが、クーデター派上層部の命令で計画は中止された。ヒトラーを前に直立不動の男性（左端）がシュタウフェンベルク

のは、3人の将校だけだった。

事情を知らぬままシュタウフェンベルクがベルリンに戻った際には、国内予備軍からヒトラーの死亡と非常事態宣言が各部隊にテレタイプで流れ、同時にワルキューレ作戦が発動される。しかし、ベルリン市内の主要地に部隊が配置されたころ、ベルリン放送局が「総統の暗殺が企てられたが失敗した」と放送を流す。大佐は必死に否定したが、それは紛れもない事実だった。

シュタウフェンベルクは、その日の深夜、即時裁判にかけられ、他メンバー3人と共に予備軍司令部の中庭で銃殺された（そ

映画「ワルキューレ」で俳優が演じた暗殺計画の主要メンバー。写真左からカール・ゲルデラー（上）、クイルンハイム大佐（下）、オルブリヒト大将、シュタウフェンベルク大佐、ルートヴィヒ・ベック元陸軍参謀総長、ヴィッツレーベン元帥、トレスコウ少将

の他、事件に関与した６００〜７００人が自殺、もしくは処刑されている）。

ヒトラーが自決するのは、暗殺未遂事件から９ヶ月後の１９４５年４月のことだ。

クーデター参加者全員が処刑

クーデターに参加、処刑された実際の主要メンバー（シュタウフェンベルク大佐は除く）。上段右からカール・ゲルデラー（享年60）、クイルンハイム大佐（同39）、オルブリヒト大将（同55）。下段右からルートヴィヒ・ベック元陸軍参謀総長（同63）、ヴィッツレーベン元帥（同62）、トレスコウ少将（同43）。彼らの処刑の様子は、ヒトラーの鑑賞用に映像に記録されたという

次期総統との呼び声も高かったナチスの大幹部ラインハルト・ハイドリヒ。車は、襲撃の際に乗っていたメルセデス・ベンツ

暁の七人

血で血を争う報復の連鎖！

FILMS

ナチス親衛隊隊長ハイドリヒ暗殺事件

ヒトラー政権下のドイツで、ナチス親衛隊隊長としてユダヤ人虐殺に深く関与した人物がいる。その残忍性から「絞首刑人」と呼ばれたラインハルト・ハイドリヒ（1904年生）だ。ハイドリヒは、ヒトラーがドイツの統治下に置いたチェコ（スロバキアと分割）の支配者としても、反体制派の指導者を次々と虐殺。イギリス及び在英チェコスロバキア亡命政府は、深刻な危機感からハイドリヒ暗殺を計画する。映画「暁《あかつき》の七人」はこの作戦に参加した男たちの運命と、ナチスの恐るべき復讐を描いた傑作である。

映画は第二次世界大戦でドイツが快進撃を続けていた1941年半ば、英特殊作戦部から3人の若者がハイドリヒ暗殺の命（劇中では「暁の作戦」と呼ばれているが、正確には「エンスラポイド作戦」）を受ける場面から始まる。ヨゼフ・ガプチーク、ヤン・クビジュ、カレル・チューダ。いずれも在英チェコスロバキア亡命軍に属する30歳手前の軍人だった（史実によれば、このとき選抜されたのは10人とも7人とも言われている）。

作戦部隊は約半年間、パラシュート降下や破壊活動、サバイバル活動などの訓練を

暁の七人

1975／アメリカ／監督：ルイス・ギルバート
アラン・バージェスの同名ノンフィクションの映画化。ラインハルト・ハイドリヒ暗殺に関わった軍人、反ナチ民間人の運命を描く。撮影は事件のあったプラハで行われた。2016年、リメイク版の「ハイドリヒを撃て!『ナチの野獣』暗殺作戦」が公開された。

受けた後、１９４１年末、英空軍機からチェコの首都プラハ郊外に落下傘で降下する。具体的な暗殺手段は彼らに一任されていた。

隊員たちは、プラハで反ナチの民間人に協力を得ながら、ハイドリヒの習慣や行動を調査。彼が執務を取る自宅では厳重な警護をしていたものの、出勤途中などではほとんど警護を付けていないことを把握する。暗殺はこの道中で実行する以外なかった。

１９４２年5月27日、ガプチークとクビシュは、プラハ城へ出勤するラインハルトの車を、通りで待ち伏せ。カーブで車がスピードダウンした瞬間、ガプチークが車両の前に飛び出し、機関銃の引き金を引く。が、銃が故障して弾が出ない。

ハイドリヒ暗殺の実行者、ヨゼフ・ガプチーク（左。事件当時30歳）とヤン・クビジュ（同29歳）。2人とも、戦後、ナチ抵抗運動の英雄として讃えられている

そこで、クビシュが対戦車用の手投げ爆弾を投げつけ、車を爆破。負傷したハイドリヒがピストルで応戦したものの、2人は現場から逃走。運転手の追跡も振り切って、無事に仲間のもとへ帰還する。市内の病院に担ぎ込まれたハイドリヒが傷の感染症で死亡するのは、その8日後、6月4日のことだ（享年38）。

ナチスの報復は凄まじかった。映画では当時の写真とテロップで示されるだけだが、当初ヒトラーはチェコ人を見境なく殺害するよう主張。しかし、このときチェコがドイツ軍の重要な工業地帯となっていたため、その生産性減少を回避するため、報復は限定されたものとなる。

ナチス幹部は、何の証拠もなくリディツェの村民が襲撃事件の犯人を隠匿していたものと考え、ハイドリヒの葬儀翌日の6月10日、同村に大量のゲシュタポを送り込む。ゲシュタポは約500人の村民全員を一箇所に集め、15歳以上の男性約200人を納屋に押し

暗殺作戦に参加したものの、最終的に仲間を売ったカレル・チューダ軍曹。戦後、反逆罪で絞首刑に処された。享年35

ゲシュタポが敢行した リディツェ村の大虐殺

込んだ後、10人ずつ引き出しては銃殺。女性約180人は強制収容所に送られ4分の1がチフスと過労により死亡。子供も収容所送りとなり、ナチスドイツのアーリア人（非ユダヤ人）化の計画に選ばれた者以外の多くがガス室で殺害された。

一方、ハイドリヒ暗殺部隊にも危機が迫る。ガプチークとクビシュは計画実行後、仲間と共に、プラハにある聖ツィリル・メトデイ正教大聖堂に身を隠していた。

密告でもない限り決してナチスにバレることのない場所だった。が、その密告があった。落

リディツェ村事件の現場。ハイドリヒ暗殺の報復として、15歳以上の全ての男性が虐殺された

作戦参加者を制圧した直後のナチス親衛隊。犠牲者の遺体が地面に置かれている

下傘で降下した仲間の1人、カレル・チューダが自身の身の安全保証と100万ライヒスマルクの報奨金目当てに自首。仲間の居場所を教えたのである。

1942年6月18日朝、約750人の親衛隊が大聖堂を包囲した。作戦部隊は投降を拒否し、2時間にわたる銃撃戦を行うが、最終的に逃げ込んだ地下室を放水で沈められ運命は尽きる。

劇中では最後、クビシュ、カプチークともに銃で自決したことになっているが、史実によると、クビシュは戦闘で負傷して捕まった後、病院で死亡。ガプチークは敵の手に落ちないよう薬を飲んで自殺したと言われている。

2人の遺体をナチスに対し本人と証明したチューダは、戦後の1947年、裁判にかけられ反逆罪で死刑となった。

劇中で描かれる銃殺シーン。映画「カティンの森」より

カティンの森

旧ソ連軍がポーランド人将校1万5千人を虐殺

50年間
闇に葬られた
カティンの森事件

第二次世界大戦中の1940年3月〜4月にかけ、約1万5千人ものポーランド将校が、ソ連領土内の森で銃殺された。映画「カティンの森」は、この事件で実の父を失ったアンジェイ・ワイダが監督人生を懸けて撮った渾身の一作だ。

ナチスの蛮行ばかりが目立つヨーロッパ戦の最中に起きた旧ソ連軍による大虐殺は、歴史上あまり注目されていないが、その残虐性と、犯行自体をナチスになすりつけた卑劣さから、特筆すべき重大な戦争犯罪と言っていいだろう。

ヨーロッパにおける第二次世界大戦と言えば、ナチスドイツと、ソ連を含む連合国との戦いと想像しがちだが、少なくとも開戦当初はその図式は完成していなかった。

1939年8月、ドイツとソ連は不可侵条約を結んだ。共産主義を最大の敵にしていたドイツと、共産主義大国ソ連が手を組むとは驚愕だが、ともかく両国はこの条約により表向きは友好な関係を築く。

1ヶ月後の9月1日にドイツがポーランドに西側から侵攻すると、同じ月の17日、

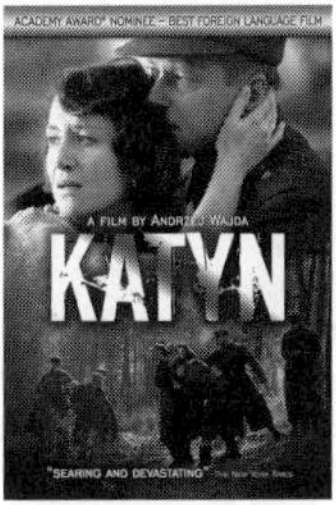

カティンの森

2007／ポーランド／監督：アンジェイ・ワイダ
「地下水道」「灰とダイヤモンド」などで知られるアンジェイ・ワイダ監督が80歳で撮った反戦映画。捕虜となった将校たちと、彼らの帰還を待ち続ける家族の姿を通して、カティンの森事件の真相を描き出す。

今度は東側からソ連が攻め入る。両国の間で、ポーランドを分割支配する密約が交わされていたらしい。映画冒頭の、ポーランド市民が東に西にと逃げまどうシーンは、当時の状況を実にリアルに描いている。

こうした状況下、ソ連に占領されたポーランド東部で、20万人の軍人、民間人が捕虜になる。虐殺されるのはこの内、コジェルスク収容所に収容されていた将校たちだ。彼らはソ連軍から「諸君は帰国が許された」と列車に乗せられ、そのままグニェズドヴォ近郊の森へと移送。全員が後ろ手に縛られ、後頭部を撃ち抜かれた。虐殺命令を下したのはソ連の最高指導者、スターリンである。

なぜ武装解除し、捕虜の立場となった人間が殺されなければならなかったのか。一つは、1920〜1921年のポーランド・ソ連戦争で敗れたスターリンの復讐心。もう一つは戦後、確実にポーランドをソ連の衛星国にするためだ。スターリンには、自

虐殺3年後の1943年、対ソ宣伝に利用するためナチスが送り込んだ調査団が「カティンの森」を訪れた際の様子。ちなみに「カティン」とは現場近くの地名で、事件とは直接関係ないものの、覚えやすい名前であったためナチスが名称に利用した

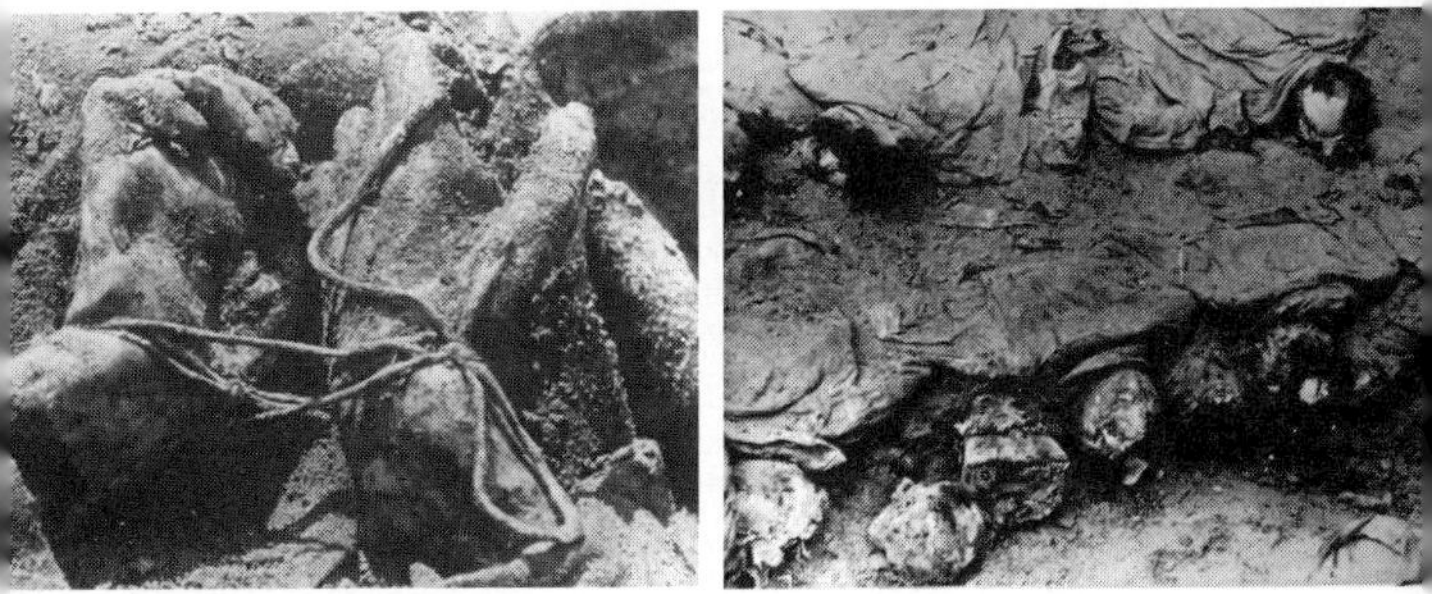

遺体の状況、腕の縛り方などからソ連軍の犯行は明らかだったが…

分の思惑に反旗を翻す危険性のあるエリート将校（医者や弁護士、大学教授などインテリが数多く含まれていた）が邪魔だったのである。

事件は、発生から3年後の1943年2月、ナチス・ドイツ軍が、土の下に埋められた遺体を発見したことで明るみに出る。

ドイツが不可侵条約を破りソ連に侵攻し、この地を支配下に置いたのは1941年6月以降だ。しかし、遺体の状況から、埋蔵時期は1940年春から夏と判明。遺体が所持していた新聞の日付も1940年4月発行のものが最後だった。さらには、死体の独特の縛り方から、ソ連の犯行であることは一目瞭然だった。

ナチスは対ソ宣伝に利用するため、事件を大々的に報道。これに呼応し、1943年4月、ドイツ以外の12ヶ国で結成された国際調査団も現場に足を運び、ソ連軍による殺害であるとの確信を持つ。が、同年8月、ソ連軍が巻き返しを図り当地を奪還すると、ソ連は独自に事件現場を調査し、犯行は1941年夏から秋にかけナチスが行ったものと発表する。

ポーランドの国民は誰もが真相を知っていた。が、戦後、ソ連の監視下に置かれ共産国家としての道を歩み出した状況では、決して真実を口にすることはできなかった。

映画でも、仲間を虐殺された軍人が、事件をナチの犯行と叫ぶ国民を拘束したり、墓石に「1940年に死す」と刻むことさえ許されなかったりと（表向き事件は1941年夏〜秋に

劇中では、事件の詳細が史実どおり再現されている。映画「カティンの森」より

起きているため）、ポーランドの悲劇的状況が克明に描かれているが、現実にカティンの森事件の真相は、ソ連崩壊の1年前の１９９０年、当時のゴルバチョフ大統領が自国の犯行と公に認めるまで、50年間にわたってタブーとされてきた。

ちなみに、２０１０年4月、ポーランドを訪問したプーチン大統領は「事件は全体主義による残虐行為」と改めてソ連軍の責任を認めたものの、ロシア国民に罪を被せるのは間違いだと主張、謝罪の言葉は口にしなかった。

ナチスに犯行をなすりつけたスターリンの卑劣

暗殺を指示したソ連の最高指導者スターリン。写真は1943年当時

ヒトラー ～最期の12日間～

総統は愛人と自殺、ゲッペルス一家は無理心中

FILMS

独裁者と側近、それぞれの末路

EXTRA THE STARS AND STRIPES EXTRA

HITLER DEAD

Fuehrer Fell at CP, German Radio Says; Doenitz at Helm, Vows War Will Continue

Churchill Hints Peace Is at Hand

アドルフ・ヒトラーと愛人エヴァ・ブラウン。下はヒトラー自殺を報じる1945年5月2日付けの号外

これまで数々の映画や小説、漫画、演劇の題材になったアドルフ・ヒトラー。映画「ヒトラー～最期の12日間～」は、この人類史上最悪の犯罪者と、彼の側近たちが迎えた末路を、ほぼ史実に沿って描写した大作である。

映画は第二次世界大戦末期、ヒトラー56歳の誕生日である1945年4月20日から始まる。ヒトラーは同年1月からベルリン市内の総統官邸の中庭に設置された深さ15メートルの〝総統地下壕〟で暮らしており、日々巻き返しの計画を練っていた。彼の側近は、すでに敗戦を覚悟しており、同時にヒトラーが、あり得ない勝利の妄想にとらわれていることを悟っていた。ただ、そのことをヒトラーに進言できる者は一人もいなかった。

部下はヒトラーに地下壕から安全な場所への移動を勧めるが、ヒトラーはこれを拒否。同月22日、軍事情勢会議の最中、神経衰弱に襲われ、ついに戦争の敗北を認めたうえ、周囲に自殺を表明する。

翌23日、ソ連軍が侵攻し絶望的なベルリン市街戦が始まって6日後の29日深夜、ヒトラーは長年の愛人エヴァ・ブラウン（当時33歳）と地下壕の地図室でささやかな結婚式を挙げ、翌30日昼、最後の晩餐《ばんさん》をとった後、妻を連れ書斎へ入る。周囲の者が銃

ヒトラー ～最期の12日間～

2004／ドイツ・イタリア・オーストリア
監督：オリヴァー・ヒルシュビーゲル
1945年4月のベルリン市街戦を背景に、ナチス・ドイツ総統アドルフ・ヒトラーと側近たちの地下壕における最後の日々を描く。本国ドイツでは映画公開自体が一つの事件として大きな社会現象を巻き起こした。

声を聞いたのは、それから約1時間後の15時半ごろ。証言によれば、銃と劇薬であるシアン化物を複合的に用いた確実な心中だったという。

映画で描かれるとおり、夫妻の遺体は、ヒトラーの生前の意向に従いガソリンをかけて燃やされたが、その残骸は後にソ連の防諜部隊が回収し、再び埋められた後、1970年に掘り起こされ、完全に焼却された。

一方、敗戦が確実になり、多くの側近がヒトラーを裏切るなか、最後まで運命を共にしたのが、宣伝相のヨーゼフ・ゲッベルス（同47歳）だ。映画は、彼とその家族の悲劇的な死についても多くの時間を割いている。

ゲッベルスはヒトラーとエヴァの挙式の立会人として式に同席。夫婦の死を見届けた翌日の5月1日、妻マクダ（同43歳）と6人の子供も道連れに一家心中を遂行する。

映画では、まずマクダが医師に処方させた睡眠薬を「湿気で病気にならないため」と騙し子供たち全員に飲ませ、眠っている最中に青酸カリ入りのカプセルを口から体内に入れ込んで殺害。その後、屋外でゲッベルスが妻を射殺し、自らも銃で自殺したように描かれている。

しかし、ゲッベルス一家の死については諸説あり、睡眠薬&青酸カリを子供に投与したのは医師だったとも言われる。また、夫婦の死に関しても詳細はわかっておらず、2人して青酸カリを飲んだ後、親衛隊員が銃でトドメを刺したという説もあるが、ゲッベルスの遺体に頭部を拳銃で撃ち抜かれた痕があり、口内にも薄いガラス片が確認されたことから銃と毒を服用したことは間違いないとされる。

ゲッベルス一家。子供は5歳から12歳まで1男5女で、6人全員が毒殺遺体で発見された(下)。上の軍服の青年は妻マルダと前夫との息子ハラルトで、写真撮影時、出征中で、後に合成された

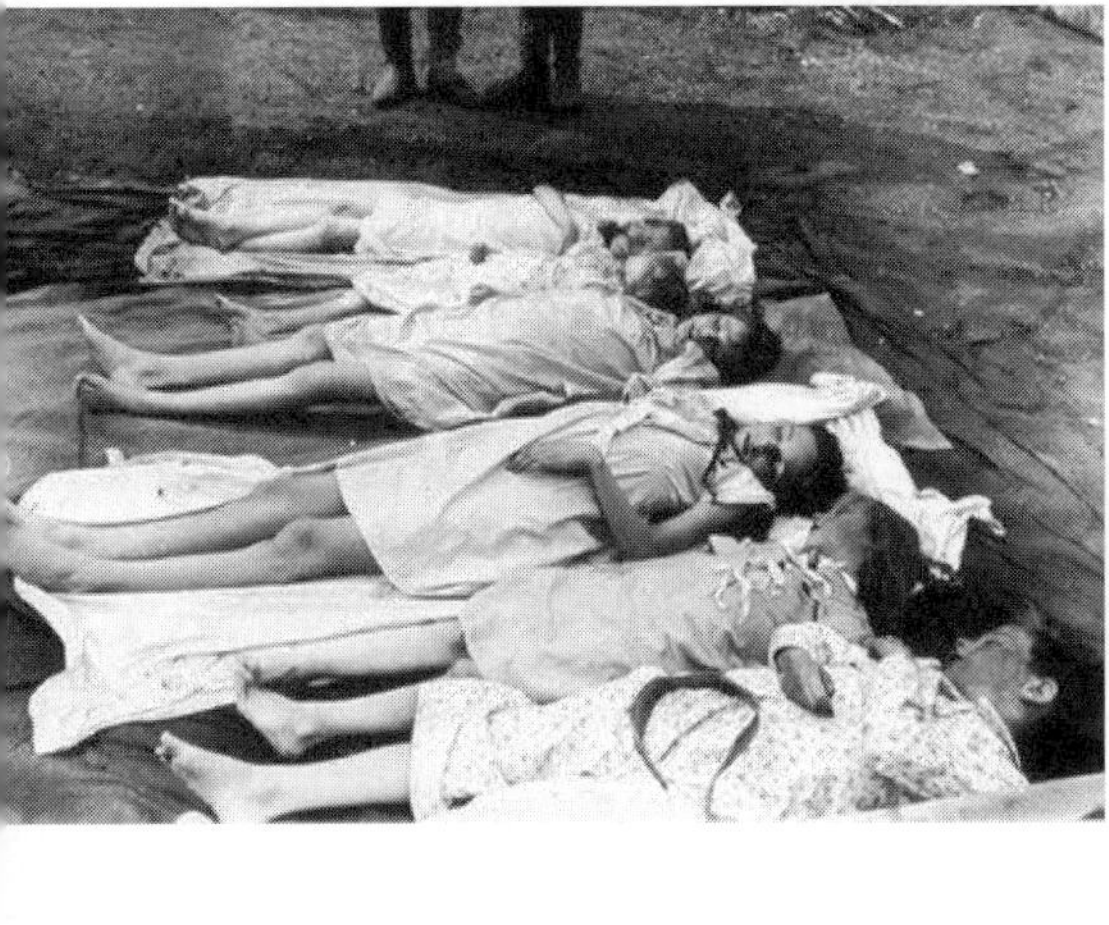

映画に登場した主要人物のその後

写真は左が劇中のキャスト、右が本人
「ヒトラー～最期の12日間～」より

トラウデル・ユンゲ

ヒトラーの秘書

1942年12月、ヒトラーの演説原稿や挨拶文の口述筆記を担当する秘書として採用され、ヒトラーが自決するまで身近に仕えた。遺言状も彼女がタイプし、最後の晩餐にも同席。総統の死後、地下壕を脱出。連合国軍に逮捕されたものの充分調査されることなく、また25歳と若かったこともあり無罪・釈放に。戦後も民間で秘書を務め、2002年、映画の原作となる回想録『最期の時まで-ヒトラーの秘書が語るその人生』を出版。同年2月死去。享年81。

ハインリヒ・ヒムラー

ナチス親衛隊「SS」隊長

実質的にホロコーストを組織したナチスの大幹部。ヒトラーから最も信頼を置かれた1人だが、一方で、独断で米英と降伏に向けた和平交渉を画策。これがバレ、全ての任を解かれたばかりか、和平工作もトルーマン大統領に拒否され失敗。ドイツ降伏後、別人になりすまし捕虜収容所に紛れこんだものの粗末な扱いに耐えられなくなり、1945年5月23日、収容所所長に対して「私はハインリヒ・ヒムラーだ」と名乗った後、毒薬を飲んで自殺。享年44。

ヘルマン・フェーゲライン

親衛隊中将・エヴァの義弟

ヒムラーとヒトラーの連絡役として活躍した親衛隊幹部。ヒトラーの愛人、エヴァの妹と結婚したことで総統から信頼を得たが、ベルリン市街戦最中の1945年4月27日、地下壕から無断で脱出。愛人宅で泥酔し、ヒトラーの出頭命令にも応じなかったため、29日深夜、逃亡罪で射殺された。享年38。映画では、女性には優しく男性には嫌われ者、自分の才覚で独自に生き残ろうとする人物として描かれ、総統を裏切ったヒムラーの身代わりで殺されたことを強調する演出に。

アルベルト・シュペーア

軍需相

ヒトラーが最も寵愛した建築家として知られ、新総統官邸などの設計を担当。1942年、組織統率力が評価され、36歳の若さで軍需大臣（兵器・弾薬大臣）に就任。1945年1月から総統地下壕で暮らしたが、ヒトラーの「国内焦土作戦」に反発、ベルリンを脱出。ニュルンベルグ裁判において、被告の中で唯一、自己の戦争責任を認めたことが評価され禁固20年。1966年、刑期満了で釈放。70年、回顧録『第三帝国の内幕』を発表、ベストセラーとなる。1981年死去。享年76。

ヴェルナー・ハーゼ

ヒトラーの内科主治医

1935年からヒトラーの医師団の一員に。1945年4月29日に総統地下壕に呼ばれ、ヒトラーが自殺に使う青酸カリを試験するためヒトラーの愛犬ブロンディに毒を飲ませるのを手伝う。ドイツ降伏後、地下壕の病棟でソ連軍に拘束され、捕虜に。5月6日、ソ連軍に命じられヨーゼフ・ゲッベルスとその妻マクダ、6人の子供たちの検死に立ち会った。45年6月にナチスの一味として裁判にかけられ投獄。囚われの身のまま、1950年11月に結核で死去。享年50。

写真は左が劇中のキャスト、右が本人

E・G・シェンク

軍医

ハーゼの補助役としてベルリン市街戦の戦傷者の治療を担当。ヒトラーに心酔し、1945年4月、地下壕で接見。その様子から彼がパーキンソン病に羅漢していると診断。劇中では人道的な人物として描かれるが、マウトハウゼン強制収容所で人体実験を行い、多数の犠牲者を出した。ドイツ降伏後、ソ連軍の捕虜となり、1955年釈放。戦後、西ドイツに存命する、数少ない晩年のヒトラーを身近で観察した医師として貴重な証言と著作を残している。1998年死亡。享年94。

ヘルマン・ゲーリング

国家元帥

ナチス・ドイツの政府・軍隊の中で、総統ヒトラーに次ぐ№2的存在。秘密警察ゲシュタポを組織し、ナチス抵抗者を徹底的に検挙・弾圧。要職を歴任したが、第二次世界大戦中にドイツ空軍の劣勢が目立つようになると存在感を消す。ヒトラーに面会したのは、総統誕生日の1945年4月20日が最後。戦後のニュルンベルク裁判では最も主要な被告人としてヒトラーとナチ党を弁護し、検察と徹底対決して注目を集めた。1946年10月15日、死刑判決後に服毒自殺。享年53。

ローフス・ミシュ

ヒトラーのボディガード・電話交換手

1945年4月30日にヒトラーが自殺した際、ベルリンの総統地下壕にいた人物の中で最後の生存者となった人物。ゲッベルス一家心中を目撃した翌日の5月2日、地下壕を脱出。ソ連軍の捕虜となり、1955年に釈放された。本作を観て「劇中、地下壕で軍人が酒盛りするシーンが出てくるが一切デタラメ。(映画の原作者である)ユンゲも監督も、貴重な生存者である自分になぜ取材に来なかったのか不思議である」とコメントした。2013年9月死去。享年96。

R・R・フォン・グライム

空軍総司令官

ヒトラーに忠誠を尽くした軍人で、敗戦直前の1945年4月23日、ソ連軍の重包囲の中、対空砲火で負傷しながらも総統地下壕に駆けつけた。感激したヒトラーは、ゲーリングの後継者として彼をナチス・ドイツ最後の空軍総司令官、空軍元帥に任命。降伏後、ベルリンを脱出したが、南ドイツで米軍に拘束され捕虜に。自分がソ連に引き渡されることを知り、獄中で自決。その際使用した毒薬は総統地下壕でヒトラーから授かったものだったという。享年52。

ハンナ・ライチュ

空軍パイロット

女性初のロケット戦闘機、ジェット戦闘機の搭乗者として知られる。グライムと共に命からがら総統地下壕へ到着、ベルリン陥落直前の3日間を過ごす。ヒトラーから致死量の毒薬を渡され死を覚悟するも、ゲッベルス夫人から先夫との息子に宛てた手紙を預かりベルリンから脱出。敗北後、重要犯罪人として米軍に逮捕。15ヶ月間、厳しい尋問を受けた後釈放。その後、グライダーの世界で数々の世界新記録を樹立。1979年、心筋梗塞で死去。享年67。

ヴィルヘルム・カイテル

国防軍最高司令部総長

第二次世界大戦中に国防軍最高司令部（OKW）総長を務め、ヒトラーを近くで補佐。終戦から5日後の1945年5月7日、ソ連に対する降伏文書にドイツ軍を代表して調印。13日に米軍に逮捕され収容所送りとなった。ニュルンベルク裁判において、侵略戦争の共同謀議、平和に対する罪、戦争犯罪、人道に対する罪で起訴され、1946年10月1日死刑判決。10月16日絞首刑執行。なかなか絶命せず、死亡まで24分もかかったという。享年64。

映画は、事件を徹底的に村人側の視点から描いている。
映画「小さな池」より
Ⓒキノ・アイジャパン

小さな池

味方のはずだったアメリカ軍が村民に集中攻撃

FILMS

韓国ノグンリ村虐殺事件の謎

朝鮮戦争下の１９５０年7月、韓国のノグンリ村に住む民間人４００人がアメリカ兵の一斉射撃を受けて虐殺された。事件はＡＰ通信によって広く報じられたが、米軍は虐殺命令の存在を完全に否定したため、いまだに議論が続いている。そんな米軍の残虐行為に焦点を当てたのが２０１０年公開の映画「小さな池」だ。

朝鮮戦争が始まってまもない当初、韓国を支援していたアメリカ軍の戦局は悪く、38度線からの退却を余儀なくされる。朝鮮半島のほぼ中央に位置するノングリ村は時ならぬ緊張感に包まれ、ほどなくアメリカ軍から出た退去勧告により総勢４００人の村人たちが家を捨て、南下を始める。誰もが、米軍が北朝鮮から救ってくれると信じていた。

しかし、その希望は避難開始から3日後にあっけなく打ち砕かれる。深夜の強行軍の最中、突如、アメリカ軍が避難民を川辺に這いつくばらせ、7人を撃ち殺したのだ。米軍の意味不明の行動はさらに続く。銃撃から8キロの地点で所持品検査を始め、北朝鮮兵が紛れ込んでいないかをチェック。その直後、なぜか通信兵が2機の戦闘機を呼び、避難民たちに機銃掃射を浴びせ始めたのだ。

村人たちは、パニック状態で空爆地点から１００メートル先のトンネルの中へ逃げ

小さな池

2010／韓国／監督：イ・サンウ
1950年に起きた米軍による韓国人虐殺事件「ノグンリ事件」を描いたドラマ。AP通信の記者が1999年に発表した『朝鮮戦争の隠された悪夢』という取材記事が元ネタ。

こむ。が、すぐに両サイドから兵士が現れ、両方向から銃撃を開始。約90メートルの近距離から避難民たちを手当たりしだいに撃ち殺した。

後の韓国政府の報告書によれば、昼夜を問わず実行された銃撃で村民400人が死亡。犠牲者の83%は子供、老人、女性で、からくも難から逃れた25人は死体の影に隠れ、仲間の血を飲みながら地獄の4日間を耐えぬいたという。

戦後、当然のようにアメリカに対する抗議の声が上がった。が、米政府はこれを完全に黙殺する。市民への銃撃があったことは認めるが、命令が下された事実はないと真っ向から否定し、遺族が補償金欲しさに作り上げたフィクションだと切り捨てた。

事態が動いたのは、虐殺から半世紀も後の1999年。AP通信が真相を追求すべく、退役兵たちに詳細なインタビューを敢行したのだ。

訳もわからず米軍兵士に銃口を向けられる村民たち（実際の写真）

事件の舞台となったノグンリトンネルには現在も多数の遺体が眠り、遺骨の掘り起こし作業が続けられている

ポイントは、皆殺しの命令があったのか否か。上層部の指示で大量の一般市民が死んだとなれば、米軍の存在自体を脅かしかねない戦争犯罪である。

その中で元将校は証言している。

「命令は、師団より上から来たことを明確に覚えている。市民に発砲せよとの命令に司令官は戸惑っていた」

同時に、戦時中に残されたレポートからも「いかなる集団も戦闘員とみなし、攻撃すべきである」との記述が見つかった。

さすがの米政府も、こうした生々しい証言や物証を無視できず、２０００年、クリントン大統領が遺憾の意を示したが、ノグンリ村の虐殺が意図的、組織的なものであったことは否定。「戦争中にしばしばありうる偶発的な事件」と片づけている。

マイケル・J・フォックス（左）が少女を助ける正義感溢れる兵士を演じた。映画「カジュアリティーズ」より

カジュアリティーズ

映画では描かれない、少女レイプ犯たちのあまりに軽すぎる処罰

FILMS

ベトナム戦争192高地の惨劇

1989年のアメリカ映画「カジュアリティーズ」は、ベトナム戦争中に起きた〝192高地の惨劇〟を描いた実話だ。アメリカ兵の一団が罪のない村民を皆殺しにしたうえ、現地の少女をさらって強姦死に追い込んだ事件で、ソンミ村虐殺と並ぶ重要な戦争犯罪の一つと称される。

事件は1966年11月、ベトナム南方の中央高原エリア（通称192高地）で勃発した。トニー・ミザーブ軍曹率いる小隊が、休憩中にベトコンの襲撃を受け、数名が首を撃ち抜かれて死亡する。怒り狂ったミザーブ軍曹は、報復として近隣の村人をマシンガンで皆殺しに。さらに、ベトナム人の少女を誘拐し、性の奴隷に飼い慣らすよう指示を出す。最初は渋った部下たちだったが、戦場の異様な空気に呑み込まれ、近隣の村からオアンという名の少女を連れ去ってしまう。小隊のメンバーは、少女を最前線の基地まで連行して代わる代わる強姦を繰り返す。これを拒んだのは、二等兵のマックス・エリクソンだけだった。

即席の牢屋で食事も与えられず、陵辱され続ける日々。ほどなくオアンは衰弱を始め、慢性的な咳に苦しむようになる。病状を見たミザーブ軍曹は、誘拐とレイプの事実を隠す

カジュアリティーズ

1989／アメリカ／監督：ブライアン・デ・パルマ
ベトナム戦争最中の1966年、ベトナム南方の中央高原エリア192高地で実際に起きた、米軍兵士による村民虐殺と少女強姦事件を映画化した戦争ドラマ。作品タイトルは「負傷者・死者たち」を意味する。

べく部下たちに少女の処刑を命じる。

驚いたエリクソンは周囲の目を盗んで彼女を逃がそうと試みたが、食料を与えたところで軍曹に見つかり、発作的にその場で小銃を乱射。激しい銃撃戦を演じたものの、無情にも少女は死亡してしまう。

数日後、基地へ戻ったエリクソンは、上官たちに事件を訴える。が、誰もが「よくあること」と話すら聞いてくれない。一方、軍法会議を恐れたミザーブ軍曹は、部下に命じてエリクソンの暗殺を計画。彼が入ったトイレに手榴弾を投げ込んだが計画は未遂に終わる。

絶望的な状況のなか、エリクソンは思わぬ幸運に助けられる。たまたまバーで知り合った従軍牧師に全てを打ち明けたところ、本国への起訴を約束してくれたのだ。

ここから事態は一気に好転し、陸軍上層部が小隊の調査を開始。軍法会議にかけられたミザーブ他4

米軍が住民を皆殺しにした後、去っていった村の様子（実際の写真）

名は「レイプは小隊の秩序を守るために行った」など言い訳を続けたが、1967年に有罪が決まった。

最終的な判決は、少女を殺した下士官に終身刑。命令を出したミザーブ軍曹に懲役15年。レイプに関わった3人に懲役10年。正義を貫いたエリクソンは英雄となり映画は終わる。

が、現実の後日談は大きく異なる。裁判の直後から、エリクソンは軍の仲間に「ベトコンのために協力した」「優秀な兵隊の未来を奪った」などと罵られ、除隊へと追い込まれたのだ。さらに1968年には判決を不服としたミザーブたちが再審を請求。逮捕時の手続きに不備があったとの申し立てが認められ、少女を殺した下士官は終身刑から懲役8年に。ミザーブたちは懲役22ヶ月にまで刑が短縮されている。

その後、刑期を終えたミザーブたちは1969年に塀の外へ。一味の報復を恐れたエリクソンは、除隊後に名前を変え、誰にも住所を明かさずひっそり暮らしたという。

ショーン・ペンが冷酷な軍曹役を。映画「カジュアリティーズ」より

名優ソル・ギョング（左）が
部隊のリーダーを演じた。映画「シルミド」より

シルミド

韓国軍事政権下の最大タブー

金日成暗殺部隊が起こした実尾島事件の悲劇的末路

FILMS

１９７１年８月23日、韓国の仁川《インチョン》からソウルに向かうバスが、謎の武将集団に乗っ取られた。彼らは軍と警察を相手に銃撃戦を展開。結果、民間人を含む57人が死亡する。が、韓国政府は当初、この事件を軍のある部隊の暴動と発表。詳細を明らかにしないまま、歴史の闇に葬った。

２００３年に公開された映画「シルミド」は、韓国軍事政権下で最大のタブーとされてきた〝実尾島《しるみど》事件〟にスポットを当て、これに関わった秘密部隊の悲劇的な運命を描いた力作である。

事は、１９６８年１月21日。北朝鮮が派遣した朝鮮人民軍の工作員31人が38度線を越え、ソウル市内に進入、大統領官邸の襲撃を試みて失敗した事件（青瓦台《せいかだい》襲撃未遂事件）に端を発する。

銃撃戦でただ１人生き残った工作員の証言から、襲撃の目的が当時の韓国大統領、朴正熙《パクチョンヒ》の暗殺にあったことが判明する。韓国政府はただちに報復措置に出る意向を固めるが、朝鮮半島での有事を懸念するアメリカの意向からこれを断念。代わりに、北朝鮮の金日成《キムイルソン》主席の暗

シルミド

2003／韓国／監督：カン・ウソク
1968年〜1971年、韓国政府が極秘に進めた金日成暗殺計画と、それに関わった韓国の北派工作員部隊（684部隊）の実話を描き。韓国で動員1千万人以上を記録する大ヒットとなった。

実際の684部隊の隊員たち。金日成暗殺のため、日々過酷な訓練を課せられた

殺を任務とした秘密部隊を結成する。映画では、隊員が死刑囚や懲役囚などの犯罪者で構成されていたことになっているが、実際は高額の特別報酬を提示しての募集に応じた靴磨き、トラック運転手、サーカスの団員など、様々な職業の一般人だった。

1968年4月に創設されたことから「684部隊」のコードネームで呼ばれた31人の隊員は正式な軍籍を与えられることなく、仁川近くの実尾島に送り込まれ、劇中で描かれていたような拷問にも近い特殊訓練を受ける。全ては、北へ侵入・金日成殺害という国家的任務を遂行するためだった。

しかし、1年が過ぎ2年が過ぎても、Xデイは訪れない。彼らの預かり知らぬ所で南北融和政策が進められていたのである。そして1971年、韓国政府は正式に暗殺計画の中止を決定。部隊は存在しなかったことにされてしまう。が、機密保持のため隊員が島を出ることは許されず、目的のない訓練だけが続行された。

映画ではこの後、中央情報部が政治方針の転換を理由に部隊の抹殺を指令し、指導兵が訓練兵全員の射殺を決行する夜に、その情報を漏れ聞いた訓練兵が殺される前に相手を殺すべく躍起《やっき》となる姿が描かれるが、ここは完全な脚色。抹殺命令が出た事実は一切ない。指導兵たちは、彼らを将校に昇級させたり、身の安全を約束して解散させる案やベトナムに派兵させる案を上層部に提案していた。が、どれも受け入れらず、対応に苦慮。片や、訓練兵たちが日に日に悪化していく待遇への不満をエスカレートさせていく。

ちなみに当初、31人で編成されていた部隊は1971年8月の時点で24人に減っていた。6人が脱走を図り処刑、1人が過酷な訓練で死亡しており、劇中にあるような隊員同士の殺し合いは完全な創作である。

同月23日、彼らの不満は頂点に達し、ついに暴動へと発展。次々に指導兵たちを殺害し、島から脱出を図る（映画のように指導兵たちが全員殺害されたわけではない）。そのまま島を抜け出した隊員24人は仁川に上陸した後、バスを乗っ取って大統領へ直訴するため、青瓦台へ。途中で軍・警察と交戦しながらソウル市内で2台目のバスに乗り換えるが、この

1971年8月23日、突如発生したバスジャック事件にソウル市内は騒然となった

後、本格的な銃撃戦が始まる。そして隊員の大半は撃たれて死亡し、残りは手榴弾で自爆。生き残った4人も軍法会議で死刑判決を受け、翌年には刑が執行された。

事件は表沙汰に出ると軍の威信にも関わることから30年以上秘匿され続けていたが、2003年、民主化後の政権で明らかになった資料をもとに映画「シルミド」が公開されたことから事件の全容解明を求める声が高まり、韓国当局が本格的な調査に着手した。

金日成を暗殺するために育てた部隊が逆にソウルを襲撃し、結果的に全員が死亡した歴史的悲劇。2005年、韓国政府は684部隊の遺族に、正式な死亡通知を交付している。

軍・警察と銃撃戦の末、隊員全員が死亡!

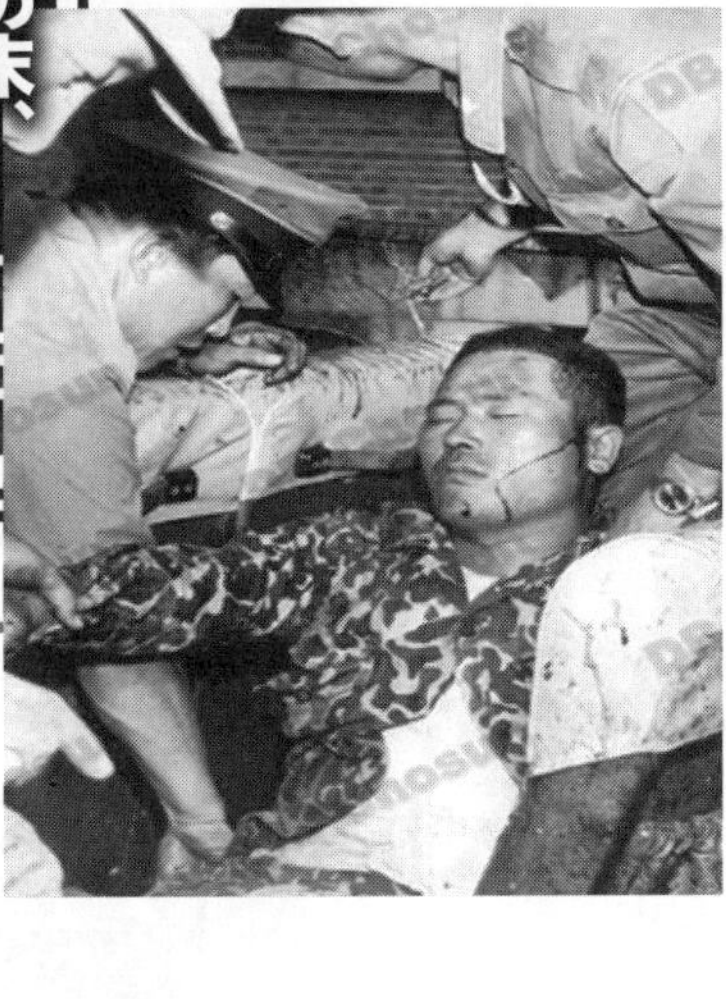

反乱兵の大半は銃殺され、残りは手榴弾で自爆。生き残った者も死刑に

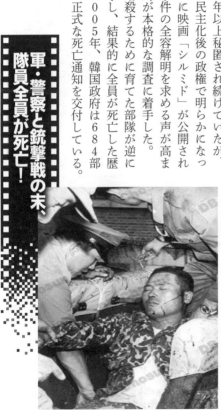

ホテル・ルワンダ ルワンダの涙

最悪のジェノサイド下で起きた一つの奇跡と一つの悲劇

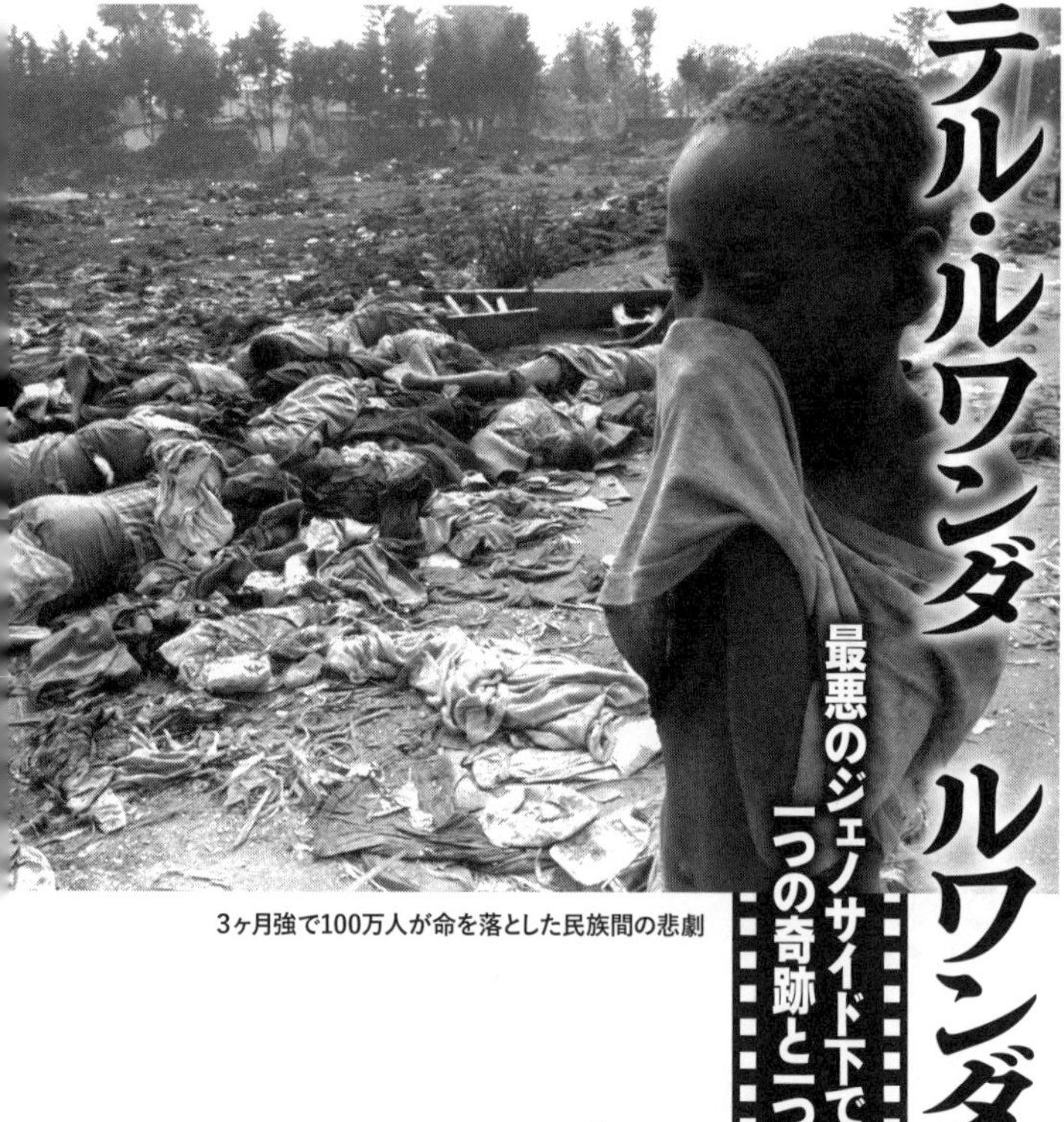

3ヶ月強で100万人が命を落とした民族間の悲劇

世界が見捨てたルワンダ大虐殺

1994年、アフリカの小国ルワンダで世界を揺るがす集団殺戮事件が起きた。いわゆるルワンダ大虐殺。多数派のフツ族が少数派のツチ族を次々に殺害し、わずか100日あまりで当時の国民総人口の5分の1に当たる約100万人が命を落とした、ナチスのホロコーストにも匹敵するジェノサイドだ。

本稿で取り上げる「ホテル・ルワンダ」と「ルワンダの涙」は、この大事件下で起きた一つの奇跡と一つの悲劇をベースに作られた実話映画である。

ルワンダには、もともと農耕民族フツと牧畜民族ツチの2つの部族が存在（人口比率は85：15）、両民族間に宗教、言語、文化の差異はなく、同じエリアに住居を構え、互いの婚姻も認められていた。が、第一次世界大戦後、当

ホテル・ルワンダ

2004／南アフリカ・イギリス・イタリア
監督：テリー・ジョージ
虐殺の最中、自分が勤務していたホテルに1,200人以上の避難民を匿い、国外に脱出させた実在のホテルマン、ポール・ルセサバギナの実話を映画化。

ルワンダの涙

2005／イギリス・ドイツ／監督：マイケル・ケイトン＝ジョーンズ
ルワンダの首都キガリの公立技術学校で起きた虐殺事件が題材。原題の「Shooting Dogs」は、フツ族過激派への発砲を禁じられた国連軍の兵士が犬に向けて銃を撃つ、当時の異常な状況を表している。

時の宗主国ドイツが首長をツチ族に独占させた他、税や就労、教育面で彼らを優遇したことで両民族の間に対立構造が生まれる。

第二次世界大戦後、ドイツに代わって宗主国となったベルギーは、逆にフツ族を支持。1962年、フツ族政権の下、ルワンダが国家として独立を果たすとフツ族はツチ族国民を弾圧し、1967年までに2万人を殺害する。周辺国に逃れたツチ族系難民は1987年に政治的・軍事的に団結し、ルワンダ愛国戦線を結成。以後、十数年にわたり過激な反政府運動を展開する。

〃大虐殺〃のきっかけは1994年4月6日、フツ族の大統領を乗せた飛行機が撃墜されたことだ。フツ族は犯行をルワンダ愛国戦線によるものと断定。ツチ族住民を手当たりしだいに殺し始めたのである。

殺人鬼と化したフツ族（実際の写真）

多くの避難民を救ったホテルマンを演じたドン・チードル。映画「ホテル・ルワンダ」より

虐殺は残虐を極めた。比較的背の高いツチ族住民は、マチェーテ（刀身が長いナイフ）で手足を切られ、悶え苦しむ姿をフツ族にはやし立てられながら息絶えた。また、フツ族とツチ族が混在する家族の場合、時に夫が妻を、親が子供を殺すことを強いられ、さらには殺害後、その血肉を食べるよう強要されることもあったという。

この半年前より国連は平和維持部隊を派遣していたが、自国が地域紛争に巻き込まれることを恐れ、兵力は削減。任務を「ルワンダにいる外国人の避難」に限定した。つまり、世界はルワンダを見捨てたのだ。結果、ルワンダ愛国戦線の攻勢で7月に事態が収拾するまでの3ヶ月間強で100万人前後が死亡。生き残ったツチ族は15万人程度だった。

「ホテル・ルワンダ」は、ルワンダ虐殺の最中、首都キガリのホテル「オテル・デ・ミル・コリン」で支配人を務めていたフツ族民、ポール・ルセサバギナの実体験を映画化した作品である。

「アフリカのシンドラー」と称されるポール・ルセサバギナ本人。写真は2005年、ブッシュ大統領よりアメリカ合衆国大統領自由勲章を贈られた際の様子

1,200人以上が避難、命を救われた「オテル・デ・ミル・コリン」。現在も四つ星ホテルとして営業中

同ホテルは四つ星の高級ホテルで、多くの外国人観光客、海外マスコミが滞在。虐殺勃発後も国連軍がガードしていた。

あのホテルに身を隠せば助かる。そう考えた多くのツチ族住民がホテルに避難してきた。しかし、国連軍はこれを無視する。見捨てられたことを知ったルセサバギナは、家族（妻がツチ族）とホテルの避難民を匿うことを決意。民兵に賄賂を渡すなど卓抜した交渉術で難民を匿い続け、最終的に1千268人ものツチ族住民を安全地帯に退去させることに成功する。

ルセサバギナはその後、職に復帰して2年半働いたものの、ホテルの経営を巡るトラブルから身の危険にさらされ、1996年9月、ベルギーに亡命。現在は運送会社を経営している。

虐殺事件を題材にしたもう1本の映画「ルワンダの涙」は、首都キガリにあった公立技術学校での悲劇を描いた作品である。

1994年4月6日、多くのツチ族住民と穏健派フツ族住民が、ベルギー兵が警護する同校に避難してきた。国連加盟国の多くが紛争への介入に及び腰のなか、ベルギー部隊だけは国連当局に対してフツ族民兵を武力制圧できる権限を与えるよう要求していたからだ。

しかし、翌4月7日、ベルギー兵10人がフツ族過激派に殺害される事件が起きると、同国はルワンダから兵を撤退させることを主張し、国連本部も「任務は外国人を避難させることだけ」と指示。そして11日、現場のベルギー部隊の上官も兵の撤退を決める。劇中のとおり、避難民が「フツ族になぶり殺されるなら、ひと思いに銃殺してくれ」と懇願するのを無視しての帰国だった。フツ族が学校になだれ込み、児童数百人を含む2千人強を虐殺するのは、警護兵が撤退した直後のことだ。

映画は、当時、英BBCのプロデューサーとしてルワンダにいたデヴィッド・ベルトンの経験をもとに、学校で働くイギリス人の青年英語教師と、学校オーナーの英国人神父を主役に事件が描かれる。

劇中の教師は架空の人物だが、ジョン・ハート演じる神父には実在のモデルがいる。

「ルワンダの涙」の主人公クリストファー神父（演：ジョン・ハート）のモデルになったクロアチア人の聖職者、ヴィエコスラヴ・チュリッチ（左。写真は1984年当時）

悲劇の舞台になったキガリの公立技術学校内で発見された、黒板の落書き。国連支援団司令官と州司令官の名前、骸骨が描かれている

国連軍撤退後に、児童数百人を含む2千人強が虐殺

ヴィエコスラヴ・チュリッチ。クロアチア人の聖職者で、ほぼ全ての外国人がルワンダを去るなか、脅しに屈しなかった唯一の白人だ。劇中、彼は生徒たちとトラックで脱出する際、ツチ族に見つかり命を落とすが、実際には奇跡的に難を逃れている。しかし、1998年1月、何者かに襲撃され死亡。ローマ教皇ヨハネ・パウロは最大級の言葉で、その死を悼んだという。

ソマリア紛争 モガディシュの戦闘

ブラックホーク・ダウン

米軍撤退のきっかけになった市街戦

モロッコに巨大な野外セットを建設、15時間にわたる市街戦をリアルに再現した。下は劇中に登場した救出ヘリ「ブラックホーク」。映画「ブラックホーク・ダウン」より

FILMS

ビル・クリントン政権下でのソマリア内戦介入で、アメリカ陸軍史上最悪の市街戦と言われているのが、1993年10月に起きた「モガディシュの戦闘」だ。

内戦終結に反対する最大派閥の幹部を捕らえるため、アメリカは単独で東アフリカ・ソマリアの首都モガディシュに特殊部隊を送り込む。が、民兵によって2機のヘリコプター（通称・ブラックホーク）が撃墜。15時間以上にも及ぶ泥沼の死闘が繰り広げられた結果、米兵18人、ソマリアの民兵・市民350人以上が命を落とした。

リドリー・スコット監督が2001年に発表した「ブラックホーク・ダウン」は史実に基づき、登場する主要兵士を実名で描いた戦争映画の傑作である。

現在も内戦が続くソマリアがイタリア・イギリスから独立を果たしたのは1960年。国内は6つの氏族（血族関係を基本とした結束の強い集団）、16の準氏族に分裂する。

1969年、クーデターにより独裁政権が誕生したが、1980年代から他氏族の反発が起き、内戦が始まる。1991年、最大の武力を誇るアイディード将軍派が首都モガディシュを制圧後、今度は内部で将軍派とマハ

ブラックホーク・ダウン

2001／アメリカ／監督：リドリー・スコット
1993年10月、ソマリア内戦に軍事介入したアメリカ軍と、ゲリラ民兵による15時間にわたる「モガディシュの戦闘」を描いた戦争映画。状況説明を最小限にとどめ、映像の大半を戦場での直接描写に費やしている。

ディ暫定大統領派との抗争が勃発。これが他氏族を巻き込んだ内乱に発展し、ソマリアは無政府状態に。結果、国内全土に飢餓が蔓延し、武器を持たない老人や子供、女性を中心に30万人以上が餓死する状況に至る。

この悲劇的な事態に国連は1992年12月、米軍を中心とする多国籍軍をソマリアに派遣。対し、アイディード将軍派は国連に宣戦布告し、パキスタン兵22人を惨殺する。

1993年8月、アメリカは単独で「希望回復作戦」を実施する。アイディード派による敵対者たちへの軍事的包囲を止めさせ、ソマリア国民の飢餓状態を救うのが目的だった。

アメリカは当初、3週間で事態を収拾させる予定だった。が、なかなか成果はあがらない。そんなとき、首都モガディシュのホテルで、アイディード派幹部の会合が行われるという情報が入った。司令本部は会合に出席予定の副官2人の捕獲を決定、特殊部隊約

主人公のモデルになったマット・エヴァーズマン（左。写真は退役後）と、
演じたジョシュ・ハートネット。映画「ブラックホーク・ダウン」より

１００人に出動要請を出す。映画で描かれるのは、ここからだ。
作戦は、兵員輸送ヘリ「ブラックホーク」でホテル屋上に隊員を送り込んで副官らを確保。同時に陸路で駆け付けた「ハンヴィー」と呼ばれる高機動車両隊が人質もろとも撤収するという計画だった。司令部は30分でカタが付くと見込んでいた。

映画でジョシュ・ハートネットが演じた主人公マット・エヴァーズマン軍曹（１９６７年生）は、実際に作戦に参加したレンジャー部隊の班長である。彼の任務は、約10人の班員とともにブラックホークに乗り込み、副官を連れ出すデルタフォース（テロ対策部隊）の援護のため、ホテル周辺を制圧することだった。

10月３日15時32分、空から目的のホテルを確認した指揮統制ヘリから作戦開始が告げられ、出撃開始。45分、デルタフォースがホテルを制圧、副官２人を含む21人の人質を確保。作戦は順調に進んでいたが、数分後、ソマリア民兵に２機のヘリが撃墜されてしまう。作戦を終え、後は撤収するだけだった隊員たちは「ブラックホーク、ダウン！」（輸送ヘリ墜落）」の無線連絡を受け、現場に向かう。ヘリの乗組員救助と機密機器爆破のためだ。

ここから最悪の銃撃戦が繰り広げられるのだが、米兵を悩ませたのは、モガディシュ市民が逃げずに銃撃戦の見物していたことだ。ソマリア民兵たちは米兵が非戦闘員に銃を向けないことを知っており、女性や子供を盾に容赦なく攻撃してきた。

1機目の乗組員はエヴァーズマン軍曹らによって救助されたものの、2機目の乗組員は民兵らの集中攻撃にさらされていた。全員が死んでもおかしくない状況だ。ここで、パイロットが生きていることを確認したデルタフォースの2人が危険を顧みず地上に降下。民兵に殺害されてしまう。

その頃、市街地に取り残されたレンジャー部隊90人が1機目の墜落地点に集結。激しい銃撃を受けていた。航空支援が受けられない状況下で、隊員たちは夜通し闘い続けることになる。ようやく日が変わる頃に救出部隊が出動。小型ヘリが機銃掃射で地上部隊の安全を確保する中、隊員

実際に撃墜された2機目のブラックホーク（下）と乗務員。パイロットを除き全員死亡

の撤収が始まる。彼らが基地に帰還したのは翌日午前6時30分、死者19人、負傷者73人の犠牲者を出しての脱出だった。

この後、死亡した米兵の遺体が裸にされ、住民に引きずり回される悲惨な映像がニュース番組で放映された。衝撃を受けたアメリカ国民の間で撤退論が高まり、クリントン大統領は1993年、撤兵を決定。アメリカという主軸を失った国連も1995年3月、最後のPKO部隊を撤退させる。これは、ソマリアが世界に見放されたことを意味していた。

民衆に引き回されるヘリ搭乗員の遺体。
この映像はアメリカのTVニュースで放送され、大きな衝撃を与えた

米兵の遺体が市中引き回しに

ユナイテッド93

アメリカ同時多発テロでハイジャックされた最後の一機

犯人が制圧した
操縦室に乗客たちが突入を図る
劇中シーン。映画「ユナイテッド93」より

ユナイテッド航空93便の乗客が見せた決死の抵抗

FILMS

２００1年9月11日。アメリカの旅客機がアラブ系のテロリストに乗っ取られ、うち2機がニューヨーク世界貿易センターに突っ込み、もう1機は国防総省へ激突。もう1機ユナイテッド93便はペンシルバニア州で墜落した。

前代未聞の同時多発テロは歴史に残る大惨事となり、以降、様々なメディアで検証作業が行われる。映画「ユナイテッド93」は、最後の1機に乗り合わせた乗客たちの運命を史実どおりに描いた作品である。製作にあたり、監督のポール・グリーングラスは全ての遺族にインタビューを行い、乗客たちの外見や性格はもちろん、当日の服装に至るまでを可能な限り再現している。脚本はボイスレコーダーに残された会話を基に、ほぼ事件の時系列に沿って書かれ、一部のシーンでは実際の音声がそのまま流用された。

ドキュメンタリードラマと呼んでもいいこの映画は、２００1年9月11日の朝7時、乗客たちがサンフランシスコ発のユナイテッド93便に乗り込むシーンから始まる。

離陸は8時42分、先行してハイジャックされた2機が世界貿易センターに激突する、およそ30分前である。犯人らが動き出したのは

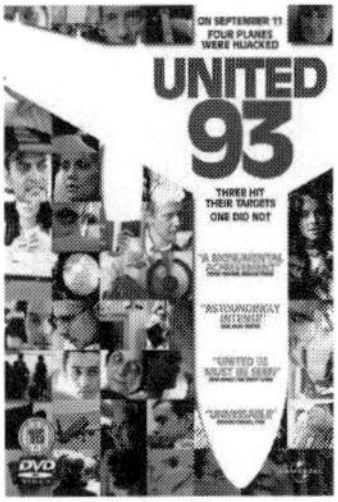

ユナイテッド93

2006／アメリカ／監督：ポール・グリーングラス
アメリカ同時多発テロでハイジャックされた1機の、離陸から墜落までをドキュメンタリータッチで再現したサスペンス。管制センターや米軍のスタッフを、事件に立ち会った実在の人物が演じて話題を呼んだ。

出発から45分が過ぎ、シートベルト着用のサインが消えた直後だ。ハイジャック犯4名のうち、1人が偽の爆弾で周囲を威圧し、その間に3人がコクピットへ突入。すぐさま乗務員が非常事態サインを出したものの、時すでに遅し。操縦室は完全に制圧されてしまう。

パニックに陥った乗客たちは、慌てて機内電話と携帯で親族に連絡を取り、そこで初めて数分前に別の3機の旅客機がハイジャックされ、それぞれがアメリカの主要都市に墜落したことを知る。何もしなければ確実に死ぬ。そう悟った乗客たちは、少しずつ落ち着きを取り戻し、家族へ最後の電話をかける。乗務員のサンドラ・ブラッドショウは「テロリストにお湯をかけてやるわ」と夫に笑いかけ、乗客のホナー・ワイニオは「もう行くよ。コクピットを取り返さなきゃ。じゃあね」と義母へ別れを告げた。

9時59分、不審な動きに気づいたハイジャック犯が客室に現れ、再び偽の爆弾で脅しにかかるが、乗客たちはひるまない。犯人がふと後ろを向くや、機体の後部から5人の男が飛びかかり、続いて残りの乗客が食事用のカートをコクピットのドアに叩きつけた。

2分後、開いたドアから突入した数名の乗客が犯人と組み合いながらも操縦席へたどり

事件当日、ユナイテッド93便は予定より40分遅れで離陸した（実際の写真）

つく。その光景を見た乗務員の女性が、電話越しに夫へ叫んだ。

「みんながやったわ！」

次の瞬間、機体は安定を失い、そのままペンシルベニア州ピッツバーグ郊外シャンクスヴィルの地面に激突。テロリスト4人を含む乗客乗員44人全員が死亡した。

フライトレコーダーの記録によれば、当初、ハイジャック犯は旅客機をホワイトハウスへ衝突させるつもりだったらしい。乗客たちの反撃がなければ、より多くの人命が失われていたことは間違いない。

テロリストに飛びかかった実際の乗客男性5人

93便墜落直後、近くの住人が撮影した1枚。爆炎はおよそ30メートル上空まで吹き上がったという

鉄人文庫

総集編 映画になった戦慄の実話

2022年12月26日　第1刷発行

編　著　鉄人ノンフィクション編集部
発行人　尾形誠規
発行所　株式会社 鉄人社
〒162-0801 東京都新宿区山吹町332 オフィス87ビル3F
TEL 03-3528-9801　FAX 03-3528-9802
http://tetsujinsya.co.jp
デザイン　細工場
印刷・製本　株式会社シナノ

主要参考サイト
殺人博物館　事件史探求　世界の怪事件・怪人物　The NY Times　TIME
CBC news　True Crime Library　朝鮮日報　香港三級片与十大奇案　MONSTERS　oxford dnb
ウィキペディア　世界の猟奇殺人者

主要参考文献
連続殺人紳士録（中央アート出版社）　なぜ、いじめっ子は殺されたのか？（集英社）
華城事件は終わっていない（辰巳出版）　死体を愛した男（翔泳社）FBI心理分析官－異常殺人者たちの素顔に迫る衝撃の手記（ハヤカワ文庫NF）　破滅　梅川昭美の三十年（幻冬舎アウトロー文庫）
別冊歴史読本～殺人百科データファイル（新人物往来社）　Lethal Marriage　Seal Books

主要参考ビデオ&DVD
ディスカバリーチャンネル　ZERO-HOUR：コロンバイン高校乱射事件　惨殺!!ブラック・ダリア 世界でいちばん有名な死体の真実　実録!!ゾディアック～血に飢えた殺人鬼の刻印　シリアルキラー　アイリーン
The Brandon Teena Story

ISBN978-4-86537-251-9　C0176

本書へのご意見、お問い合わせは直接、小社までお寄せくださるようお願いします。